90

新知
文库

XINZHI

Ivory Vikings:
The Mystery of the Most
Famous Chessmen in the
World and the Woman
Who Made Them

Copyright © 2015 by Nancy Marie Brown

This edition arranged with Tessler Literary Agency

Through Andrew Nurnberg Associates International Limited

象牙维京人

刘易斯棋中的北欧历史与神话

［美］南希·玛丽·布朗 著
赵越 译

生活·讀書·新知 三联书店

Simplified Chinese Copyright © 2018 by SDX Joint Publishing Company.
All Rights Reserved.
本作品简体中文版权由生活・读书・新知三联书店所有。
未经许可,不得翻印。

图书在版编目(CIP)数据

象牙维京人:刘易斯棋中的北欧历史与神话/(美)南希・玛丽・布朗著;
赵越译. —北京:生活・读书・新知三联书店,2018.2
(新知文库)
ISBN 978 – 7 – 108 – 06138 – 6

Ⅰ.①象… Ⅱ.①南… ②赵… Ⅲ.①北欧 – 中世纪史 – 研究 ②神话 – 研究 – 北欧
Ⅳ.① K530.7 ② B932.53

中国版本图书馆 CIP 数据核字(2017)第 288033 号

责任编辑	曹明明	
装帧设计	陆智昌 康 健	
责任校对	张 睿	
责任印制	徐 方	
出版发行	生活・讀書・新知 三联书店	
	(北京市东城区美术馆东街 22 号 100010)	
网 址	www.sdxjpc.com	
图 字	01-2017-7045	
经 销	新华书店	
印 刷	河北鹏润印刷有限公司	
版 次	2018 年 2 月北京第 1 版	
	2018 年 2 月北京第 1 次印刷	
开 本	635 毫米 × 965 毫米 1/16 印张 22	
字 数	251 千字	
印 数	00,001 – 10,000 册	
定 价	42.00 元	

(印装查询:01064002715;邮购查询:01084010542)

新知文库

出版说明

在今天三联书店的前身——生活书店、读书出版社和新知书店的出版史上，介绍新知识和新观念的图书曾占有很大比重。熟悉三联的读者也都会记得，20世纪80年代后期，我们曾以"新知文库"的名义，出版过一批译介西方现代人文社会科学知识的图书。今年是生活·读书·新知三联书店恢复独立建制20周年，我们再次推出"新知文库"，正是为了接续这一传统。

近半个世纪以来，无论在自然科学方面，还是在人文社会科学方面，知识都在以前所未有的速度更新。涉及自然环境、社会文化等领域的新发现、新探索和新成果层出不穷，并以同样前所未有的深度和广度影响人类的社会和生活。了解这种知识成果的内容，思考其与我们生活的关系，固然是明了社会变迁趋势的必需，但更为重要的，乃是通过知识演进的背景和过程，领悟和体会隐藏其中的理性精神和科学规律。

"新知文库"拟选编一些介绍人文社会科学和自然科学新知识及其如何被发现和传播的图书，陆续出版。希望读者能在愉悦的阅读中获取新知，开阔视野，启迪思维，激发好奇心和想象力。

生活·讀書·新知三联书店
2006年3月

献给威尔和梅尔

你们，让我爱上了国际象棋

目　录

前言　失落的棋子　　　　　　　　　　　　　　　1
　　有位艺术家，名叫玛格丽特　　　　　　　　　8
　　冰岛萨迦　　　　　　　　　　　　　　　　　15
　　龙　　　　　　　　　　　　　　　　　　　　20
　　斯科尔霍尔特大教堂　　　　　　　　　　　　24
第一章　车　　　　　　　　　　　　　　　　　　31
　　海象　　　　　　　　　　　　　　　　　　　37
　　海象牙　　　　　　　　　　　　　　　　　　41
　　白银之路　　　　　　　　　　　　　　　　　45
　　查理大帝的大象　　　　　　　　　　　　　　51
　　戴环的人　　　　　　　　　　　　　　　　　59
　　龙船　　　　　　　　　　　　　　　　　　　65
　　奥塔的航程　　　　　　　　　　　　　　　　72
　　捕海象营地　　　　　　　　　　　　　　　　77
　　远如北极星　　　　　　　　　　　　　　　　83

第二章　主教　　　　　　　　　　　　　91

白色救世主　　　　　　　　　　　　99

海路　　　　　　　　　　　　　　　105

改变信仰　　　　　　　　　　　　　109

"奉主教为国王"　　　　　　　　　　113

强大的统治者　　　　　　　　　　　119

对圣奥拉夫的崇拜　　　　　　　　　125

冰岛的守护圣者　　　　　　　　　　131

掌握九项技能的人　　　　　　　　　137

最后的海盗　　　　　　　　　　　　144

国王的主教　　　　　　　　　　　　149

第三章　王后　　　　　　　　　　　　157

女武神瓦尔基里　　　　　　　　　　163

"冷面"王后甘赫尔德　　　　　　　168

"女人没有权力"　　　　　　　　　172

溺亡的赫迪斯　　　　　　　　　　　175

幻想中的龙纹样　　　　　　　　　　181

狮子骑士　　　　　　　　　　　　　189

圣者的神龛　　　　　　　　　　　　192

石棺　　　　　　　　　　　　　　　196

牧杖　　　　　　　　　　　　　　　199

巧手玛格丽特　　　　　　　　　　　204

艺术家　　　　　　　　　　　　　　207

工坊　　　　　　　　　　　　　　　211

第四章　国王　　　　　　　　　　　　215

特隆赫姆王后　　　　　　　　　　　222

伦德骑士	226
挪威国王	232
工匠的标记	236
内战	240
名正言顺的国王	245
"我们的人都在哪儿呀？"	248
只有一个国王的古老游戏	254
"好人"古德蒙德的航程	261
群岛之王	264
第五章 骑士	**271**
黑衣女人之家	280
奶牛和精灵	287
贝勒-纳-塞利	295
两个骑士	298
刘易斯棋	305
冰岛理论	308
玛格丽特的工坊	316
致谢兵	**321**
附录一 刘易斯窖藏一览	327
附录二 冰岛主教帕尔和挪威列王世系表	328
附录三 大事记	329
本书注释说明	332
参考资料和延伸阅读	334

前　言

失落的棋子

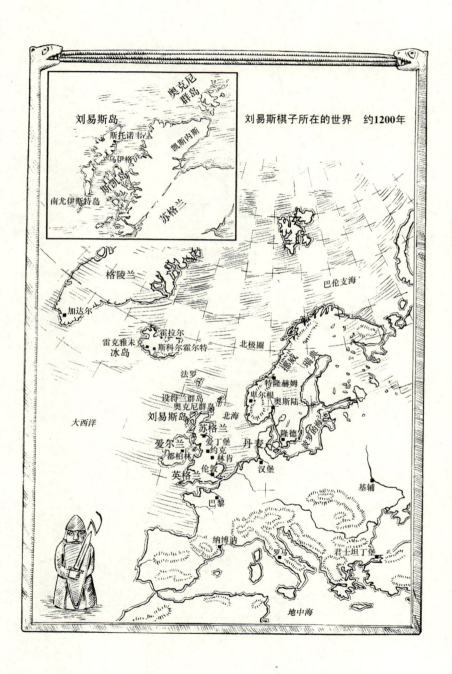

19世纪早期,在赫布里底(Hebridean)金黄色的海滩,大海揭开一个沙丘中的小石屋窖藏,里面是古老的宝藏:92枚象牙雕刻的棋子,还有装棋子的袋子和系袋子的带扣①。其中78枚是刘易斯棋子,它们是世界上最著名的棋子。这些高4—10厘米的棋子均为古挪威风格的小雕像,每一枚棋子人物的面部表情都颇为怪诞:国王激昂且坚忍;王后或忧郁或惊骇;主教满月般的脸看上去很平和;骑士很强悍,但他们骑着的小马有点儿滑稽;战士代表车的形象,在激烈的战斗中有些狂暴地咬着自己的盾牌;兵卒没有具体造型,是普通的八角形,数量很少,只有19枚,另有14枚普通的圆盘形的可能是兵卒,也可能是另一种跳棋游戏的棋子。这个窖藏几乎可以凑成4副完整的国际象棋(仅有1枚骑士、4枚车和44枚

---

① 位于伦敦的大英博物馆藏有刘易斯窖藏中的82件物品,包括67枚棋子、14枚跳棋和1枚带扣(BM 1831,1101.78-159);位于爱丁堡的苏格兰国家博物馆藏有11枚棋子(H. NS 19-29)。从2015年开始,大英博物馆的6枚棋子在英国刘易斯岛斯托诺韦的卢斯堡博物馆(Lews Castle Museum)展出。

兵卒遗失了），它们由1360克重的海象牙制成①。

谁雕刻了这些棋子？在哪里雕的？它们是如何来到这片沙滩的，或者说它们是如何到达苏格兰最西端的刘易斯岛的？没有人知道确切的答案，历史也有许多缺失的环节。要玩这个游戏，我们就得动用自己的每一丝想象力去填满那些空白。

我们找到了关于这些棋子的线索，其中一些来自中世纪的传说，还有一些来自现代考古学、艺术史、法医学和桌面游戏的历史。刘易斯棋的故事涉及维京人在北大西洋从793年到1066年的全部历史，海路将相距甚远、文化截然不同的地区连接了起来：挪威和苏格兰，爱尔兰和冰岛，奥克尼群岛（Orkney Islands）和格陵兰岛，赫布里底群岛和纽芬兰。他们的故事揭示了维京人向西航行背后的贸易原因，探讨了维京人对苏格兰的影响，并展示了直到1266年苏格兰国王最后拿回自己的岛屿前，挪威王国是如何统治整个北大西洋近五百年之久的。它还揭示了罗马帝国统治的衰落，基督教如何被维京人挣扎着接纳并最终取得正统地位的过程。最后，刘易斯棋子的故事揭开了12世纪一个非常有才华的女艺术家的神秘面纱：来自冰岛的巧手玛格丽特（Margret the Adroit）。

刘易斯棋子是苏格兰考古史上举世闻名的宝藏，对于苏格兰国家博物馆（National Museum of Scotland）前馆长戴维·考德威尔（David Caldwell）来说，它们也是最珍贵的藏品。该馆位于爱丁堡，有11枚棋子现藏于此。考德威尔和他的同事马克·豪尔（Mark Hall）在2010年编纂的博物馆手册中这样写道："这些棋子的价值难以用金钱衡量，多年来它们给观众带来的文化意义和乐趣是无法估量

---

① David Caldwell, Mark Hall, and Caroline Wilkinson, *The Lewis Chessmen Unmasked* (Edinburgh: NMS Enterprises, 2010), 22, 11; David Caldwell, interviewed in Edinburgh, November 16, 2013.

的。"①正如考德威尔和我在博物馆的咖啡馆喝下午茶的时候对我所说的那样："如果你了解它们的价值，就根本不敢去碰它。"

为时已晚，我已经花了一个小时把玩其中4枚棋子。脱离玻璃展柜的它们，简直令人无法抗拒，触手生温，色泽明亮，看着一点儿都不旧，不可思议的是它们仿佛有生命一样。它们在手掌上是那么光滑，有质感，好像随时可以开局。我用桌子代替32平方英寸的棋盘，将棋子置于桌面上，它们发出令人满意的咔哒声。我选择的国王、王后和车棋子大小都差不多，高6.9—7.6厘米。主教要大得多，算上法冠将近9厘米。尽管很难将59张面孔按大小进行分类排序，但我认为它们显然能凑成不止一副。我们只能凑齐两整副棋子，剩下的就残缺不全了。刘易斯窖藏可能包含4副以上棋子，但缺失的棋子可能比我们想象的多。

也许有一些损坏或腐朽的棋子被发现者留在了那片沙滩或那个石屋中。关于发现棋子的记载是有些矛盾的，但是这些藏品看上去又确实被整理分类了②。我们目前所拥有的这些棋子竟然完好地在地下躺了差不多六百年。除了表面蛛网般的裂纹至今无人能够解释成因（虫眼③？被植物根系分泌的酸腐蚀？被海洋腹足类动物损坏④？），以及奶油底色上的暗斑外，我手上的这枚主教棋子看起来

---

① David Caldwell, Mark Hall, and Caroline Wilkinson, *The Lewis Chessmen Unmasked* (Edinburgh: NMS Enterprises, 2010), 22, 11; David Caldwell, interviewed in Edinburgh, November 16, 2013.
② David Laing, "A Brief Notice of the Small Figure Cut in Ivory ... Discovered in Dunstaffnage Castle: Paper Read to the Society of Antiquaries of Scotland, 11 March 1833," *Archaeologia Scotia* 4 (1857): 369.
③ Neil Stratford, *The Lewis Chessmen and the Enigma of the Hoard* (London: British Museum Press, 1997), 55.
④ Identification of the ivory of the Lewis chessmen, www.britishmuseum.org/explore/highlights/articles/i/identifying_the_ivory.aspx.

前言 失落的棋子

像是崭新的：身着十字褶，头戴法冠，紧握着的牧杖接近脸颊，右手举起，僵硬地做祈福状，大拇指又大又长，鼻梁笔直，双眼距离很近，嘴歪歪地咬合在一起，下颚宽厚，不像是个苦行者。它是用海象牙的牙根部分雕刻而成的，翻转过来看，很难透过光滑的表面看到黑色的颗粒状牙核。

车棋子也是由优质海象牙制成的，同样富有光泽，和主教棋子一样布满细裂纹。"战士"挥舞着剑，牙齿咬在风筝形状的盾上，姿态狂暴。他的龅牙不直，鼻子也是歪的，看起来好像折断过。和主教一样，他的服饰也很简单，似乎只是一件长大衣（可能是皮革材质的）。几条有力的凹槽勾勒出面料的褶皱，袖口上点缀着一行圆点。头盔则是普通的锥形。

无论是"车"还是"主教"，都体现出雕刻师的高超技艺，而且体现在设计本身，而非细节上。接下来观察的"国王"和"王后"则正好相反。他们虽然坐在满是装饰的宝座上，但姿势却有点糟糕：肩膀耸起，头向前探，看起来衰老且疲惫不堪。王后在沉思，下巴紧收。国王忧郁、悲观，一副丧家犬模样——我可不想用这样病恹恹的君主去战斗。不过雕刻的手艺真是令人难以置信，国王的胡子修剪得整整齐齐，头发分成四股。王后的头发编成长辫子，用带有鸢尾花形纹章的皇冠压着的面纱披在背后，看上去非常高贵。国王沉重的长袍陷在成堆的褶皱里。王后穿着百褶裙和短上衣，外罩长袍的边缘绣着花边或缀着皮毛，颈上挂着珠宝，腕上戴着手镯。一柄剑放在国王的膝盖上，剑鞘握在他手中。王后右手捂着脸颊，左手扶着右肘，左手拇指的曲线雕刻得就如同我自己的左手拇指一样。

国王和王后显然是一对，就连宝座背后的叶片卷曲都相似。考德威尔的同事、法医艺术教授卡罗琳·威尔金森（Caroline

Wilkinson）却认为这两枚棋子出自不同工匠之手[①]。威尔金森运用计算机对发现于刘易斯窖藏的 59 枚棋子进行了分析，并于 2009 年得出结论：工匠甲雕刻了王后和其他 14 枚棋子，工匠乙雕刻了国王。考德威尔直观地将 B 组和 D 组紧密联系在一起，并按照自己的标准将 C 组分为若干工匠的作品，从制作"差强人意"到"粗糙"程度不等。

我并不认为王后的雕刻工艺粗糙。我选择这对特别的王室成员来进行观察，是因为我知道它们的制作材料是不达标的。它们由一截尖牙制成，倒过来看，能看出应该算是次品。它们的底部呈 C 形，麻坑遍布的尖牙核只有四分之三的部分被光滑的牙釉质包住。坦白说，国王的雕工也很一般，半边的脸、身体和宝座是比较黯淡和粗糙，好像并没怎么抛光。而王后的雕工则仔细附加了一片牙板以改善宝座的观感。这个处理是如此微妙，即使在放大镜下也很难注意到，直到放大了照片我才看到有四个小小的挂钩固定了这块板。

然而，王后的右手焦虑且忧伤地抚在脸颊上，让我们看到了海象牙牙核上不规则的图案。经过几个世纪的洗礼，棋子表面已经有点剥落了。她的手部有一个洞，石屋或沙丘在一点点侵蚀她的身体，如果她再待得久一点儿，就会失去手腕。这是一件使用劣质材料制作出来的精美作品，它向我传达了节俭、骄傲、决心和技巧。我可以想象那位雕刻艺术家曾大声疾呼"不要扔掉那块废料！"，然后把所有的手艺倾注到 59 枚棋子中最小的这枚上。

这枚沉思中的小小王后站在我的掌心上，令人着迷。

[①] David Caldwell, Mark Hall, and Caroline Wilkinson, "The Lewis Hoard of Gaming Pieces: A Re-examination of their Context, Meanings, Discovery and Manufacture," *Medieval Archaeology* 53 (2009): 181–185.

有位艺术家，名叫玛格丽特

大英博物馆藏有48枚具有人的形象的棋子，还有八角形的棋子、平盘和带扣。刘易斯棋子是"镇馆之宝"，"参观者只要一进入展厅就会主动寻找它们并被其所吸引"。该博物馆的设计师如是说。①

英国广播公司（BBC）第4频道曾播出过一套博物馆系列节目《100件文物中的世界史》（*A History of the World in 100 Objects*）。在该节目中，虽然刘易斯棋按年代顺序排第61号，但馆长詹姆斯·罗宾逊（James Robinson）却在节目中承认"没有其他藏品能与刘易斯棋的魅力相媲美"②。他还把这些棋子与希腊卫城的大理石雕塑相提并论："这些刘易斯棋是我的埃尔金石雕，虽然它们很迷你，却可能拥有体现人类历史的真正价值。"③

棋手们也醉心于刘易斯棋子。包括主教、王后，以及唯一使用狂怒的维京巴萨卡④形象作车的一副棋子，被《纽约时报》（*New York Times*）国际象棋专栏的作家迪伦·勒布·麦克莱恩（Dylan Loeb McClain）称为"历史上最著名且最重要的棋子"⑤。穆雷（H. J. R.

---

① David Francis, Steve Slack, and Claire Edwards, in *Museum Gallery Interpretation and Material Culture*, ed. Juliette Fritsch (London: Routledge, 2012), 156.
② James Robinson, "#61 Lewis Chessmen," *A History of the World in 100 Objects,* http://www.bbc.co.uk/ahistoryoftheworld/objects/LcdERPxmQ_a2npYstOwVkA.
③ Robinson, quoted by Barrymore Laurence Schererm, "Lively, Ivory Warriors," *Wall Street Journal*, November 24, 2011, http://online.wsj.com/article/SB10001424052970204531404577054060946233208.html.
④ Viking berserks，北欧神话中的狂战士巴萨卡，字面意思为"披着熊皮的人"。
⑤ Dylan Loeb McClain, "A New Theory on the Origin of the Lewis Chessmen," *New York Times*, September 7, 2010, http://gambit.blogs.nytimes.com/2010/09/07/a-new-theory-on-the-origin-of-the-lewis-chessmen/.

Murray）长达900页的著作《国际象棋史》(*The History of Chess*)，以刘易斯棋里的骑士形象作为封面。这本书出版于1913年，现今仍被视为关于此游戏的权威著作。2011年，机器人工程师在寻找一套国际象棋去测试Gambit（一个自制的mid-cost 6-DoF型机器人操作系统，能在非理想状态下与人类玩桌面游戏[①]）时，他们选择了刘易斯棋，当然，用的是树脂赝品。

棋子是维京时代的标志，尽管已经过了一百年甚至更久。《维京时代的冰岛》(*Viking Age Iceland*，2001)、《维京时代读本》(*The Viking Age: A Reader*，2010)、《维京人及其时代》(*The Vikings and Their Age*，2013)，以及其他关于维京历史的书籍都把刘易斯棋印在封面上。维京展览的策展人也偏爱刘易斯棋子。2013年在丹麦国家博物馆（Danish National Museum），和三个咬盾牌的车棋一起展出的还有牙齿上带刻划痕迹的头骨（反映了一种维京式的美容遗存），匕首、斧子、矛（可能是魔法护身符），以及盾牌饰钉、弓箭、头盔、剑，还有一组折叠梳子（众所周知维京人对打理自己的头发是出了名的讲究）。

英国儿童习惯将这些棋子称为"诺格"（Nogs），这个名字来自动画师奥利弗·皮斯特盖特（Oliver Postgate）和彼得·菲尔曼（Peter Firmin），他们的《诺金诺格传奇》(*Saga of Noggin the Nog*) 从20世纪50年代到90年代在BBC播出。它们也是哈利·波特的棋子，在2001年上映的电影《哈利·波特与魔法石》(*Harry Potter and the Sorceror's Stone*) 中，有一场生死攸关的对弈，哈利学习的巫师棋的原型就是刘易斯棋——棋子活了，王后站起来，将王座投向对手。在2011年出版的童书《沉睡军队》(*The Sleeping Army*) 中，它们又活了过来，帮

[①] Cynthia Matuszek et al., "Gambit: An Autonomous Chess-Playing Robotic System," *Proceedings of the Robotics and Automation Conference (ICRA) 2011*, 4291–4297.

助一个小女孩完成了神话般的冒险,该书的作者弗朗西斯卡·西蒙(Francesca Simon)以"捣蛋鬼亨利"(Horrid Henry)系列蜚声文坛。2012年迪士尼-皮克斯的电影《勇敢传说》(Brave)中,这些棋子教会一个精力旺盛的公主何为"战争、混乱和毁灭"。

在英格玛·伯格曼(Ingmar Bergman)执导的《第七封印》(The Seventh Seal,1957)中,马克斯·冯·西多(Max von Sydow)用刘易斯棋中的骑士一搏生死。这些棋子还出现在电影《复仇雄心》(Le Bossu,1959)、《雄霸天下》(Becket,1964)和《冬狮》(The Lion in Winter,1968)中。

这些棋子还为阿加莎·克里斯蒂(Agatha Christie)的一本推理小说的封面增添了魅力。在2012年"神秘博士"(Doctor Who)系列电影和2013年彼得·梅(Peter May)执导的惊悚片《棋子》(The Chessmen)中也有刘易斯棋的出现。

诗词与歌曲中也常提到这些棋子。苏格兰民谣歌手沃克尔·麦克莱恩(Dougie MacLean)曾唱道:

> 创世之初的时代
> 跨越银色的海面……
> 他们随传奇而来,那传奇太晦暗无法言说
> 却独具魅力
> 迫使我们向其探寻……[①]

没人质疑刘易斯棋在文化上的重要性,也没人质疑它们是用格

[①] "Marching Mystery," written by Douglas Menzies MacLean. Published by Limtree Arts and Music. Sub-published by Fintage Publishing, B. V. Used by permission. All rights reserved.

陵兰岛的海象牙制作而成的（除了用鲸牙制成的那4枚）。大家还坚持认为，根据主教所戴冠冕的风格判断，它们必定雕刻于1140年之后，当时主教的服饰风格已有明显改变。

若要问起刘易斯棋从何而来，雕刻者是谁，争议简直满天飞。

1832年，在关于这些棋子的第一部学术研究成果中，大英博物馆的弗雷德里克·马登（Frederic Madden）将目光锁定在车棋的一个"特征"上："咬盾牌是一种奇异的表现方式。"① 这种行为固定出现在冰岛萨迦② 中典型的狂暴角色上，据说他们是13世纪冰岛作家斯诺里·斯蒂德吕松（Snorri Sturluson）笔下北欧奥丁神（Odin）的战士。基于这部以及参考其他文学作品，马登认为刘易斯棋子"于12世纪中叶在冰岛制成"。

他的观点一直站得住脚，直到1874年挪威的安东尼厄斯·范德林德（Antonius Van der Linde）以文献学为证据攻击他的观点。就像威拉德·菲斯克（Willard Fiske）1905年出版的作品《冰岛棋子》（*Chess in Iceland*）一书所说，真正的原因是民族主义激情："冰岛，或者冰岛棋子，就像斗牛士的红布一样，总是能激起范德林德博士尖刻的愤怒情绪。他会睁大牛眼瞪视，并立刻将他的愤怒高高抛向空中。"③

从那时起，艺术史学家开始将国王、王后和主教座椅背后精心设计的旋涡形装饰与哥本哈根、伦敦的博物馆中4件象牙雕像进行对照。其中1件于1715年发现于挪威特隆赫姆（Trondheim）附近

---

① Frederic Madden, "Historical remarks on the introduction of the game of chess into Europe," *Archaeologia* 24 (1832): 291.
② 萨迦（saga），传说，尤指古代挪威或冰岛讲述冒险经历和英雄业绩的长篇故事。——译者注
③ Willard Fiske, *Chess in Iceland* (Florence: The Florentine Typographical Society, 1905), 62.

的一个小岛上，另外 3 件出处不详。这种旋涡形装饰也很像英文手稿中的画饰、挪威和冰岛的木雕，还特别像英格兰、苏格兰、瑞典和挪威 12 世纪的特隆赫姆石雕。

考古学家还发现了其他证据。19 世纪 80 年代，特隆赫姆圣奥拉夫教堂（Saint Olav's church）的废墟中出土了一件残损的象牙小雕像，当时被认为是圣母玛利亚像。1990 年，它又被认定为刘易斯棋中的王后，由于小雕像已丢失，可供依据的只有一张草图。研究者假定，如果满足"有一个作坊，借鉴若干本土技巧和方法，有充足的象牙供给，处于一个适当且充满活力的文化氛围中"[1]这些条件，那么在特隆赫姆大主教宫殿的附近，就可以制作出刘易斯棋。

几年前，在瑞典的伦德（Lund）发现了疑似刘易斯棋"骑士"马匹前蹄部分的象牙残片，然而那里并没有制棋作坊。1817 年，在爱尔兰的一个沼泽地区发现了类似的王后棋子，附近也没有作坊遗迹。1952 年，在格陵兰岛因纽特人的营地发现了一枚残损的（也许是未完成的）王后棋子，还有 3 枚棋子完全来历不明（大英博物馆的一枚残损的"主教"，佛罗伦萨巴杰罗美术馆的一枚"骑士"，卢浮宫的一枚"国王"），这几枚棋子看起来都与特隆赫姆发现的残损王后棋子的草图非常相似。

奇怪的是，考古学家们现在常作为标配使用的物理测试方法并没有用在研究棋子上[2]。为什么呢？考德威尔告诉我："作为馆长，

---

[1] Christopher McLees and Øystein Ekroll, "A Drawing of a Medieval Ivory Chess Piece from the 12th-Century Church of St. Olav, Trondheim, Norway," *Medieval Archaeology* 34 (1990): 151–154.

[2] David Caldwell, interviewed in Edinburgh, November 16, 2013; Mary Macleod Rivett, interviewed in Uig, Lewis, June 13, 2014; Jette Arneborg, interviewed in Copenhagen, November 13, 2013; Jette Arneborg, Niels Lynnerup, and Jan Heinemeier, "Human Diet and Subsistence Patterns in Norse Greenland AD c.980–AD c.1450: Archaeological Interpretations," *Journal of the North Atlantic,* Special Volume 3 (2012): 119–133.

我们有责任保护展品不受损害。"即便是从挑选出来的棋子底部抠下指甲大小的一片样本（实际上最多也就需要那么大），也会造成伤害，博物馆馆长会因此遭到诟病。而且考德威尔认为，测试结果并不能解决争议。碳元素测年依据样品中放射性碳元素 ^{14}C 的衰变结果，会给出一个年代范围，通常误差在 50 年左右；而对刘易斯棋年代的争论在 20—25 年这个范围内波动。对象牙的锶同位素分析可以确定格陵兰岛是海象牙的来源地，但这一点已经得到业内的认可了。

考德威尔和豪尔在 2010 年写道："有限的证据倾向于特隆赫姆……"他们的主要观点是"目前大多数学者都希望把这类小手工艺品的制造地定位在城镇或大型交易中心，能制造出这类名品的工匠们或许更喜欢在那样的环境下兴旺发展"。[①]

就在同年，冰岛象棋爱好者、土木工程师格维兹门迪尔·索拉林松（Gudmundur G. Thorarinsson）又提起了马登的观点，即刘易斯棋子雕刻于冰岛。他指出，1195—1211 年在冰岛南部的斯科尔霍尔特（Skalholt）大教堂，有一个女人受雇为主教帕尔·荣松（Bishop Pall Jonsson）雕刻奢侈的海象牙制品，用以分发给主教在丹麦、挪威、苏格兰和格陵兰的同人。13 世纪的《主教帕尔萨迦》（*Saga of Bishop Pall*）记载他送给特隆赫姆大主教"一根海象牙制作的主教牧杖，雕刻得非常巧妙，整个冰岛还没有人见过这样的艺术品；它由巧手玛格丽特制作，她是当时冰岛技术最好的雕工"。索拉林松推断，玛格丽特应主教的类似要求制造了刘易斯棋。

索拉林松在互联网上发表了关于玛格丽特和主教帕尔的理

---

① Caldwell et al. (2010), 66.

论①，但是没有得到广泛认可。"刘易斯棋绝不会产生在冰岛！"ChessCafe.com 网站上的一个挪威象棋大师对此嗤之以鼻。听闻随着刘易斯棋巡展，还计划在爱丁堡举办研讨会，索拉林松想要趁此机会表达他的观点。虽然未能获邀发言，但他和他的朋友还是毅然赴会。"那两个家伙就这么从冰岛出发，毫无预兆地出现，轰炸了研讨会！我们当时真不知道该怎么办才好。"考德威尔一边笑着回忆，一边这样告诉我。在一份事先准备好的声明中，考德威尔重申他相信棋子制作于挪威，并补充道："我很高兴我们的研究和极受欢迎的展览《刘易斯棋：真相》（*The Lewis Chessmen: Unmasked*）再次引燃大家的争论。"

苏格兰圣安德鲁斯大学（University of Saint Andrews）中古史学家亚历克斯·伍尔夫（Alex Woolf）的话却说得没这么委婉。正如《纽约时报》所报道的，伍尔夫博士说道："用海象牙来制作棋子是昂贵的，必须有富人雇用工匠并支付材料费才行。而冰岛却有点儿像个遍地农夫的杂乱区。"②他还补充说："棋子是精美的艺术品，这么和你形容吧，在艾奥瓦州（Iowa）弄不出个大都会博物馆。"③

---

① Guðmundur G. Þórarinsson, interviewed in Reykjavík, May 23, 2013; Þórarinsson, "Are the Isle of Lewis Chessmen Icelandic?" (revised 2011) http://sites.google.com/site/bolholt6ny/the-lewis-chessmen/gudhmundur-g-thorarinsson-grein; Morten Lilleøren, "The Lewis Chessmen Were Never Anywhere Near Iceland! ChessCafe.com (2011), http://en.chessbase.com/past/norwegian-icelandic-war-over-the-lewis-chemen-; Amanda Moffet, "The Icelandic Woman Behind the Lewis Chessman," September 13, 2010, http://www.bletherskite.net/2010/09/13/lewis-chessman-made-by-a-woman/.
② Alex Woolf, quoted by McClain, *New York Times*, September 7, 2010, http://gamebit.blogs.nytimes.com/2010/09/07/1-new-theory-on-the-origin-of-the-lewis-chessmen/.
③ 艾奥瓦州是美国的农业大州，素有"美国粮仓"之称。——译者注

冰岛萨迦

伍尔夫的暗讽（"遍地农夫的杂乱区"）吸引了我的注意，我发现索拉林松高估了他的受众，他以为他们了解冰岛和挪威十二三世纪的历史，他还以为他们知道主教帕尔这位有影响力的人物。

他们怎么会知道呢？最重要的文献都是用冰岛语写成的，并不是所有文献都有英译本，而且其中最易接触的部分却因被认为是虚构作品而不予理会，想读《主教帕尔萨迦》很难。有位专家说，主教萨迦作为一种体裁，"在风格上是落后且呆板的，在盲目偶像化方面是低劣的"[①]。

非冰岛语的文献的确存在。神职人员于12世纪用拉丁文记录了他们所知的冰岛威武的主教们[②]。1185年，威尔士的杰拉尔德（Gerald of Wales）在他的作品《爱尔兰简介》（*Description of Ireland*）中写道：

> 冰岛是北部最大的岛屿，从爱尔兰出发，向北航行三天可到达。那里居住着一个民族，虽寡言少语却只说实话。他们极少交谈，即便交谈也是短暂的；他们也不发誓，因为他们不懂

---

① Oren Falk, "The Bishop as Widower," paper presented at the International Medieval Congress, Kalamazoo, MI, May 11, 2013.

② Gerald of Wales, *Topography of Ireland,* tr. Thomas Forester (Cambridge, ON: In Parentheses Publications, 2000), 41, 12; Adam of Bremen, *History of the Archbishops of Hamburg-Bremen,* tr. Francis J. Tschan (New York: Columbia University, 1959, rpt. 2002), 217, 194; Tore the Monk or Theodoricus Monachus, *Historia de Antiquitate Regum Nowagiensium*, tr. David and Ian McDougall (London: Viking Society for Northern Research, 1998), 37; Saxo the Grammarian, tr. P. Fisher, cited in Gísli Sigurðsson, *The Medieval Icelandic Saga and Oral Tradition* (Cambridge, MA: Harvard University Press, 2004), 4–5.

为何要说谎,且憎恶谎言胜于一切。在这群人中,国王与神父的身份集于一人,王子就是祭司,主教同时行使政府和神职的双重职能。

不莱梅的亚当(Adam of Bremen)于大约一百年前在他的作品《汉堡-不莱梅大主教们的历史》(History of the Archbishops of Hamburg-Bremen)中也说过类似的话:"他们把主教当作国王,所有人都遵从他的意愿。"

对亚当和杰拉尔德来说,去冰岛旅行是很平常的(如果不晕船的话)。若要在地图上定位爱尔兰,杰拉尔德把它置于"冷的冰岛和热的西班牙之间"。亚当这样描写北大西洋(他很有诗意地称北大西洋为"暗海"):

> 那里横跨巨幅的海洋,可怕又危险。西边环绕着不列颠岛,也就是现在所说的英格兰。南边与弗里西群岛和属于我们汉堡教区的萨克森州相接。东边是丹麦、波罗的海入海口和更远的挪威。在北边,洋流经过奥克尼群岛,环抱广阔无垠的陆地。左边是爱尔兰,右边是挪威的峭壁,更远处就是冰岛和格陵兰的岛屿。

冰岛是历史学家的乐土。挪威史学家、修道士托雷(Tore)把自己在1180年编辑《挪威古代国王历史》(History of the Ancient Kings of Norway)的过程描述为"我竭尽所能地调查、问询那些被我们称为冰岛人的群体。众所周知,比起其他北方人,毫无疑问,他们一直是博学好问的"。在成书于大约1200年的《丹麦史》(History of the Danes)中,历史学家萨克索(Saxo)对此持相同态度:

冰岛人的勤勉不应被沉默掩盖，由于贫瘠的土壤不容许放纵享乐，所以他们喝酒很有节制，并尽可能花时间提高各方面的知识，用聪明才智来弥补贫困。他们真心乐于发现和欣赏每个民族做出的成绩；在他们的是非观中，比起表现自己，更要歌颂别人。因此，我仔细审视了他们的历史遗产，誊写他们的故事是今天我工作中重要的组成部分，完全不是玩笑，我意识到这些人就是古代传奇的见证者。

萨克索和托雷都见过主教帕尔。

在主教帕尔的时代，也就是大约1200年，冰岛处于其黄金时代的鼎盛期：富有，独立，艺术创作狂热。尽管人口只有4万，是挪威人口的七分之一，但很早就出现了类似挪威王室宫廷文人的诗人。冰岛人成为国王斯韦雷（Sverrir，1184—1202年统治挪威）、老哈康（Hakon the Old，1217—1236年在位）和马格努斯（Magnus，1263—1280年在位）的御用传记作家。从1118年到整个14世纪，中世纪的冰岛人以惊人的速度进行散文创作，与我们手头少数中世纪挪威文献相比，冰岛的文学作品是非凡的[①]。首屈一指的是法律书籍；然后是受冰岛两个大主教委托写成的岛屿历史；《冰岛人之书》（*Book of the Icelanders*）后附挪威、丹麦国王和奥克尼伯爵的年表；冰岛第一批定居者的故事；语法、天文学、医学、诗歌和神话的论著；年鉴；圣者的生平、布道和神迹总集；本国主教的传记和基督教历史；关于圣徒比德（Saint Bede）、塞维亚的圣伊西多尔（Saint Isidore of Seville）、塞勒斯特（Sallust）、《诠释》（*Elucidarius*）、《自然史》

---

① Margaret Clunies Ross, *The Cambridge Introduction to The Old Norse-Icelandic Saga* (Cambridge, UK: Cambridge University Press, 2010), 6; Matthew J. Driscoll, personal communication, January 6, 2015.

(*Physiologus*)、圣格雷戈里（Saint Gregory）的《语录》(*Dialogues*)、《梅林的预言》(*The Prophecies of Merlin*) 等译著；关于巨魔、龙、狼人和魔法师的冒险和梦幻传奇故事；关于格陵兰、北欧海盗到君士坦丁堡和新大陆的航行，闻名遐迩的世仇与风流韵事，诗人和不法之徒的故事；甚至还有《圣地指南》(*Guide to the Holy Land*)。除了拉丁语，以冰岛语书写的中世纪文学作品比欧洲其他语种的要多得多。

令人困惑的是，这些拥有140年历史的冰岛语文献被贴上了"萨迦"（saga）的标签①。"萨迦"一词源于冰岛语中的动词"说"，意为讲故事。现在的萨迦有多种体裁和流派——家族萨迦、古代萨迦、王室萨迦、当代萨迦（包括主教萨迦）、骑士萨迦（有些是原创的，有些翻译自其他语言），以及圣徒生平。在主教帕尔时代，大多数此类作品并没有什么区别。

最好的一种，也是当人们说起"冰岛萨迦"时，一般指的是家族萨迦。学者们侃侃而谈，"萨迦的荣耀是毋庸置疑的"②，它们是"一种奇迹"③，"没有其他文学作品具有这种意义的人类行为之美"④。另一些人赞美萨迦的"认真直叙"，明快的对话和"简单清晰的句式结构"⑤，个人主义的角色，戏剧的天赋，复杂的结构，"创造出的假象"⑥，还善

---

① Clunies Ross (2010), ix, 29, 36, 53.
② Milan Kundera, in *The Sagas of Icelanders: A Selection* (New York: Viking, 2000), dust jacket.
③ Peter Hallberg, *The Icelandic Saga* (Lincoln: University of Nebraska, 1962), 70, 46.
④ E. V. Gordon, *An Introduction to Old Norse* (Oxford: Oxford University, 1927; rpt. 1981), xxxiii.
⑤ Peter Hallberg, *The Icelandic Saga* (Lincoln: University of Nebraska, 1962), 70, 46.
⑥ Einar Ól. Sveinsson, *Dating the Icelandic Sagas* (London: Viking Society for Northern Research, 1958), 116.

于运用复杂的"现代悬疑小说中惯见的桥段"[①]。家族萨迦是"全世界的伟大财富",可媲美"荷马、莎士比亚、苏格拉底,以及那些位于人类文学核心地位的名家"[②]。

不是所有人都对它如此狂热。一位 18 世纪的作家驳斥了这些"互殴的农夫"[③]似的主题,看不上令人印象深刻的农夫(而不是骑士或国王)在这些故事中担任主角。例如在《纳吉奥萨迦》(*Njal's Saga*)中,一个农夫骑着烈马撞倒了一个在播种的农夫,从而埋下了世仇的伏笔。在《埃吉尔萨迦》(*Egil's Saga*)中,两个农夫争夺放牧的权利。在《鲑鱼河谷萨迦》(*Laxdaela Saga*)中,一个农夫偷了另一个农夫的马。萨迦中的英雄们争执的对象有遗产、船只所有权、伐木权、干草的价格,甚至包括奶酪。但是他们也向格陵兰航行;参与北欧海盗在西欧的掠夺;与挪威、丹麦、瑞典、英格兰的国王,波罗的海的各个公国,以及俄罗斯打交道;与都柏林、海泽比(Hedeby)以及更多的城镇、市场的商人做生意;去罗马和耶路撒冷朝圣;在君士坦丁堡当保镖。

综上所述,大约 40 个家族的萨迦描述了冰岛人从大约 870 年定居到 1000 年改信基督教,再到 1053 年第一位冰岛主教当选的历史。通过密集的宗谱和重叠的字符,这些叙事故事描绘了这个国家真实的面貌、复杂的法律和强烈的个人荣誉如何使人民在严酷的环境中生活得良好、自由和舒适。

[①] Theodore M. Andersson, *The Icelandic Family Saga* (Cambridge, MA: Harvard University, 1967), 64.
[②] Jane Smiley, in *Sagas of Icelanders* (2000), ix–x.
[③] Jón Ólafsson frá Grunnavík (1740), tr. Jesse L. Byock, *Viking Age Iceland* (New York: Penguin, 2001), 154.

龙

萨迦对历史的忠实叙述程度数百年来一直困扰着读者,冰岛人自己对此也半信半疑。1957年,曾有人提出这些传奇故事太美好,不可能是真的:"现代历史学家有若干证据可以把这些故事从历史记录中拭去……这些故事给人的印象更多的是小说家的艺术水平而并非编年史学家一丝不苟的刻板态度。"[①]

考古学家也认为萨迦可能是虚构的,但是也有例外。主持冰岛考古发掘20年的美国人杰西·比奥克(Jesse Byock)和他的同事达维德·佐里(Davide Zori)于2013年写道:"在发掘中我们采用冰岛中世纪的作品作为一部分参考资料,我们发掘出的考古遗存……似乎验证了我们的方法。"[②] 在提到他的团队发现维京时代的教堂和墓地时,他说《埃吉尔萨迦》"指引我们到达了遗址"。

和对待任何中世纪的文献一样,必须以批判的眼光看待这些故事,将虚构部分筛选出去[③]。对话应该是虚构的,年代表通常也很混乱,仪式和习俗会受到作者本身所处年代的影响(可能是冰岛强大而独立的1180年,也可能是饱受战争蹂躏后沦为挪威新殖民地的1280年,抑或是成为很快被遗忘的丹麦区的1380年)。萨迦中嵌入的诗歌可能更好地保存了早期的观念,如果我们能从语法上解析它们的话。

严谨而乏味的中世纪文献一般来说更可信,更接近他们笔下所

[①] Sigurður Nordal, cited in Byock (2001), 149.
[②] Jesse L. Byock and Davide Zori, "Interdisciplinary Research in Iceland's Mosfell Valley," *Backdirt: Annual Review of the Cotsen Institute of Archaeology at UCLA* (2013): 124–141.
[③] Barbara Crawford, *Scandinavian Scotland* (Leicester, UK: Leicester University Press, 1987), 9.

描述的那个时代。当我们得知作者的名字或者他们引用的文献,我们就更容易评估这些作品的真实性。

接下来,我们要在文献中搜寻"龙"。

《盎格鲁-撒克逊编年史》(*Anglo-Saxon Chronicle*)记载了龙。蒙茅斯的杰弗里(Geoffrey of Monmouth)的《不列颠国王的历史》(*History of the Kings of Britain*)中也记载了龙。不莱梅的亚当和威尔士的杰拉尔德都记载过龙。如果摒弃所有提及龙的文献,那中世纪历史也就无从谈起了。

以萨迦中提及龙的数量来排名的话(从一条到十条),家族萨迦差不多位列第四或第五。这些萨迦的作者都是匿名的,只有一部,也是最伟大的"萨迦"之一——《埃吉尔萨迦》,据说是主教帕尔的堂兄弟斯诺里·斯蒂德吕松早在1202年写成的。帕尔死于1211年,那时很多家族萨迦均已完成。在这些萨迦中,出现了很多预言,例如巫师施法召唤暴风雪导致沉船,亡灵回来作祟。《埃吉尔萨迦》暗示有狼人,虽然我们并不太清楚那个名叫"夜狼"的男人在天黑后发生了什么。也没有真实存在的龙。

这种题材中的一个早期故事《西斯-基林斯萨迦》(*Saga of the Heath-Killings*),与刘易斯棋的历史相关。书中一个战士在博弈时追求一个姑娘,然而姑娘的父亲却假装视而不见(狂躁的战士并不是好女婿的人选)。被译成"chess"(棋子)的"tafl"一词,与"table"(桌子)同源,意为在木板上玩的游戏。一些萨迦提到的"桌棋",跟"桌上打拳"差不多,都是指一种游戏,里面有一个国王,由一队勇士保护,与一伙敌人战斗,敌人的数目一般会多一两个。这是非常维京式的场景。有几个萨迦提到"skáktafl"(skák在冰岛语里是棋子的意思),从中或许能弄清楚棋盘游戏的命名是参考了骑士、主教或"将军"这个词。诠释变得很模棱两可。在《西斯-基林斯萨迦》写作的年代,可以有把握地说,"与欧洲其他地方一样,棋子已经与斯堪的纳维亚的故事联系在一起"①。历史学家玛丽莲·亚鲁(Marilyn Yalom)总结道:"尽管大约1000年前在故事发生的冰岛是不是这样,可能还是未知的。"

一般来说,我们认为家族萨迦是历史小说,它们告诉我们主教帕尔时代的人们所认为的关于冰岛早期的事情是真实的。

第二个流派是古代萨迦,会出现九到十条龙。我们称之为奇幻,而非历史。其中有龙、巨魔、幽灵、狼人、僵尸,以及人物特征鲜明的英雄,比如屠龙勇士西格德(Sigurd the Dragon-slayer)和朗纳尔·洛德布罗克(Ragnar Lothbrok)。但它们对史学家来说还是很有用的。比如匿名作品《睿智国王黑德莱克萨迦》(*Saga of King Heidrek the Wise*),就围绕着矮人制造火焰剑的传奇故事展开②。故事开始于哥特人和匈奴人的神话时代(可能是5世纪),结束于1125年瑞典国王的家族灭亡。该书可能写成于12世纪,因为它影响了《埃吉尔萨迦》③。书中精心安排了一个非凡的剧情:像女武神瓦尔基里(Valkyrie)一样的女战士赫尔薇尔(Hervor),神奇地打开了她父亲的坟墓,想得到父亲的宝剑。后面我们将会得知,赫尔薇尔也是位下棋高手。她女扮男装,改名为赫尔瓦尔德(Hervard),有一天在宫廷内观看国王古德蒙德(Gudmund)下棋。"国王快要输了,当他询问有没有人能给他支招儿的时候,赫尔瓦尔德走上前来研究了一下棋局,片刻之后,古德蒙德竟赢了。"这里用了桌棋"skáktafl"一词,很明显作者是知道象棋的。

---

① Marilyn Yalom, *Birth of the Chess Queen* (New York: HarperCollins, 2004), 62.
② Torfi Tulinius, *The Matter of the North* (Odense, Denmark: Odense University Press, 2002), 251.
③ *Hervarar Saga og Heiðreks,* ed. G. Turville-Petre (London: Viking Society for Northern Research, 1956; rpt. 2014), 23.

一些国王萨迦中出现了十条龙。斯诺里·斯蒂德吕松搜集了16个萨迦，于1220—1241年编成《挪威王列传》（*Heimskringla*），其中《伊林格萨迦》（*Ynglinga Saga*）将挪威王国的成立追溯到了奥丁神，他是独眼领袖，可以变形成一条龙，能使死者复生，可预知未来，会与乌鸦交谈，能熄灭火焰，使大海平静，把风从四面八方召唤来，用一首歌就能使大地裂开。斯诺里在《埃达》（*Edda*）中确实塑造了一个与奥丁神极为相似的形象，以此诠释古代斯堪的纳维亚的吟游诗人（或维京诗人）的艺术。我们所知的北欧神话大部分都是斯诺里编纂的。

　　出现龙的数量最少的《国王斯韦雷萨迦》（*Saga of King Sverrir*）是了解刘易斯棋子所在世界的关键。此书由卡尔·荣松（Karl Jonsson）所著，他是位于辛盖拉（Thingeyrar）的冰岛修道院院长，1185—1190年曾任挪威国王的宫廷幕僚。他在撰写此书第一部分时说，国王斯韦雷本人就坐在他身边，决定他该说些什么。①卡尔在1212年完成了写作，那时国王已逝世10年。

　　龙的数量处于中间的萨迦是斯诺里的《圣奥拉夫王萨迦》（*Saga of King Olaf the Saint*）②。书中讲述了一次著名的对弈，双方分别是丹麦在英格兰统治时期的国王克努特大帝（Canute the Great）和他最信任的乌尔夫伯爵（Earl Ulf）。故事发生在1027年圣米迦勒节前夕的丹麦首都罗斯基勒（Roskilde）："国王处于劣势，伯爵用一枚骑士将他的军。国王想悔棋。伯爵怒气冲冲地掀翻了棋盘。"已经恼了的国王杀死了伯爵。穆雷在《棋子的历史》中把这个桥段

---

① *Saga Sverris Konúngs*, ed. Carl Christian Rafn and Finnur Magnússon (Copenhagen: H. Popp, 1834), 1, 5.

② Snorri Sturluson, "Ólafs saga helga," in *Íslenzk fornrit 27*, ed. Bjarni Aðalbjarnarson (Reykjavík: Hið íslenzka fornritafélag, 1945), 285.

中的棋子称为"挪威土地上最早出现的棋子",并补充道,"该记载像历史文献一样可被接受"①。不过最终它并没有被接受,克努特国王玩的可能是另一种古老的游戏——桌棋。斯诺里·斯蒂德吕松认为,该记载确实证明了国际象棋在大约1220年时是国王的游戏。

《主教帕尔萨迦》和"巧手玛格丽特"艺术家的故事,被归入当代萨迦中。这些故事描述了一代人的生平。比如《国王斯韦雷萨迦》像任何中世纪编年史一样基于史实(只出现两条龙),那个时代普遍接受预言梦、征兆、神迹和占卜。一些为我们所知的作者通常是他们所描述事件的目击者。正如《拉夫萨迦》(*Hrafn's Saga*)的作者所说,他们通过写作澄清事实:"很多事件在发生后淡出人们的记忆,有些就会被讹传,所以很多人就会相信虚假而质疑真实。'真相面前谎言逃逸',故我们准备记录发生在我们这个时代的某些事件,让大家了解我们和我们所知道的真相。"②

斯科尔霍尔特大教堂

那位惊动刘易斯棋子研讨会、支持巧手玛格丽特的索拉林松,曾一度被当作冰岛总理的最佳候选人。他有耐心、温文尔雅、热心,还是个活动策划人——组织了1972年在雷克雅未克(Reykjavik)举办的鲍比·菲舍尔(Bobby Fischer)和鲍里斯·斯帕斯基(Boris Spassky)那场著名的国际象棋对弈。索拉林松喜欢表演,常为民间组织的会议提供餐后娱乐节目。在2000年举行的雷克雅未克国际象棋俱乐部100周年庆典时,他想做一件大事。我们在雷克雅未

---

① H. J. R. Murray, *A History of Chess* (Oxford: Clarendon Press, 1913), 443.
② "Hrafns Saga," in *Sturlunga Saga,* ed. Guðbrandr Vigfússon (Oxford: Clarendon Press, 1878), 2: 275.

克会面时,他追忆道:"我正在查阅冰岛的国际象棋史,一位大师问我:'你见过刘易斯棋吗?'"①

索拉林松读了马登 1832 年的论文《刘易斯岛发现的古老棋子》("The Ancient Chessmen Discovered in the Isle of Lewis")、菲斯克 1905 年的著作《冰岛棋子》、穆雷 1913 年的《棋子的历史》、斯文比约登·拉弗松(Sveinbjorn Rafnsson)1993 年的《斯科尔霍尔特主教帕尔·荣松》(Páll Jónsson Skálholtsbiskup)、海尔吉·格维兹门松(Helgi Gudmundsson)1997 年的《海上》(Um Haf Innan),这些都是不懂冰岛语的人难以理解的作品。他还读了很多萨迦,中世纪冰岛语和现代方言之间的差异基本可以忽略不计。《冰岛古籍》(Íslenzk Fornrit)是雷克雅未克的古冰岛语社会文献(Old Icelandic Text Society),自 1993 年以来被看作解说萨迦的关键文本。这套书已出版 24 卷,囊括了大部分萨迦。天意如此,2012 年《主教帕尔萨迦》②问世,索拉林松阅读后,被玛格丽特和主教帕尔的故事深深吸引。

主教帕尔生于 1155 年,是挪威"光腿"国王马格纳斯的曾孙。这位国王征服了北苏格兰、赫布里底群岛、奥克尼群岛和设得兰群岛(Shetland Islands),"光腿"这个绰号源自他喜欢穿苏格兰方格呢短裙。马格纳斯国王于 1093—1103 年在位,他的后人统治挪威直到 1266 年北苏格兰和众群岛作为《珀斯条约》(Treaty of Perth)的部分内容回到苏格兰皇室手中。在这一个半世纪中,马格纳斯国

---

① Guðmundur G. Þórarinsson, interviewed in Reykjavík, May 23, 2013.
② The definitive edition is "Páls Saga Biskups," in *Íslenzk fornrit 16,* ed. Ásdís Egilsdóttir (Reykjavík: Hið íslenzka fornritafélag, 2002), 295–332. I also consulted "Páls Saga Biskups," in *Biskupa Sögur,* ed. Jón Sigurðsson and Guðbrandr Vigfússon (Copenhagen: Hinu Íslenzka Bókmentafélagi, 1858), 1: 127–145; and Einar Ól. Sveinsson, ed., *Páls Saga Biskups* (Skálholt, Iceland: Skálholtsfélagið, 1954).

王的冰岛亲戚经常拜访挪威，在那儿他们被当成皇室成员。

冰岛和苏格兰群岛之间的关系同样紧张。主教帕尔的兄弟萨蒙德（Saemund）同奥克尼伯爵的女儿订了婚，然而婚礼却没有举行。因为两个家族在谁的地位更高这一问题上没能达成共识，所以也没能决定该由谁动身去另一方的地盘举行婚礼[①]。

主教帕尔年轻时就成为了哈拉尔伯爵（Earl Harald）的家臣，这位伯爵统治着奥克尼群岛和北苏格兰的凯斯内斯（Caithness），还不时掌控着赫布里底群岛的刘易斯和其他岛屿。帕尔在英格兰接受教育，很可能在他的叔父主教多莱克（Bishop Thorlak）进修过的林肯大教堂（Lincoln Cathedral）学习。回到冰岛，帕尔成为一个富有的首领，婚后育有四个孩子。他因学识广博、拉丁文优异、家宴奢华、歌声优美、品位高雅而远近闻名。传闻是他写作了丹麦历史（现已失传）和奥克尼群岛的历史《奥克尼岛民萨迦》(*Orkney Islanders' Saga*)。

1194年帕尔当选主教，第一次航行至特隆赫姆进行就任仪式，却没能见到大主教埃里克（Archbishop Eirik）。因与斯韦雷国王（不久即被驱逐）发生争执，大主教埃里克已逃往丹麦避难。国王斯韦雷在奥斯陆（Oslo）附近主持仪式，帕尔在那宣誓成为神职人员，但拒绝与妻子离婚。他继续向南来到丹麦的罗斯基勒，与克努特国王会面；跨越伦德（Lund）海湾（属瑞典，后属丹麦），最后被大主教阿布萨隆（Archbishop Absalon）封为主教。历史学家萨克索后来为这位大主教撰写了他在丹麦的历史，帕尔可能也被记录在其中。

[①] Halldór Hermannsson, *Saemund Sigfússon and the Oddaverjar* (Ithaca, NY: Cornell University Press, 1932), 21.

在冰岛南部的斯科尔霍尔特，主教帕尔的前任建造了全斯堪的纳维亚半岛最大的木质构造的教堂，木材都要靠进口（冰岛没有高大的树木）。在《主教帕尔萨迦》中（相传由帕尔的儿子撰写[①]），我们读到主教帕尔用进口玻璃窗和一座大钟楼装饰斯科尔霍尔特大教堂，并将内部涂画得很华丽，还弄了一面由金银和象牙装饰的圣坛屏。象牙由巧手玛格丽特雕刻，其他工作由"神龛工匠索尔斯坦"（Thorstein）完成，他也是帕尔雇来的。索尔斯坦的绰号源于他给帕尔的叔叔多莱克（前任主教，1198年宣布成为圣徒）建造了神龛。装着圣多莱克圣骨的神龛（或者叫圣物匣）长11.5厘米，用木头制成，外表为房子的形状，表面镀金、银并镶满珠宝。

1309年，斯科尔霍尔特大教堂被夷为平地，帕尔精心构建的窗子、钟楼和圣坛屏也毁于一旦。圣多莱克的圣物匣被从火中救出，却没能逃脱宗教改革。1550年，匣子上的金银珠宝被剥下来送到哥本哈根，因为此时冰岛已沦为丹麦的殖民地。

然而主教帕尔时代的两件艺术品却保留了下来[②]：他的石棺和牧杖。他的儿子在萨迦中写道："石棺雕刻精美，展现了高超的技术，他就在里面长眠。"1954年，在斯科尔霍尔特重建新的教堂，石棺被发掘出土。人们发现，与随葬的是据说由巧手玛格丽特制作的海象牙牧杖相似的另一根牧杖发现于格陵兰岛的墓葬中[③]。如果能证明这两件精美的艺术品均出自玛格丽特之手，那么她就很有可能

[①] Sveinbjörn Rafnsson, *Páll Jónsson Skálholtsbiskup* (Reykjavík: Sagnfræðistofnun Háskóla Íslands, 1993), 33–34, 129.

[②] Bishop Pall's stone coffin resides in the crypt of the new church at Skálholt, Iceland, his crozier in the National Museum of Iceland, Þjóðminjasafn Íslands, Reykjavík (S 2).

[③] The crozier found in Greenland is in the National Museum of Denmark, Nationalmuseet, København, Udstilling om Denmarks Middelalder og Renæssance: Nordboerne i Grønland (DNM D11154).

是雕刻刘易斯棋的那个人。

她有大量的海象牙可任意支配。主教帕尔的亲戚所率领的船队定期驶往格陵兰岛购买海象牙和其他奢侈品，比如白隼。其中一些被帕尔作为礼物送给国外的朋友，一次是通过主教古德蒙德在1202年的一次计划外的绕行——经赫布里底群岛通往挪威时送出；还有一次由其子在1208年访问奥克尼群岛和挪威时送出。帕尔也收到了金项链、质地优良的手套和镶金的主教法冠等回礼。

研究人员发现，遗址中没有迹象表明主教帕尔在任期内在斯科尔霍尔特设置象牙工坊。教堂和主教的住宅几个世纪以来都位于相同的地方，在考古发现上体现在12世纪的地层被17世纪的地层所打破，在2002—2007年的发掘中被大面积揭露。从这些地层可追溯到另一位重要的冰岛主教时代，他的兴趣在于收藏中世纪的手稿，这直接导致了斯诺里·斯蒂德吕松作品的再次发现，因此挪威历史、北欧神话和我们目前已知的维京文化的大部分知识得以保存下来。

最近的考古发现表明，在12世纪的冰岛，制作人形棋子是很普遍的。一枚用鱼骨制成的战士形象的车棋于2011年在冰岛北部锡格吕内斯（Siglunes）的一处钓鱼遗迹被发现。虽然只残存了一半，且在潮湿的土壤中埋藏了太久而被腐蚀，但如果跟刘易斯棋里的车棋放在一起，真的看不出什么区别。

"真是惊人地相似。"索拉林松说，还将锡格吕内斯出土的棋子[①]与刘易斯棋里的车棋并排摆在他的著作《刘易斯棋子之谜》（*The Enigma of the Lewis Chessmen*）的封面上。"制作它的艺术家真的很

---

① Arrived at Fornleifastofnun Íslands, Reykjavík; Guðmundur Þórarinsson, *The Enigma of the Lewis Chessmen*, 2nd ed. (Reykjavík: Gallery Chess, 2012); Birna Larusdóttir, interviewed in Reykjavík, May 24, 2013 and May 23, 2014.

了不起"——指锡格吕内斯出土的车棋,"不知道另一个艺术家怎么样"——指发现于隔海相望的刘易斯岛的棋子。

  是巧手玛格丽特受主教帕尔的委托雕刻了刘易斯棋子吗?除非斯科尔霍尔特的发掘工作重启,并发现象牙工坊存在的证据,否则我们无法盖棺定论。但是作为出土了重要遗物的地点,"有限的证据"将冰岛置于与特隆赫姆相同的地位。

  持有一副棋子,可以玩无数种游戏。现在,让我们将棋子一一摆上棋盘:车棋,告诉我们刘易斯棋子是在哪里、用什么制造的;主教,提示我们是谁委托别人制造了它们;王后,包括巧手玛格丽特,制造了它们;国王,暗示棋子被作为王室礼物赠送的对象;骑士,从19世纪30年代至今一直捍卫着棋子。

第一章

车

站在棋盘四角的是车棋①。这里的"车"不是塔形的，直到 16 世纪，城堡形的"车"才开始流行。由于"rook"（车）一词来源于阿拉伯语的"rukh"，意为"战车"，读者可能会认为这里的车棋看起来应该像四匹马拉的战车。另一副中世纪的象牙棋子，很久以前就被确认属于查理大帝所有②，现在被认为来自 11 世纪晚期的诺曼人统治的意大利南部。这副棋中，除了战车形的"车"，还有大象形的棋子，但没有"主教"，也没有"王后"，有的是"维齐尔"（vizier）③。追溯其早期历史，其实国际象棋是以印度军队形象为蓝本的。

　　这种战争游戏从印度经由波斯传到巴格达，当时那里是伊斯兰帝国的首都。伊斯兰教禁止雕刻人像，于是人形棋子转变为普通棋子，由美丽光滑的石头、骨头或象牙制成，仅依靠表面的凹凸形状

---

① H. J. R. Murray, *A History of Chess* (Oxford: Clarendon Press, 1913), 772; Richard Eales, "The Game of Chess: An Aspect of Medieval Knightly Culture," in *The Ideals and Practice of Medieval Knighthood*, ed. C. Harper-Bill and R. Harvey (Woodbridge: Boydell, 1986), 1: 17.

② Biliothèque nationale, Paris, Cabinet des Médailles (Ivoire 305, 306, 308–323); Marilyn Yalom, *Birth of the Chess Queen* (New York: HarperCollins, 2004), 32–34.

③ 波斯语，指高级的行政顾问或大臣。

来分辨角色。至迟在 1008 年，抽象的棋子传入了基督教流行的西班牙①，当时居住在巴塞罗那附近的一位伯爵将一副石英石棋子捐赠给了当地的教堂。1927 年，在英国多塞特（Dorset）威茨安普敦（Witchampton）一处英国庄园内发现了一枚用鲸骨制成的棋子，从边缘可以分辨出小脸。经多方论证，它被认定为 11 世纪晚期古挪威的产物。2014 年在英格兰北安普敦（Northampton）的考古发掘中出土了两枚未完成的棋子，一枚有两个凸起表示象的牙，伴出的有粗糙的鹿角断片。考古学家将这个遗址命名为"雕刻工坊"，年代定为 12 世纪晚期。

刘易斯棋中有 12 枚车棋，9 枚由海象牙制成，3 枚由鲸牙制成。这些"车"可不是笨重的块状物，而且它们既不是塔楼形也不是战车形，而是战士的形象。大英博物馆的马登早在 1832 年就指出，其中 4 枚非常奇特：它们用牙咬着自己的盾牌，是维京狂战士巴萨卡的形象②。

巴萨卡（Berserk），意为"披着熊皮的人"或"赤膊的人"，是奥丁神的战士。他们在战场上是最前线的步兵，斯诺里·斯蒂德吕松这样描述他们："不穿盔甲，像狗或狼一样疯狂，咬着自己的盾牌，像熊或公牛那样强壮。他们杀死别人，无论是火还是铁都无法杀死他们。这就是狂战士巴萨卡。"

有时，"熊皮上衣"用狼皮替代。9 世纪晚期挪威"金发王"哈拉尔有个穿狼皮的护卫。当时，有位吟游诗人这样唱道：

---

① Murray (1913), 405–406; O. M. Dalton, "Early Chessmen of Whale's Bone Excavated in Dorset," *Archaeologia* 77 (1928): 77–86. Andy Choman, "The Bishop and King of Angel Street," Museum of London Archaeology Blog, December 31, 2014, http://www.mola.org.uk/blog/bishop-and-king-angel-street.

② Snorri Sturluson, "Ynglingasaga," in *Íslenzk fornrit 26,* ed. Bjarni Aðalbjarnarson (Reykjavík: Hið íslenzka fornritafélag, 1941), 17.

> 巴萨卡在吼叫,
> 一心只想战斗,
> 披着狼皮咆哮,
> 摇动手中战矛。

在诗的另一节中,女武神瓦尔基里向一只乌鸦询问哈拉尔的巴萨卡的情况。乌鸦这样回答道:

> 他们的名字是"披着狼皮的人",
> 在战斗中肩负血染的盾牌。
> 战斗打响,
> 鲜血染红他们手中的长矛。
> 队伍紧密团结。
> 睿智的王子信任这群男人,
> 他们冲破敌军的盾牌,杀出一条血路。

《哈拉尔短诗》(*Harald's Lay*)[①]是已知最早提及巴萨卡的文学作品。虽然并没有说他们咬着盾牌,但是提到了他们杀出一条血路。到了斯诺里的时代,出现巴萨卡的文学作品中,咬盾牌就成为了辨识他们的标志。

接下来的几百年间,他们变成了丑角,就像《壮士葛瑞特萨

[①] *Haraldskvæði*, tr. John Lindow, *Norse Mythology* (Oxford: Oxford University, 2001), 75 (first stanza cited), and R. I. Page, *Chronicles of the Vikings: Records, Memorials, and Myths* (Toronto: University of Toronto Press, 1995), 108 (second stanza).

迦》(Saga of Grettir the Strong)[①]里描写的那样，成了彻头彻尾的小丑[②]。作为写于14世纪的最后的家族萨迦之一，相对于现在遭到谴责的维京时代的价值观，葛瑞特算得上是个"反传奇"的典型。葛瑞特可不跟巴萨卡废话，他骑在马背上，"巴萨卡开始大声号叫，咬着盾牌的边缘，还不停地把盾牌往嘴里送，狂躁地拍击盾牌边角"。葛瑞特直接跑过去，踢他的盾牌。"盾牌戳进嘴里，撕裂了下巴，下颌骨掉到胸前"，于是巴萨卡死了。

刘易斯棋里还有一种"车"，既不是丑角，也不是奥丁神的战士。他们不穿动物皮毛，而穿长的皮外套或者软铠甲，交叠三层，很像常见的链甲。其中一种拿着风筝形的诺曼盾牌，不是我们想象中维京海盗船上沿着船舷排列的圆形盾牌；也并不挥动长矛，而是佩戴着更昂贵的宝剑，这是区分古挪威晚期战士和维京时代巴萨卡的另一个标志。除其中一枚很古怪地戴了个链甲式样的头巾以外，都戴着头盔。九枚的头盔是尖顶的，大多附有耳罩；有的头盔带有护鼻，有的没有。其中两枚非常特殊：一枚看起来像戴着圆顶硬礼帽，另一枚好像戴了只桶。有的蓄有小胡子或者大胡须，有的则刮得很干净。他们的头发短短地披在肩上。大部分目光直视，只有一枚目光斜视。健壮、粗鲁、严峻的外表很能虚张声势，却并非极端暴躁。那四枚咬盾牌的除外——小心，他们要暴走了。

巴萨卡对战斗的狂热，这个细节突出了这些海象牙战士是北方男人，再没有别的文化里提过咬盾牌的人。大多数的棋子材料都是（萨迦里说的）"鱼牙"，我们称之为海象牙。

[①] "Grettis Saga Ásmundarsonar," in *Íslenzk fornrit 7,* ed. Guðni Jónsson (Reykjavík: Hið íslenzka fornritafélag, 1936), 136.

[②] Kaaren Grimstad, "The Comic Role of the Viking," in *Studies for Einar Haugen,* ed. Evelyn Firchow et al. (New York: De Gruyter, 1972), 243–252.

海 象

在遥远的北方，沿着暗海绵延着倾斜的海滩，数千只海象拖动身体从海中爬上岸。刘易斯棋的故事就发源于此地。今天，这些巨大的海象仍聚集于此，互相堆叠着。由于挨得太近，有些打盹儿的被吵醒，咕哝着叹息；有的烦躁地咆哮，猛击旁边的家伙夺得更多的空间；有的长牙朝天，懒散地仰着。海象平均身长 3.6 米，胸围 3 米，重达 1 吨以上。有些部位的皮厚达 7.6 厘米，布满褶皱，伤痕累累，爬满虱子；其下是 10 厘米厚的脂肪层。它们多为灰白色，深浅不一，刚从冰海中钻出来的时候，如果体温过热，身体会呈现出棕色。它们的头很小，眼睛也很小，嘴唇横阔，上面长有腮须，雄性和雌性都有长牙。总之，它们看起来傻乎乎的，漫画家特别喜欢把它们的形象装饰在大礼帽上。

海象的食物主要是蛤蜊。2001 年，科学家第一次在野外拍摄到了海象进食的情景。它们潜入海底，头冲下，"静止不动时，那一对长牙就像底朝天的雪橇"[①]。它们在沙滩上挥动鳍肢，把水吐出来，用长着胡须的鼻子在泥里挖掘，翻开蛤蜊壳，吸出柔软的肉，撇下壳一走了之。虽然海象的食谱多半由蚌类组成，但有时它们也吃蠕虫、蜗牛和软壳蟹、虾、海参，以及游得慢的鱼。有些海象对海豹和小鲸鱼也很感兴趣，有的会以海鸟或尸体为食。

---

① Nette Levermann, et al., "Feeding behaviour of free-ranging walruses with notes on apparent dextrality of flipper use," *BMC Ecology* 3 (2003), http://www.biomedcentral.com/1472–6785/3/9.

20世纪的海象猎手说海象"充满敌意和好奇心"[1]，它们无论在海里还是陆地上都高度危险，会无缘无故地发动攻击。它们晒太阳时若受到惊吓，就会蜂拥着恐慌地向海里匍匐，快速摆动身体潜入海中，吹得浪花飞溅，嗅着空气中敌人的味道，准备发动进攻。它们是流线型的杀戮机器，庞大的身躯在海洋里横行无阻。它们抓住海豹，把它弄死。"它们会扯下并吃掉大部分带着皮的脂肪层，还有别的部分，"一位猎手于1958年写道，"我曾听说一群海象追踪一头熊来到一片浮冰处。它们用牙戳碎冰层，熊落入水中。接下来就是一场血腥的暴行。"

1914年，有位目击者声称："如果在海上与它遭遇，那我们脆弱的小船根本撑不到它发起第二轮进攻。"

而且海象会很明确地冲着船去。"它们会马上回来围着船，"19世纪的极地探险家弗雷德斯约夫·南森（Fridtjof Nansen）这样写道，"它们在水中直立着，吼叫咆哮得空气都在颤抖，用自己的身体砸我们的船，一轮又一轮。……每次为了得到那么一两只海象牙，我们都要付出呕吐、船被砸穿和倾覆的代价。"[2]

20世纪50年代，一名猎手的兄弟掉入海中："他站在船首，准备好了鱼叉，一只巨大的海象跃出海面，向他袭击，把他带落海中。从此再也没有人见过他。"

即便你不想猎杀它们，它们没准也会猎杀你。南森继续写道：

有个丹麦人，某个秋天在日耳曼尼亚港（Germania Harbour）

---

[1] John Giaever, *In the Land of the Musk-Ox* (London: Jarrolds, 1958), 100–101; Edward Marshall Scull, *Hunting in the Arctic and Alaska* (Philadelphia: John C. Winston, 1914), 130–131, 135;

[2] Scull (1914), 136.

遇到了一群海象。它们一看见他,就消失了。他一边诅咒命运,一边继续前行。突然就在脚边的冰缝里,一个巨大的长着獠牙的头冲出冰层,盯着他看。他简直吓呆了,好像脚底生了根,杵在洞口好一阵子后,便以最快的速度迈开双腿迅速逃向海边的安全处。他奔逃的时候,越来越多的冰裂开。果然,他被跟踪了,一个接一个毛茸茸的脑袋浮出水面,远远地盯着他。

丹麦人控制着陆地,然而即使是一头搁浅的海象也能迅速移动,有效地展开杀戮。1914 年,有个猎手这样写道:"一名目击者说他有一次看到一只北极熊追踪一头年幼的海象,却不慎落入海象妈妈的保护圈。母海象有力的头部一下就把长牙插入熊的身体,在熊的牙齿和爪子想要重创它的厚皮之前,海象又攻击了几下就结束了战斗。"在丹麦古物学家奥洛斯·马格努斯(Olaus Magnus)1555 年的作品《北方民族简述》(*Description of the Northern Peoples*)中,他这样评论海象:"如果它瞥见有个人在海边,而且在攻击范围内,就会迅速跳过去,用牙把他撕碎。"①

维京的海象猎手没有鱼叉。由于缺乏史料,我们只能推测他们如何猎杀这些危险的野兽。基本上不可能在海上猎捕,因为死掉的海象会沉入海底。如果在冰上受伤,一头垂死的海象只要一个挣扎就会落入水中沉下去。在陆地上杀死海象的概率最高。1755 年有帮猎人带着长矛和大型犬(都是维京人特有的),等待一个月黑风高夜。在勇敢的猎犬的帮助下,16 个男人"切入"一群海象中(约七八千头),把它们往中间驱赶,有些被赶入海中,

---

① *Description of the Northern Peoples,* tr. Peter Fisher and Humphrey Higgens (London: Hakluyt Society, 1996), 3: 1111–1112.

另一些被赶向更远的陆地，爬上海滩的斜坡，直到"夜晚的黑暗影响了它们逃入水中的机会，使它们迷失了方向。它们被慢慢杀死，那些离海岸最近的是第一批受害者"①。一旦海象逃向大海的路线被尸体堆成的墙阻隔，猎人就可以动手将矛刺入困在陆地上的海象体内。最好的进攻是打击脑后，就在小耳孔的后面，将长矛刺入大脑，海象就倒下来死了，否则这些翻滚、吼叫着的厚皮怪物是很难对付的，它的身体可以承受无数次猛戳却仍能反击。这队猎人猎取了1500头海象。1603年的一次狩猎在7小时内杀死了700—1000头海象②。1858年有一位观察者指出，"在浑身浴血筋疲力尽后"，一队猎人回到船上，吃晚饭，磨长矛，再回去宰杀，最终共猎取了900头海象。"在我的冒险生涯中，"他说，"从未有过任何事能与捕猎的原始兴奋感媲美。"③那些男人已经疯狂了。

在我们的语言中，"海象"（walrus）一词源于古斯堪的纳维亚语里的"鲸"（hvalr）和"马"（hross）。冰岛萨迦中将海象称为小型鲸，但是很难看出海象与马有何关联，海象的体重是维京时代马的两倍。"鲸马"（whale-horse）后来改名为"海象"（toothwalker），即海象属（*Odobenus*），18世纪的分类学者之所以这样描述，是因为它们用25—76厘米长、像冰斧一样的牙拖动笨拙的身体爬上海岸或浮冰来繁殖、晒太阳。后来博物学家形容海象的长牙像大号的

---

① Molineux Shuldham, "Account of the sea-cow and the Use Made of It," *Philosophical Transactions of the Royal Society of London* 65 (1775): 249–251.
② Frederic Madden, "Historical remarks on the Introduction of the Game of Chess into Europe," *Archaeologia* 24 (1832): 245 note.
③ James Lamont, quoted by Robert McGhee, *The Last Imaginary Place* (Oxford: Oxford University, 2005), 185–186.

牡蛎刀，用来打开牡蛎准备开饭①。现在我们认为海象牙是它的剑或盾牌，是用来攻击和防御的工具，也是地位和身份的象征。

维京人并不关心海象为什么有牙，他们只关心牙本身。它们的质地轻，持久耐用。这些"小型鲸"（即海象，或可称之为大鱼，因为当时把大型海洋动物全部归为鲸类）的牙齿是海盗船上极好的货物。维京海盗凭借海象牙发家，贸易路线建立在海象牙之上。维京探险者向西航行到远离陆地的地方，去寻找有光泽的白色海象牙。从8世纪到14世纪，甚至在维京时代结束之后，海象牙仍是最受欢迎的北方商品。它们是北极黄金。

海象牙

海象牙的价值对于很早就在北极圈内捕猎海象的挪威人来说一定是意想不到的。当时他们主要需要海象的厚皮。海象皮又黑又韧，用盐腌过后，一张重45—226公斤。把皮分成细条，再经过处理，就可以搓成皮绳，是最好的船索材料，一头海象的皮可供应二至三艘商船的绳索②。以其重量而论，这是已知的最结实的皮绳，一捆1.3厘米厚的海象皮绳能拉动一吨的重量，60个男人拉一条船，皮绳都拉不断。锚索也会优先选择用海象皮制作。10世纪的一首冰岛诗歌表达了锚索崩断时的沮丧，一名水手跃入海中打捞锚，其他人在争吵到底是谁没给皮绳上油。还有一些中世纪的海员因海象皮绳而免

---

① Ross D. E. MacPhee, "The Walrus and Its Tusks," *Metropolitan Museum of Art, Game of Kings Exhibition Blog* (November 14, 2011), http://www.metmuseum.org/exhibitions/listings/2011/the-game-of-kings-medieval-ivory-chessmen-from-the-isle-of-lewis/exhibition-blog/game-of-kings/blog/the-walrus-and-its-tusks.

② Lúdwík Kristjánsson, *Íslenzkir sjávarhættir* (Reykjavík: Bókaútgáfa Menningarsjóðs, 1986), V: 99.

于饥饿，桅杆在风暴中折断，他们在18天里仅靠涂了黄油的海象皮绳充饥①。12世纪有一伙船员被困在一个孤岛上，"他们的圣诞大餐"除了海象皮绳什么也没有，"最后甚至连皮绳都不够吃了"②。

海象皮绳在中世纪也被装在滑轮上用来吊起重物③，比如把大钟吊到教堂的尖塔上，或者把攻城车和弹弩绑到一起。在冰岛晚期的传奇故事中，英雄从国王的城堡中诱拐了金发的公主，"用海象皮绳把公主住的塔楼圈住，整个拔起，拖到了船上"④。

现代因纽特人还用海象皮制作小船和雨衣，甚至用来蒙屋顶。曾经有一阵子，刀匠和银匠对海象皮的需求量很大，因为要用它来打磨刀片。伦敦一家公司在20世纪早期认为年轻海象的皮可以做出最考究的包："经过适当的鞣制，皮子就会变得非常柔软，富有纹理，手感超好。"⑤老些的皮子制成传送带、马车缰绳、台球杆的顶端，或者黏合剂。这些用处（除了台球杆顶端）与它在中世纪时很相似。

但是，若论维京时代海象身上什么最有价值，没有其他部位能与它的牙媲美。

象牙艺术自古以来就被珍视⑥。1世纪，罗马的普林尼（Pliny）

---

① "Íslendinga Saga," in *Sturlunga Saga,* ed. Guðbrandr Vigfússon (Oxford: Clarendon Press, 1878), 2: 82.
② *Saga Sverris konúngs*, ed. Carl Christian Rafn and Finnur Magnússon (Copenhagen: H. Pop, 1834), 440.
③ Olaus Magnus, tr. Fisher and Higgens (1996), 3: 1111.
④ Sandra Straubhaar, *Old Norse Women's Poetry* (Cambridge, UK: D. S. Brewer, 2011), 91.
⑤ David Gove, "Killing Off the Walrus," *Technical World Magazine* (November 1914): 428–430.
⑥ Anthony Cutler, "Prolegomena to the Craft of Ivory Carving in Late Antiquity and the Early Middle Ages," in *Artistes, Artisans, et Production Artistique au Moyen Age*, ed. Xavier Barall i Altet (Paris: Picard, 1987), 2: 431, 433, 442, 471; Elizabeth C. Parker and Charles T. Little, *The Cloisters Cross: Its Art and Meaning* (New York: Metropolitan Museum of Art, 1994), 16; Danielle Gaborit-Chopin, in *Viking to Crusader*, ed. Else Roesdahl and David M. Wilson (New York: Rizzoli, 1992), 204.

就注意到:"我们用象牙这种最昂贵的材料来雕刻神像。"① 早期基督徒虽然回避纪念雕塑,却为《圣经》配上象牙的封皮,为逝者配备象牙骨灰盒,甚至为拉韦纳(Ravenna)的大主教制作了象牙宝座。

无论是宗教的还是世俗的象牙雕刻都比象牙宝座出现要晚,西欧的博物馆都缺少550—800年这一时段的藏品。"这现象很奇怪。"1982年的《中世纪象牙雕刻简述》(Introduction to Medieval Ivory Carvings)中写道。② 数百年间价值连城的象牙艺术品缺失,这只能说明它们从未被制造出来。不同于鹿角和骨头,象牙没那么脆弱。在干燥的环境下,象牙制品可永久保存。与金属器物不同,象牙雕刻品虽然可以被改制,但不会被熔掉。在800年早期的法兰西加洛林王朝,一些刻有罗马执政官的名讳与肖像的旧象牙牌被刮平,再复刻上《圣经》里的场景,证明这种材料仍然是珍贵且极为稀有的。在别的地方,雕工用麋鹿角和鲸骨勉强凑合,直到维京人给欧洲市场带来"鱼牙"(即海象牙)。维京时代末期的1066年,"象牙"又一次成为奢华的象征,只不过这次的牙来自海象而不是大象。

海象牙的流行在12世纪达到了高峰。奶白色的海象牙质地光滑,雕刻起来与象牙的手感一样,虽然尺寸明显比麋鹿角小,却更坚韧,比鲸骨更有光泽,甚至比象牙还要有光泽。专家能靠感觉来分辨象牙和海象牙,海象牙比象牙"更平滑,更有光泽","摸着更有手感"③。耶稣受难像就是用海象牙雕刻的。此外还有圣母玛利亚

---

① Paul Williamson, *An Introduction to Medieval Ivory Carvings* (London: Her Majesty's Stationery Office, 1982), 5.
② Paul Williamson, *An Introduction to Medieval Ivory Carvings* (London: Her Majesty's Stationery Office, 1982), 9.
③ Else Roesdahl, "Walrus ivory—Demand, Supply, Workshops, and Greenland," in *Viking and Norse in the North Atlantic*, ed. Adras Mortensen and Simun V. Arge (Torshavn, Faroe Islands: Annales Societatis Scientiarum Faeroensis Supplementum 44, 2005), 184.

像、盛放圣徒圣骨的圣物箱和神龛，均雕刻得华丽繁复；还有弥撒最后神父吟唱"平安与你同在"时每位礼拜者都要亲吻的圣像牌、高脚杯、椭圆形的小首饰箱或骨灰盒、主教的牧杖、剑柄、墨水瓶、鼻烟角、大头针、带扣、纽扣、精装书壳、皇家印章；当然还有游戏用具，如骰子、跳棋、国际象棋。带有完整牙齿的海象头骨是皇室之间相互馈赠的礼物，在14世纪的冰岛语作品《狡猾的莱夫萨迦》(*Saga of Ref the Sly*)中，格陵兰岛居民送给挪威国王"一颗带牙的海象头颅，整个镶嵌着黄金"[①]。法国勒芒博物馆（Musee Vert at Le Mans）收藏了一颗没有黄金装饰但刻有中世纪如尼文（Runes）的普通的海象头骨。

象牙确实有着明显的优势，其大小是海象牙的三倍。海象牙只能用来做小物件或小零件，且不能深度雕刻。海象牙光滑的牙釉质非常薄，而牙核是暗黑色的、大理石般毫无吸引力的半透明黏浆状物质，曾有位馆长形容这让他联想到了爆米花[②]。虽然这些次级牙质也可以雕刻（有几枚刘易斯棋子就是用这个雕刻的），但它黯淡无光、疙疙瘩瘩，看起来脏兮兮的。而且它很脆弱易折，这一点在棋子身上也可看出。由于以上原因，当人们的品位倾向于追求更不朽的和更精致的雕像后，海象牙市场就崩溃了，即便象牙的价钱居高不下也无法阻挡这势头[③]。1282年，教皇抱怨特隆赫姆的大主教给了自己太多海象牙。1327年，格陵兰的主教向罗马教皇上缴了大

[①] "Króka-Refs Saga," in *Íslenzkt fornrit 14,* ed. Jóhannes Halldórsson (Reykjavík: Hið íslenzka fornritafélag, 1959), 142.

[②] Pete Dandridge, "From Tusk to Treasure, Part I," *Metropolitan Museum of Art, Game of Kings Exhibition Blog* (December 6, 2011), http://www.metmuseum.org/exhibitions/listings/2011/the-game-of-kings-medieval-ivory-chessmen-from-the-isle-of-lewis/exhibition-blog/game-of-kings/blog/from-tusk-treasure-part-i.

[③] Kirsten A. Seaver, *The Last Vikings* (New York: I. B. Tauris, 2010), 104.

量海象牙。"关于不用进一步降价就能把大量过时的海象牙销售出去还能赚点利润这个问题"①，连续数周困扰着从挪威到罗马的神职人员们。这种情况直到1555年才有所改善，奥洛斯·马格努斯告诉他的罗马教众，"海象牙雕刻的棋子更富有艺术性，北方人都棋艺高超，特别是首领和杰出人士"②。

白银之路

到目前为止，从东方到南方，一些事件引发了变幻莫测的海象牙贸易，然而对过去的维京猎手来说这些都只是无稽之谈。首先，北非象群被过度猎杀，不仅象牙艺术品在古罗马很珍贵，而且普林尼声称，象鼻子也是罗马宴会桌上的一道佳肴③。在4世纪，大阿特拉斯山脉（High Atlas mountains，现在的摩洛哥中部）以北没有象群栖息。其次，是发生在455年的"罗马之劫"，罗马帝国的倾覆切断了欧洲与非洲的贸易之路。伊斯兰教的中世纪帝国使象牙市场进一步分崩离析，先知穆罕默德死于632年，十年后他的追随者们占据了巴勒斯坦、叙利亚和亚历山大。698年，他们洗劫了迦太基。到了711年，整个地中海南岸都掌握在穆斯林手中。穆斯林战士穿越直布罗陀海峡到达西班牙，而后进入法兰西，直到732年行进到

---

① Sophia Perdikaris and Thomas H. McGovern, "Codfish and Kings, Seals and Subsistence," in *Human Impacts on Ancient Marine Environments*, ed. Torben Rick and Jon Erlandson (Los Angeles: University of California at Los Angeles Press, 2008), 194.
② Olaus Magnus, tr. Fisher and Higgens (1996), 3: 1112.
③ E. W. Bovill, *The Golden Trade of the Moors* (Oxford: Oxford University Press, 1968), 98, 101; Sarah M. Guérin, "*Avorio d'ogni ragione:* The Supply of Elephant Ivory to Northern Europe in the Gothic Era," *Journal of Medieval History* 36 (2010): 160; John Beckwith, *Ivory Carvings in Early Medieval England* (London: Harvey Miller and Medcalf, 1972), 116; Anthony Cutler, *The Craft of Ivory* (Washington, D. C.: Dumbarton Oaks, 1985), 23, 30.

法国西部普瓦捷（Poitiers），才安顿了下来。

战争中，船只被扣押或损毁，木材极为短缺。从东非经迦太基到达意大利的古象牙之路被封，地中海沿岸的交流在萎缩。斯瓦西里（Swahili）中间商则一贯务实，他们展望东方，在中国开辟了新的象牙市场。750年，大马士革的政变推翻了倭马亚王朝（Umayyad dynasty），获胜的阿巴斯哈里发（Abbasid caliph）却并不理睬地中海。迦太基灭国后，一个全新的商业中心在海岸边冉冉升起，恰好位于底格里斯河和幼发拉底河之间丝绸之路的终端。不久，象牙和商人们（也包括维京人）的其他货物一道，经由新首都巴格达，重新上路①。

非凡的巴格达团城（Round City）有着环形城墙和四大城门，中庭坐落着绿顶的清真寺，城墙外是喧嚣的城郊，这个仿佛《天方夜谭》中的梦幻城市，就像阿里巴巴藏满财宝的山洞。商人们从中国进口丝绸、香料、纸张、油墨和孔雀，还有来自印度的老虎、大象、乌木、红宝石和椰子，来自阿拉伯半岛的鸵鸟、骆驼和竹子，来自马格利布（Maghrib）的美洲豹、毡和黑隼，来自也门的长颈鹿和玛瑙，来自埃及的驴、纸莎草、香脂油和黄玉，来自阿曼的珍珠。从北方输入各种皮草、弓箭、盔甲、剑、马皮、麻、蜂蜡、蜂蜜、葡萄干、桦皮舟、白隼、干鱼、鱼胶和很多很多的奴隶，还有

---

① Richard Hodges and David Whitehouse, *Mohammed, Charlemagne, and the Origins of Europe* (Ithaca, NY: Cornell University Press, 1983), 54–56, 70–71, 126, 129, 149–151; Jeff Sypeck, *Becoming Charlemagne* (New York: HarperCollins, 2006), 68; Gene W. Heck, *Charlemagne, Muhammad, and the Arab Roots of Capitalism* (New York: De Gruyter, 2006), 273, 285; Maya Shatzmiller, "The Role of Money in the Economic Growth of the Early Islamic Period (650–1000)," in *Sources and Approaches Across Disciplines in Near Eastern Studies*, ed. Verena Klemm and Nuha al-Sha'ar (Walpole, MA: Uitgeverig Peeters, 2013), 302; Christian Keller, "Furs, Fish, and Ivory: Medieval Norsemen at the Arctic Fringe," *Journal of the North Atlantic* 3 (2010): 13.

波罗的海的琥珀。说起来也怪有趣的,一些营销奇才使巴格达的商人坚信海象的牙和独角鲸的角都是独角兽的角,是种解毒剂①。因此海象牙做的勺子备受热捧。

从北方来的贸易商被中世纪作家称为"鲁斯"(Rus),我们也称他们为"维京人"②。在对他们有确凿记录之前的大约100年间,他们的船就已经穿越了波罗的海,沿着俄罗斯河进入了黑海和里海。839年的拉丁语作品《圣贝尔廷年鉴》(*Annals of Saint Bertin*)首次书面记录了这群人:拜占庭派遣一个使团来到法兰西,其中就包括"鲁斯"。查理大帝的儿子"虔诚者"路易一世(Louis the Pious)怀疑他们是"瑞典人",于是以间谍的罪名将其拘留。路易一世的传记作家埃尔莫德(Ermold)解释道,"他们也被法兰克人称为北方人,他们迅速、敏捷,全副武装。这群人相当有名。他们住在海上"(另一位译者将此处意译为"他们是弄潮儿"③),"驾船寻宝"。839年,维京人洗劫加洛林王朝统治下的沿海小镇,沿着法兰西的河流沿岸搞突袭,持续了差不多20年。

848年伊本·胡尔达兹比赫(Ibn Khurradadhbih)的《道里邦国志》(*Book of Routes and Kingdoms*)是第一部提到"鲁斯"的阿拉伯语作品④。书中写道,鲁斯在里海经商,通过骆驼商队将他们的货物一路运往巴格达;同时还补充道,他们为了少缴税,甚至冒充

---

① Arthur MacGregor, *Bone, Antler, Ivory, and Horn* (London: Croom Helm, 1985), 40; Norbert J. Beihoff, *Ivory Sculpture through the Ages* (Milwaukee: Milwaukee Public Museum, 1961), 59.
② Jonathan Shepard, in *The Viking World,* ed. Stefan Brink and Neil Price (New York: Routledge, 2008), 497.
③ Tr. Eric Christiansen, *The Norsemen in the Viking Age* (Malden, MA: Blackwell, 2002), 117; Egil Mikkelsen, in Brink and Price (2008), 543, 545.
④ Thorir Jónsson Hraundal, "The Rus in Arabic Sources," PhD dissertation (University of Bergen, 2013), 56, 63–68, 121–122; *Russian Primary Chronicle*, tr. Page (1995), 98, 100.

自己是基督徒。

拜占庭第一次提及"鲁斯"是在 907 年。很久之后,《俄罗斯编年史》(*Russian Primary Chronicle*)记录了一份条约,订立的原因是一群名为英亚尔(Ingjald)、沃穆德(Vermund)、居纳尔(Gunnar)、哈拉尔(Harald)、赫洛尔(Hroar)、安甘提(Angantyr)等的维京人带来的冲击。这份条约规定,给鲁斯商人提供六个月的津贴,"只要愿意随时可以"沐浴,并为回程提供补给,包括"食物、锚、缆绳、帆及其他一切必需品";要求他们只可以在圣马马思(Saint Mamas)地区驻扎,在指定官员那里登记姓名,只能从一个门出入,"解除武装,每 50 人一组,由皇家官员护送",并承诺"无暴力行为"。如果他们遵守这些条约,"就可以随意经商且免税"。不过后来又有份条约限制了他们可以购买丝绸的数量。

根据在 903—913 年写了七卷百科全书的伊斯法罕的伊本·吕斯塔(Ibn Rusta of Isfahan)[①]记载,鲁斯"以貂皮、松鼠皮和其他皮毛交易为生。他们贩卖皮毛换取银币,并把银币置于皮带中并围在腰上。他们的衣着总是干净的,男人们戴着黄金手镯。他们善待奴隶,适当地打扮奴隶,因为奴隶也是可交易的商品之一。……他们是慷慨的卖家,对客户态度极好。……他们以身量、体格和胆量著称。他们擅长海战,骑马打仗则不在行"。

伊本·法德兰(Ibn Fadlan)在 922 年的作品中提供了更多细节[②]。他本人就曾旅行到北方,"一片大陆仿佛寒冷的地狱之门在面前打开"。他把所有带来的衣服都穿在身上,惊讶于鲁斯"既不穿外套也不穿长袖衣服,而是穿一种覆盖身体一侧而把另一边肩膀和

[①] Tr. Paul Lunde and Caroline Stone, *Ibn Fadlan and the Land of Darkness* (New York: Penguin, 2012), 116, 126.

[②] Tr. Lunde and Stone (2012), 8–54.

手臂露出来的衣服"。他还谈到他们的武器（斧子、剑、刀），文身（深绿色，从脚尖文到脖子），高大的身材（仿佛棕榈树一样），肤色（白皙红润），不讲卫生（"是上帝的造物中最邋遢的一种"），葬仪连同船一起火葬以及活人献祭，至少在这一点上维京人和突厥人很相似。

说到鲁斯女性，伊本·法德兰揭露了是什么使得维京人离开家如此之远，原因除了向往普通的椭圆形胸针和珠子，这些女人还追求"黄金和白银的项圈。对于每个男人来说，只要他积攒了10000迪拉姆①，就可以给妻子打造一个项圈"。这听起来很像首饰，可一枚标准银质迪拉姆重3克，一个足银的项圈重30公斤，这太重了，似乎完全不适合佩戴。但是那个时代的项圈被考古记录所证实，这些厚厚的银颈环被称为彼尔姆项圈（Permian rings）②，带有螺旋槽，并用钩环闭合，在乌拉尔山脉附近的彼尔姆（Perm）发现。瑞典发现的一件典型标本是一只心形的环。这些项圈重100克（33迪拉姆）至400克（133迪拉姆）不等。另一些阿拉伯硬币随着钱袋、腰带和钱箱来到北方，至今已有3万多银质迪拉姆发现于维京人的窖藏，几乎每年人们都会用金属探测器发现更多银币③。除了彼尔姆项圈以外，维京时代银饰最有可能源于阿拉伯，因为直到975年在哈茨山（Harz Mountains）发现银矿之前，欧洲几乎没有自己的矿山。

---

① 一种阿拉伯世界的通用货币单位。——译者注
② Hraundal (2013), 130; Jane Kershaw, "From Russian (with love)," in *Viking Metal* (September 2013), http://vikingmetalwork.blogspot.com/2013_09_01_archive.html.
③ Anders Winroth, *The Conversion of Scandinavia* (New Haven, CT: Yale University Press, 2012), 98–99; Svein H. Gullbekk, in Brink and Price (2008), 162; Gene W. Heck, "Gold Mining in Arabia and the Rise of the Islamic State," *Journal of the Economic and Social History of the Orient* 42 (1999): 379–382; Hodges and Whitehouse (1983), 129; Shatzmiller (2013), 281.

伊斯兰王国的领域内有数千个矿山，最富饶的一处在巴格达以东，喀布尔附近。但白银在南部也有开采，如现在的沙特阿拉伯和也门。仅在沙特阿拉伯西半部就有一千座中世纪银矿山[①]，考古工作者发现了坑道、沟渠、灰坑、废弃堆、凿子、铲子、灯和锤子。一条坑道长60多米，其中一座山谷有78个采矿点，一个矿业城镇住着1000名工人，都是顽固的赌徒。仅一处矿山每年就给铸币厂输送相当于100万迪拉姆的矿石。C^{14}年代测定证实，430—830年，这些矿山最活跃。9世纪，银币流通起伏涨落，原因在于伊斯兰王国因政变、革命、奴隶起义而动摇，最重要的原因是奢侈浪费——想想《天方夜谭》里那些奢华放纵的苏丹，不禁让我们联想到巴格达和萨马拉在一个世纪内就从沙漠中崛起。到892年，哈里发的国库空了。约950年，迪拉姆贬值。后来被维京商人所摒弃的新硬币以基本金属混合银制成。

还是在10世纪这个时间段，估计有1.25亿阿拉伯迪拉姆流入北方[②]，相当于375吨纯白银，或者粗略算，相当于100年间每周有150磅[③]白银从巴格达流入黑海，再绕道去拜占庭，然后溯第聂伯河而上，由七个强大的舰队[④]（在古斯堪的纳维亚语中，这些舰队被命名为竞赛者、笑笑、陡峭悬崖瀑布、永远危险、咆哮、岛瀑布、不眠）押送来到基辅、诺夫哥罗德（Novgorod）的鲁斯城市，继续

[①] Anders Winroth, *The Conversion of Scandinavia* (New Haven, CT: Yale University Press, 2012), 98–99; Svein H. Gullbekk, in Brink and Price (2008), 162; Gene W. Heck, "Gold Mining in Arabia and the Rise of the Islamic State," *Journal of the Economic and Social History of the Orient* 42 (1999): 379–382; Hodges and Whitehouse (1983), 129; Shatzmiller (2013), 281.

[②] Thomas Noonan, cited by Hraundal (2013), 137.

[③] 1磅大约相当于0.45千克。——译者注

[④] Robert Ferguson, *The Vikings* (New York: Viking Penguin, 2009), 126; Hraundal (2013), 27.

向北到达拉多加湖（Lake Ladoga），然后向西驶入波罗的海，由此到达瑞典哥得兰岛（Gotland）和黑尔戈兰岛（Helgoland），向南还可达海泽比的商业中心，在那里，查理大帝与丹麦国王反目成仇。查理大帝在军中骑着大象前行，这头象是巴格达的哈里发哈伦·拉希德（Harun al-Rashid）馈赠的礼物，但这头野兽在恐吓巴萨卡之前就死掉了。

查理大帝的大象[①]

这头大象的名字叫阿布·阿尔-阿巴斯（Abu al-Abbas）。它从3500公里以外的地方远道而来，从巴格达到耶路撒冷，穿越西奈半岛，沿着埃及海岸线到达凯鲁万（Kairouan），然后横跨地中海（可怜的水手们，只要大象在船上来一个横冲直撞，他们就葬身鱼腹了）来到热那亚附近的波托维内莱（Portovenere），再到维切里（Vercelli）的北部，在冬雪融化后，翻越了阿尔卑斯山。它行动迟缓，"胃口贪婪，总开小差"[②]，每天要喝75升水。照看它的是个法兰克犹太人，名叫伊萨克（Isaac），是查理大帝的三位大使之一，五年前被派到东方去看望哈里发，他也是此次旅程唯一的幸存者。802年7月20日，伊萨克带着阿布·阿尔-阿巴斯回到了在亚琛（Aachen）的家。

一头大象出现在阿尔卑斯以北，可见查理大帝和哈里发互惠性的礼物交换是不争的事实，这令史学家们感到兴奋。20世纪20年代，一个颇具影响力的理论指责欧洲的黑暗时代在巴格达封锁了地

---

① Sypeck (2006), 161–173.
② Sypeck (2006), 161–173.

中海的贸易路线①。然而封锁似乎也是双向的，每一种文化都把其他文化打上"异教徒"的烙印。

这是个遗憾。巴格达在查理大帝时代对西方世界贡献良多。786 年哈伦·拉希德掌权后，与翻译官、抄写员、装订工人团队一道修建了智慧之家（House of Wisdom）②。在接下来的 200 年间，希腊语、波斯语和印度语的医学、数学、天文学和物理学著作被翻译过来，再经由穆斯林学者传播出去。代数和三角函数来自智慧之家，天文学亦如此。哈里发的科学家标绘恒星的位置、绘制行星的运动轨迹，还计算地球的周长并得出了具体数字（37369 公里），与准确结果（40076 公里）相差不多。智慧之家收集和翻译了欧几里得、阿基米德、亚里士多德、托勒密和其他许多伟大思想家的作品。希腊语的原著早已消失许久，皆因阿拉伯语文本幸存并被保留，最终被译成拉丁文，智慧的精华才没有失传。

哈伦·拉希德也很有名，他就是《天方夜谭》中的那位苏丹，听谢赫拉莎德讲了一千零一个故事。在《天方夜谭》中，哈伦·拉希德并没有计算地球的周长，他的兴趣在于科学，这可能与谢赫拉莎德的飞毯、神灯、"芝麻开门"相冲突。但他会下棋。在那些难以置信的萨迦中，这一部分听上去还算靠谱。

"Chess"（棋子）在阿拉伯语里写作"shatranj"（棋）③，源自波斯语"chatrang"，这个词本身来自梵文"chaturanga"（棋）。国际象棋似乎是在 500 年中期从波斯传入印度的。728 年，一首阿拉

---

① Henri Pirenne, cited by Heck (2006), 164; Hodges and Whitehouse (1983), 120, 158.
② 智慧之家是伊拉克阿拔斯王朝时期巴格达的图书馆和翻译机构，被视为伊斯兰黄金时代的主要学术中心。Nancy Marie Brown, The Abacus and the Cross (New York: Basic Books, 2010), 43–45.
③ Richard Eales, Chess: The History of a Game (New York: Facts on File, 1985), 19, 22, 41.

伯诗写道："我用我的手段，阻止你建功立业得到王冠，最后你将仅剩一兵一卒。"① 在 850 年就出现的、由阿拉伯语写成的国际象棋手册已被改写。900 年前期，一份阿拉伯语文本引用了拜占庭帝国皇帝给哈伦·拉希德的一封信，推测写于 802 年，内容是关于拒绝朝贡的，里面说同意朝贡条约的前任女皇一定"认为对方是个车，而自己是个兵"。②

萨迦中还写道，除了大象，哈伦·拉希德还送给查理大帝一副棋③。厚重的棋子用象牙制成，13 世纪时保存在圣丹尼斯修道院（Abbey of Saint Denis）的金库里，现在收藏于法国国家图书馆（Bibliotheque Nationale）。它用大象代表大主教的形象，用四匹马拉的马车代表车的形象。这副棋曾一度被认为非常特别，现在人们则认为它是 11 世纪从意大利来到诺曼底的。值得注意的是，唯一幸存的"兵"是诺曼步兵的形象，头戴锥形帽，手持风筝形盾牌，如果不那么呆板阴沉，而是敏捷凶猛的话（好吧，也许不能说凶猛），就真有点像刘易斯棋。1804 年一位学者形容它"是一个拿着大盾牌的小矮子"，面带"滑稽的表情"④。

写于 13 世纪的查理大帝的传记⑤中常常有对弈的情节，巨大的盾牌和滑稽的表情穿插其中。有一次，骑士加林（Garin）来到宫廷，他被誉为下棋高手。查理大帝向他发起挑战，并承诺如果加林赢了，就可以得到法兰西的王冠和王后；如果他输了，就会被杀头。棋盘

---

① Richard Eales, Chess: The History of a Game (New York: Facts on File, 1985), 19, 22, 41.
② Charles Tomlinson, *Amusements in Chess* (London: John W. Parker, 1845), 24.
③ Heck (2006), 179–180; Helena M. Gamer, "The Earliest Evidence of Chess in Western Literature: The Einsiedeln Verses," *Speculum* 29 (October 1954): 745.
④ Thomas Pruen, *An Introduction to the History and Study of Chess* (Cheltenham: H. Ruff, 1804), 38.
⑤ Murray (1913), 736, 740, 742; Pruen (1804), 38; Yalom, (2004), 33.

放置好，贵族们围观。加林果然是高手，惹得大帝发了脾气。整个房间一片哗然。勃艮第公爵（duke of Burgundy）维持了现场秩序，对弈继续，最后查理大帝被"将军"了。加林彬彬有礼地接受了里昂的小镇作为赢棋的奖励，并没有拿走整个法兰西（还有王后）。

在这个故事的另一个版本中，结尾并非皆大欢喜。查理大帝的儿子夏洛特（Charlot）大怒，拿起棋盘重击对手的头部，致其当即毙命。在第三个版本中，诺曼底公爵（duke of Normandy）在棋局进行到一半的时候把棋子当武器投掷了出去，用王后棋子杀了一个人，又用车棋子杀了第二个，接着用主教棋子杀了第三个。棋子是象牙制的，又大又锋利，很可能和查理大帝的"国际象棋之王"一样大，收纳在一个近似方形的"城堡"中，每个大约高30厘米，宽20厘米，重900克，真是致命的投掷武器。

查理大帝时代关于国际象棋的故事不见得真实可信。加洛林王朝倒是有桌面游戏，罗马军团将几种桌面游戏带入西方，但似乎只有国际象棋是缓慢渗透欧洲的[①]。它很可能沿着几条贸易路线从巴格达而来：银迪拉姆在7世纪晚期找到路径从俄罗斯流入西方窖藏和铸币厂；查理大帝的大象于802年经意大利而来；代数和天文学知识于972年通过西班牙到达巴黎；同年狄奥凡诺公主（Princess Theophanu）从拜占庭来到罗马嫁给皇帝奥托二世。没有证据能让我们确定究竟是哪条线路上的旅者（如果确实存在的话）在行李中夹带了整副棋[②]。艺术史学家更支持意大利和俄罗斯路线说。语言学家指出，"rukh"的拉丁文拼写"rochus"源自摩洛哥和西班牙使用的阿拉伯语的西部方言，尽管西方国际象棋术语中并未显示出任何

---

① Mark A. Hall and Katherine Forsyth, "Roman Rules? The Introduction of Board Games to Britain and Ireland," *Antiquity* 85 (2011): 1326.
② Gamer (1954), 735, 745; Eales (1985), 41, 47.

受到拜占庭式的希腊语影响的迹象。

　　第一副年代确定的欧洲国际象棋来自997年。在瑞士艾因西德伦（Einsiedeln），有人从一捆旧书中复原出了一份羊皮纸文献片段，是一首关于国际象棋的诗歌，有98行。诗歌一开始就提出神父玩游戏通常是被禁止的，"如果下棋是合法的"，"这个游戏在令人愉快的游戏中排名第一。它不欺诈，也无须赌注"（虽然传奇故事中说赌注往往非常高），"也不需要骰子"（这也是被禁止的）[①]。在对棋子的描述中，这首诗证明国际象棋已经失去了大部分的印度和伊斯兰特征。"王后"代替了"大臣"的位置，成为"国王"的伙伴。这时候的棋盘上没有了"大象"，也没有由"大象"演变成的刘易斯棋子里的"主教"，而是"伯爵"，"放在那里侧耳倾听主人的口谕"；还有"骑士"，以及站在棋盘角落里的"车"，"更准确地说是侯爵驾着双轮马车"，这是国际象棋的印度原型的复古样式；排在最末的是先锋——"兵"，来自法语"peon"，即苦力、劳工，这个词带有浓厚的农奴制和奴役色彩。国际象棋已经从印度军队形象的缩影变为欧洲封建制度的一面镜子[②]。

　　不管查理大帝是否下棋，故事的作者认为下棋反映了当时的心态，这种观点是正确的。下棋是"桌面上的战争"，20世纪的国际象棋大师鲍比·菲舍尔明确指出，"（下棋的）目的就是粉碎对手的理智"[③]。而咬盾牌的刘易斯车棋，则通常被出版商和博物馆馆长选做图标，来代表维京时代。有些人说它的原型是查理大帝而不是巴萨卡，他征服撒克逊人的举动，激起了时代的最强音。

　　772年，当发现狭小的法兰西不能容纳自己的野心，查理大帝

---

① Gamer (1954), 742, 744.
② Murray (1913), 498; Gamer (1954), 748; Eales (1985), 64.
③ David Shenk, *The Immortal Game* (New York: Doubleday, 2006), 5.

第一章　车

征服了他的邻居。但是就在他一转身的工夫（根据法兰克年鉴记载），撒克逊人叛变了。782 年，撒克逊人的反抗使查理大帝损失了 2 个特使、4 个伯爵和 20 个贵族骑士，以及无数平民。查理大帝怒不可遏，"带着所有短时间内能召集到的法兰克人冲进该地"。看到他们浩浩荡荡的队伍，撒克逊人"屈服了，并供出此次反叛的主犯（大约 4500 人）去受死以示投降，并立即执行"。①

4500 名撒克逊男人缴械投降，查理大帝一声令下，将他们全部屠杀。这种行径令他的顾问，英格兰神父阿尔昆（Alcuin）都绝望了。他写道："有史以来从未遭受过战争的法兰克人，竟如此残忍。"

年鉴记载，两年后，撒克逊人"又像往常一样"叛变了。查理大帝"进军撒克逊，到处毁灭农庄"②。被抓获的撒克逊首领可以选择杀头或受洗，他们选择成为基督徒，于是查理大帝颁布了一项新的法律：如果任何撒克逊人"蔑视即将进行的洗礼，而且还想当个异教徒，就让他接受死亡的惩罚"③。

然而这些撒克逊基督徒仍然出尔反尔，793 年，他们又叛变了。查理大帝越来越厌倦这场旷日持久、超过十年的战争游戏，804 年他倾覆了整个局面："率军进入撒克逊，驱逐了所有生活在易北河附近的撒克逊人……他们连同妻子、孩子一道来到法兰西。"④ 查理大帝还把撒克逊人的土地给了他的同盟国奥布罗戴特（Obrodites）。

---

① Tr. Bernard Walter Scholz, *Carolingian Chronicles* (Ann Arbor: University of Michigan Press, 1970), 59–63.

② Tr. Bernard Walter Scholz, *Carolingian Chronicles* (Ann Arbor: University of Michigan Press, 1970), 83.

③ "Laws of Charles the Great," tr. Dana Carleton Munro, *Translations and Reprints from the Original Sources of European History* (Philadelphia: P. S. King & Son, 1899), 6: 2.

④ Tr. Bernard Walter Scholz, *Carolingian Chronicles* (Ann Arbor: University of Michigan Press, 1970), 88–89.

再来说说北边。年鉴记载，丹麦国王戈德弗雷德（Godfrid）"带着他的舰队和全国骑兵"[1] 来到丹麦与撒克逊的边境监守，以防法兰克人跨越国界。然而他自己跨了过去。他横扫了奥布罗戴特位于莱里克（Reric）的小镇，那里是波罗的海的主要港口，最后将此地付之一炬。"把商人们从莱里克转移后，他又扬帆起锚，带着整个军队来到石勒苏益格港（Schleswig）。"[2] 此处位于施莱河（Schlei）河口的一个浅湾，靠近丹麦南部边境的日德兰半岛（Jutland）。在狭窄的峡湾之上 35 公里处，他修建了雄伟的防御工事丹尼维尔克（Danevirke）。旁边有一片宽广、遍地圆丘、长满石南之地，在这里，他设立了海泽比镇[3]，意为"停泊之处"，占领了这个登陆点一个世纪。

戈德弗雷德并不打算停止与查理帝国的贸易往来，他只是想控制贸易权。他和他的继任者建立了一个高山堡垒。一百年后，著名的高 9 米的奥尔登堡（Oldenburg）墙建起，环绕市镇，绵延 1.3 公里，与丹尼维尔克相连。他们还建立了造币厂，最早的硬币被铸成船形，并实行征税。他们铺设了笔直的木砌街道，建造了一排防洪

---

[1] Tr. Bernard Walter Scholz, *Carolingian Chronicles* (Ann Arbor: University of Michigan Press, 1970), 88–89.

[2] Tr. Bernard Walter Scholz, *Carolingian Chronicles* (Ann Arbor: University of Michigan Press, 1970), 88–89.

[3] Gwyn Jones, *A History of the Vikings* (London: Oxford University Press, 1968), 99, 167; Hodges and Whitehouse (1983), 112–113; Else Roesdahl, *The Vikings* (London: Penguin Press, 1991), 120, 122; Michael Müller-Wille, "Hedeby in Ohthere's Time," in *Ohthere's Voyages*, ed. Janet Bately and Anton Englert (Roskilde, Denmark: Viking Ship Museum, 2007), 157–165; Volker Hilberg, "Hedeby in Wulfstan's Days," in *Wulfstan's Voyage,* ed. Anton Englert and Athena Trakadas (Roskilde, Denmark: Viking Ship Museum, 2009), 80, 97–98; Winroth (2012), 80–81, 89, 99; Peter Pentz, in *Viking*, ed. Gareth Williams, Peter Pentz, and Mattias Wemhoff (Copenhagen: National Museum of Denmark, 2013), 209; Dagfinn Skre and John Ljungkvist, in Brink and Price (2008), 84–91.

堤。考古学家在海泽比工作了一百多年，发掘出小型的带围栏的居住遗址，通过树木年轮分析断代，所用建筑木材的年代为811—1020年。还发现了阿拉伯银迪拉姆和英格兰特瑞都（Trewhiddle）风格的金属带扣，以及上千件遗物。虽然与在巴格达发现的遗物数量相比太少了，但就如同哈里发传奇故事中的城市一样，海泽比是截取四方贸易的一处理想选址。海泽比有纺织工、鞋匠、木匠、造船工、铁匠、陶工。珠宝商与黄金、白银、琥珀、黄铜、水晶、煤玉打交道。玻璃工制造珠子和杯子。雕工制作梳子、针、长笛、骨或鹿角制品，或者海象牙质地的棋子。

从海泽比的海港延伸出一片像地中海一样宽广的海域。继续向西航行不到一周，贸易船就会到达靠近莱茵河口的多雷斯塔德（Dorestad）的弗里斯兰（Frisian）小镇。多雷斯塔德建于6世纪[①]，比海泽比历史悠久，面积是海泽比的8倍，作为东欧最大的市场，对加洛林王朝意义重大，是海泽比的主要竞争对手。834年，维京人洗劫了这里。发现并没有遭到报复后，他们于835和836年又连续袭击此处。837年，有位神父在城中哀叹"他们的突然袭击已经成为家常便饭"[②]。

799年，维京人"骚扰高卢人的海"[③]的新闻致使查理大帝加强了沿海防御。810年，一支200艘船只组成的维京舰队洗劫了弗里西亚（Frisia）海岸，带走了100磅银子的贡税。"这些传闻大大刺激了皇帝。"[④] 法兰克年鉴记载，查理大帝立即率军到丹麦边境，

[①] Hodges and Whitehouse (1983), 93, 109, 111; Jones (1968), 211; Pamela Crabtree, ed. *Medieval Archaeology* (New York: Routledge, 2013), 94–95.
[②] Winroth (2012), 26.
[③] Tr. Barry Cunliffe, *Facing the Ocean* (Oxford: Oxford University Press, 2001), 94, 483.
[④] Tr. Scholz (1970), 91–92.

随军还有他的大象，不料竟得知国王戈德弗雷德已被暗杀，他的侄子急于求和。

到了 834 年，丹麦国王已死去 20 年，他的帝国四分五裂，维京船又出没于海上作祟。他们在多雷斯塔德走运的消息一直传到北边。9 世纪 60 年代，一个修道士写道："船只不断增加，洪水般的维京人永无休止地壮大规模，各处的基督教信徒成为屠杀、焚烧和抢劫的目标。"[①] 冰岛人嘲讽道："维京人有灵敏的鼻子，可以嗅到你的弱点。"[②]

戴环的人

维京人很早就学会了勒索的艺术[③]。841 年，圣万德里耶（Saint Wandrille）修道院只付给维京人 26 磅白银，就赎回了 68 个俘虏。到了 858 年，维京人索要 685 磅黄金和 3250 磅白银，只为了两个人质：圣丹尼斯修道院院长和他同父异母的兄弟——未来的巴黎大主教，他俩都是国王的亲戚。维京人知道和平的价码，799 年获得了 100 磅白银的贡税，但这与 845 年著名的朗纳尔·洛德布罗克（Ragnar Lothbrok）所获得的金额相比是微不足道的。洛德布罗克溯塞纳河而上，在整个巴黎人的众目睽睽之下在一个岛上吊死了 111 个囚犯，然后接受了 7000 磅白银，才没有洗劫村镇。到 926 年，法兰克人在维京人身上总共花掉了 22 吨白银，占整个 10 世纪从西方运往巴格达的 37 吨白银中的大部分。

---

① Tr. Barry Cunliffe, *Facing the Ocean* (Oxford: Oxford University Press, 2001), 94, 483.
② Magnús Magnússon, *Vikings!* (New York: Elsevier-Dutton, 1980), 71–74.
③ Angus A. Somerville and R. Andrew McDonald, *The Vikings and Their Age* (Toronto: University of Toronto Press, 2013), 17–18, 21; Winroth (2012), 28, 36.

"耶和华啊，请救我们脱离北方人的威胁！"① 据说查理帝国上下的基督徒嘴上都挂着这句话。这有点夸张。一位学者精读了现存的每一份法国加洛林时代的连祷，只在一份中世纪手稿中发现了一张类似的祈祷文，可能是大约 900 年的一首轮唱赞美诗，也可能是一份乐谱："请从粗鲁的北方人手里救救我们吧，上帝！"另一种译文是："从野蛮的北方佬手中救救我们吧，上帝呀！"②

对维京人袭击导致的恐惧和愤怒的记载数不胜数。885 年，一个修士目睹了维京人围攻巴黎，他将此事描述为"无与伦比的暴行"③。维京人"洗劫、抢夺、屠杀、烧毁、蹂躏"，他在拉丁文六步格诗中如此写道，"他们是一支邪恶的步兵队，致命的方阵，残酷的部落……千人参战，肩并肩一起战斗……所有人都裸露着肩膀和后背。……他们一边发出嘲弄的笑声，一边用手掌将盾牌击打得震天响，他们发出令人厌恶的喊叫，叫得喉咙都肿起来，声嘶力竭……"他们是一群疯子。

"恐惧占据了城市，人们尖叫着，战斗号角回荡。"1200 年前巴黎的恐怖在历史的字里行间回响。而撒克逊人在沉默。据我们所知，他们的年鉴中没有出现遭到查理大帝突袭的记录，也没有记述 4500 个手无寸铁的人被屠杀的诗歌。所以我们谴责维京人的暴行，而不是西方皇帝的残忍。

除了咬盾牌（如果这是真实的行为），巴萨卡们和他们的敌人一样野蛮。维京人有种残忍的祭祀仪式——"血鹰"④，即将敌人的

---

① Albert D'Haenans, cited by M. Magnússon (1980), 61.
② Tr. Winroth (2012), 24.
③ Abbo of Saint-Germain-des-Prés, *Viking Attacks on Paris,* tr. Nirmal Dass (Leuven, Belgium: Peeters, 2007).
④ Roberta Frank, "Viking Atrocity and Skaldic Verse," *English Historical Review* (April 1994): 332–343.

肺从背部撕扯出来,这是一个作家对 11 世纪诗人的诗句中出现的 12 个字的古怪曲解。正确解读的话,这应是个很常见的现象,即以腐肉为食的鸟类凶猛撕扯死者的后背。

中世纪编年史作家笔下的维京人似乎更可怕,因为他们完全不遵守规则。他们并非只有一个国王,而是有许多海上之王,和其中一位王的协定不能妨碍其他的王。他们不像查理大帝那样扩张基督教帝国。他们并不追求土地,只想拥有战利品。最近还在波罗的海沿岸发现了很多的战利品遗存。他们与东方的贸易因连续的战争而中断,这些战争不仅发生在查理的儿子和孙子争执不断的欧洲,而且还发生在伊斯兰帝国。海泽比的维京商业中心建成后不久,源自巴格达的银流就衰退了①,哈里发哈伦·拉希德死于 809 年,而且与查理大帝一样,他也留下了许多儿子。

北方的国王们都指望着白银之河。白银被用来填满国库、资助盛宴、犒赏追随者,因为维京人的经济以赠物为中心②。维京人为荣誉而战,并以获得礼物的形式展现出来:臂环和护甲,剑和女奴,装满白银的匣子,甚至船只。作为回报,他们献出他们制作武器的技艺、力量和忠诚,而且常常会赋诗一首。有位吟游诗人在 9 世纪写了这样的诗句:

> 听着,持戒者,听我说,
> 哈拉尔的战争,荣耀非常值得……
> 北方人的王子,统辖着高桅横帆船,

---

① Hodges and Whitehouse (1983), 150, 165; Heck (2006), 177; Hraundal (2013), 137.
② David G. Kirby and Merja-Liisa Hinkkanen, *The Baltic and the North Seas* (New York: Routledge, 2000), 104–105; Winroth (2012), 5, 10–11, 49; Sunhild Kleingärtner and Gareth Williams, in Williams, et al. (2013), 54, 129.

> 带着染血的盾牌和赤色的小圆盾，
>
> 涂了焦油的桨，撒过盐的甲板表面……
>
> 在战斗中出名的人得到大大的奖赏，
>
> 可以坐在哈拉尔的礼堂里娱乐。
>
> 赏赐他们的是财富和象征荣耀的宝物，
>
> 匈奴人的钢铁，东方来的女奴……
>
> 他们的着装，他们的金臂环，
>
> 你看，他们是国王的友人。
>
> 他们披着猩红斗篷，持着色盾牌，
>
> 包银的剑，带环的甲胄，
>
> 镀金的剑带，雕刻的头盔，
>
> 臂上戴着的环，是哈拉尔赏赐给他们的……①

根据阿拉伯的资料，一个来自东方的女奴大约价值 66 磅白银②，与伊本·法德兰所标的一副鲁斯女人的银项圈等价。虽然《鲑鱼河谷萨迦》说花 12 头奶牛，就可以得到一个漂亮的爱尔兰女奴。

包银的剑价值不菲③。上述萨迦中，一把国王赏赐的剑价值 16 头牛。维京人首选双刃单柄剑，手柄用海象牙制作或缠银线。他们的剑大约长 89 厘米，轻便又灵活，有一条宽浅的凹槽（可能是锤

---

① *Haraldskvæði*, tr. Page (1995), 107–108.
② Shatzmiller (2013), 290; "Laxdaela Saga," in *Íslenzkt fornrit 5*, ed. Einar Ól. Sveinsson (Reykjavík: Hið íslenzka fornritafélag, 1934), 23; James Graham-Campbell et al., eds. *Cultural Atlas of the Viking World* (New York: Facts-on-File, 1994), 54; Anne Pedersen, in Brink and Price (2008), 204; Gareth Williams, in Williams et al. (2013), 87, 104.
③ Shatzmiller (2013), 290; "Laxdaela Saga," in *Íslenzkt fornrit 5*, ed. Einar Ól. Sveinsson (Reykjavík: Hið íslenzka fornritafélag, 1934), 23; James Graham-Campbell et al., eds. *Cultural Atlas of the Viking World* (New York: Facts-on-File, 1994), 54; Anne Pedersen, in Brink and Price (2008), 204; Gareth Williams, in Williams et al. (2013), 87, 104.

锻而成的），槽与剑身一样长，在刘易斯棋子手持的剑上可以看到。最有名的维京剑是法兰克人制造的，上面镶嵌着商标"尤弗伯特"（Ulfberht，有冒牌货在市面上出售，但用钢劣质，买家请小心）。我们并不知道多少钱可以买到一把包银的法兰克剑，或者雕刻的头盔、环状甲胄、锁子甲，但是如果在864年后你把它们卖给维京人，或者用这些去赎回修道院院长，你将付出生命的代价。《皮特雷斯敕令》（Edict of Pîtres）规定："任何人，在七月这个指示颁布后，如果以任何理由、任何赎金形式将锁子甲、武器、马匹卖给北方人，都将被判死刑并没有机会缓刑或赦免，因为这种行为是对自己国家的背叛，将基督教教义遗弃给异教徒，将永劫不复。"①

手臂、手指、耳朵和脖子上戴着的环；剑、斧、矛、刀、装饰着黄铜泡的盾牌；剑带、头盔、链甲、马鞍、马刺、马嚼和青铜辔头；猩红披风，毛皮斗篷，亚麻、羊毛、丝绸的裤子和上衣，胸针和斗篷别针；硬币匣子和银堆儿（把银戒指、银条、银链子都切成碎块，按重量分配的一堆）；圣杯、角杯、法兰克玻璃杯；玻璃珠子、琥珀珠子、水晶、玛瑙、煤玉；鲸骨棋子或者海象牙——这些在维京人的墓地和窖藏里都被发现，很可能都是国王的赏赐②。

就像13世纪《赛比伽萨迦》（Eyrbyggja Saga）所记，有时国王会问："我想给你记战功，你想要什么赏赐？凡我所有，什么是你想要的？"

在这部萨迦中，我们的英雄可没那么睿智，沃穆德想要国王的

---

① R. H. C. Davis, *The Medieval Warhorse* (London: Thames and Hudson, 1989), 53.
② "Eyrbyggja Saga," in *Íslenzk fornrit 4*, ed. Einar Ól. Sveinsson and Matthías Þórðarson (Reykjavík: Hið íslenzka fornritafélag, 1935), 61–63; "Heiðarvíga Saga," in *Íslenzk fornrit 3*, ed. Sigurður Nordal and Guðni Jónsson (Reykjavík: Hið íslenzka fornritafélag, 1938), 219; "Laxdaela Saga," in *Íslenzkt fornrit 5* (1934), 44.

两个巴萨卡。

"你所要的,在我看来,对你并没有什么用处。"国王说。

沃穆德其实应该要一把剑或一艘船,因为他很快就得把赏赐带回冰岛的家,而巴萨卡却会要求沃穆德给他娶个老婆。"沃穆德认为不大可能有哪个良家妇女愿意跟一个巴萨卡过一辈子,所以他一直拖着这事。"最后,在巴萨卡变得疯狂之前,沃穆德邀请他的兄弟斯蒂尔(Styr)来做客。两兄弟心存芥蒂已有好一阵子了。正如《西斯-基林斯萨迦》中所写:

> 斯蒂尔离开的那天,兄弟俩坐在桌边喝酒。两人都很开心,一切都很和谐。忽然沃穆德说:"我要感谢你,兄弟,为了我的荣誉来拜访我……这儿有份礼物,我觉得很适合你。我带来的两个巴萨卡……"
>
> 斯蒂尔说:"真是份不错的礼物。我觉得我没什么东西能比得上他们。所以除了把他们回赠给你之外我无以为报,所以请你留着自己享用吧。"
>
> 沃穆德有些恼怒。他说,当自己送给斯蒂尔这份有用的礼物来表示对他的尊敬时,斯蒂尔轻视这份礼物是不对的。
>
> 斯蒂尔回答道:"说实在的,兄弟,你后悔当初要了两个巴萨卡,现在你发现根本控制不住他们了。"

结果斯蒂尔把巴萨卡带回家,处死了他们。

在《鲑鱼河谷萨迦》中,冰岛英雄赫鲁特(Hrut)非常明白不能要巴萨卡作赏赐。"国王在和他们离别时赏赐了一艘船,说他是配得上这艘船的人。"这份礼物放到当时的历史环境中相当奢侈。在丹麦罗斯基勒的维京船博物馆中,一组现代工匠用维京时代工具的复制品，包括制造铆钉的铁，搓的绳子，编织的羊毛帆，花4000工时（100个人工作一年的劳动量）才能制造出一艘30米长的龙船。还要装饰船体。漂亮的奥塞贝格号（Oseberg）经年轮测定，年代为820年。两位艺术家基本使用手动工具，花了一年时间制作复制品，沿着船舷上缘雕刻了纷繁复杂的花纹，这花纹一直延伸到船头。然后绘色，镀金，装上黄铜的风向标。由此可见，只有富人才造得起维京船①。

龙　船

船只是维京人的标志。连阿拉伯人都说他们"擅长海战，马背上却不行"②。在法兰克人看来，维京人就是出没于潮汐间的一窝蜂。诗人们却这样表达对于船只的喜爱：

"我们的船自南方驶来，场面就像海龙口吐火焰。"一名维京吟游诗人说道。③

"海浪从两边撞击着船，水冲刷着甲板，漂亮的风向标咔哒作响。"④

"海龙的鬃毛闪闪发光。"⑤

"泡沫成堆，黄金与密厚的泡沫一起汹涌起伏，海浪冲刷着

---

① Jan Bill, in Brink and Price (2008), 170; Jan Bill, "Viking Age Ships and Seafaring in the West," in *Viking Trade and Settlement in Continental Western Europe,* ed. Iben Skibsted Klaesøe (Copenhagen: Museum Tusculanum Press, 2010), 34; Gareth Williams, in Williams et al. (2013), 86.
② Ibn Rusta, tr. Lunde and Stone (2012), 126.
③ A. W. Brøgger and H. Shetelig, *Viking Ships* (New York: Twayne, 1951), 113.
④ Snorri Sturluson, *Edda,* tr. Anthony Faulkes (London: J. M. Dent, 1987), 139, 141.
⑤ A. W. Brøgger and H. Shetelig, *Viking Ships* (New York: Twayne, 1951), 113.

船头。"①

他们给自己的船起了各种名字：野牛、吊车、浪里马、长龙、水獭。帆一般由条纹布制成，被染成蓝色、红色和紫色。他们把"曲折的如尼文"②刻在船头上、转向舵的叶片上和桨上，"这可以保佑你的船行进时不发出声音……既没有巨浪铺天盖地砸下来，也不受密集海潮的侵袭，你会平安从海上归来"。

有人死后，他们就驾船驶向瓦尔哈拉殿堂（Valhalla），奥塞贝格号和高克斯塔号（Gokstad）都是葬礼船。这些船保存在挪威南部的蓝色黏土中，使我们能进一步了解维京造船技术的历史。在另外一些仪式中，船只被焚烧。在10世纪早期布列塔尼（Brittany）海岸格鲁瓦（Groix）岛上③，一艘13米长的维京船变成了火葬用的柴堆。船只被拖到一个海岬，死者为男性，穿着漂亮的衣服，衣服上装饰着黄金和珍贵的珠宝，周围堆满要带到另一个世界去的东西：两把剑、两柄斧、四支长矛、箭头、24面盾牌（可能代表他的随从）、工具、碗、坩埚、骑具、狗和一副棋子（很可能是海象牙制的）。这些都将付之一炬，化为灰烬。

就连他们的名字"Vikings"，也可能来自他们的船只，根据某个推论，这个词意为"桨手轮班"④，而且第一艘维京船就是仅靠桨行进的⑤。就像9世纪的奥塞贝格号那样，它们也扬帆

---

① Snorri Sturluson, *Edda*, tr. Anthony Faulkes (London: J. M. Dent, 1987), 139, 141.
② Tr. Jesse L. Byock (New York: Penguin, 1990), 68.
③ Neil S. Price, in *Vikings: The North Atlantic Saga*, ed. William W. Fitzhugh and Elisabeth I. Ward (Washington, DC: Smithsonian Institution Press, 2000), 126.
④ Eldar Heide, "*Viking*—'rower shifting'?" *Arkiv för nordisk filologi* 120 (2005): 41–54.
⑤ Arne Emil Christensen, in Fitzhugh and Ward (2000), 86–97; Bill, in Brink and Price (2008), 172, 176; Bill (2010), 23, 35, 38; Peter Pentz, in Williams, et al. (2013), 206–216; Gareth Williams, in Williams et al. (2013), 92; Ferguson (2009), 41.

远航。10世纪，像高克斯塔号一样，它们是强健的航船，呈流线型，在航行中或划桨时速度飞快，吃水浅，可以在大部分河流中穿行；前后两端都可作船头，边舵可完全升起，能靠岸也可向后划桨；足以荷载7吨重的货物，可容纳战利品和40名战士。一百年后，维京船分化成两种类型：一种是越来越修长明快的龙船，能载80—100名勇士；另一种是笨重实用的"克纳尔"（knarr），最早能荷载13吨货物，后来渐渐升至24吨。1025年在海泽比港口曾沉没过一艘这样的船，当时的荷载量达到了60吨。

维京船创造了维京时代。维京人发明了龙骨，使船在航行中又稳又快。他们发明了一种轻便灵活的船体，叠接式构造，或称叠搭式，即把木板叠起来，就像居室里的护墙板。由于他们不用锯子锯，而是用斧头劈，所以木材纤维可以按甲板的长度安排，这样木板就会很薄，船身也更轻便，却依然结实。海上抢劫并不是什么新鲜事。法兰克人是五六世纪时的海盗，盎格鲁-撒克逊人也从海上入侵英格兰。而维京船的效率更高，即便是在晴朗的天气条件下，监视哨发现维京舰队时，巴萨卡离海岸也只有一小时的路程了。

有时他们的到来是有预兆的："在这一年，可怕的凶兆出现在诺森布里亚（Northumbria）这片土地，吓坏了当地不幸的人们。他们看到很多旋风、闪电和火龙在空中飞过。很快大饥荒如期而至。紧接着，就在同年1月，外邦人通过掠夺和屠杀，摧毁了上帝在林迪斯法恩（Lindisfarne）的教堂。"[①]

---

① *Anglo-Saxon Chronicle,* tr. Benjamin Thorpe (London: Longman, Greene, Longman, and Roberts, 1861), 48.

维京时代的正史始于这次"晴天霹雳"①。被洗劫的林迪斯法恩修道院坐落于英格兰东北海岸的一个小岛上，南距苏格兰大约112公里。《盎格鲁-撒克逊编年史》记述此事发生在793年，正确日期应为6月8日，而不是1月8日。正如《编年史》所记，为什么维京人会在冬季去掠夺？据达拉谟的西缅（Simeon of Durham）在1100年所说，掠夺者发狂了，他们"用可怕的抢劫使所到之地寸草不生，用亵渎的脚践踏圣地，挖出祭坛，把神圣的教堂里的一切财产扫荡一空。有些同胞被杀，有些被铐上锁链带走；许多人被驱赶着，衣不蔽体，忍受屈辱；有些被溺死在海中"。

795年，龙船袭击了都柏林附近的一个修道院。维京人在那里建立了一个基地用来突袭爱尔兰海域，但是他们很快发现爱尔兰修道院不像英格兰修道院那么容易屈服②。9世纪的爱尔兰是个有许多王的基督教社会，而且没有明确的地位排序。自从修道院院长被卷入政治风波，洗劫修道院在战争中就被认为是谁都可以做的。795—820年，修道院所遭受的130多次袭击中只有26次是维京人干的。爱尔兰修道士崇尚习武，只会祈祷的修道士会被取笑。895年的一首讽刺诗中这样写道：

> 啊，神圣的帕特里克！
> 你的祈祷徒劳无功——
> 维京人带着斧子，
> 打断你的演讲。③

---

① Jones (1968), 194; *The Historical Works of Simeon of Durham,* tr. Joseph Stevenson (London: Seeleys, 1855), 457.
② Roesdahl (1991), 223.
③ Tr. Donnchadh Ó Corráin, in Brink and Price (2008), 429.

维京团伙在爱尔兰海很快便找到更有利可图的营生[①]，那就是和某一位王联盟去对抗另一位国王。事实上，在爱尔兰年鉴中，第一个维京名字是半凯尔特语式的：戈弗雷·麦克弗格斯（Godfrey MacFergus）。他母亲是古挪威人，父亲是爱尔兰人，于836年辅佐苏格兰国王。在13世纪的冰岛萨迦中，挪威首领"塌鼻子"卡提尔 [Ketil, 可能与爱尔兰年鉴中的"白卡提尔（Ketil the White）"是同一个人] 与一个爱尔兰贵族的女儿结婚，这家的另一个女儿嫁给了都柏林的维京王。另一部萨迦讲到埃温德（Eyvind），一个"领导国防"的挪威维京人，他娶了爱尔兰国王卡瓦尔（Kjarval）的女儿拉法塔（Rafarta）。

890年，一名爱尔兰修道士在一份手稿的页边空白处写下了意味深长的挽歌：

> 今夜寒风凛冽，
> 海浪像女子的一绺白色长发，
> 我并不惧怕成群的海盗，
> 将于这样一个夜晚航行在海上。[②]

然而，维京团伙在爱尔兰双线作战，编年史学家坚持认为，在11世纪晚期具有爱尔兰独特风格的散文中，"其中一条战线"是指1014年著名的克朗塔夫之战（Battle of Clontarf），（他们是）"呐

[①] Poul Holm, "The Slave Trade of Dublin," *Peritia* 5 (1986): 334; Barbara Crawford, *Scandinavian Scotland* (Leicester, UK: Leicester University Press, 1987), 47; "Eyrbyggja Saga," in *Íslenzk fornrit 4* (1935), 4; "Grettis Saga Ásmundarsonar," in *Íslenzk fornrit 7* (1936), 8.

[②] Tr. M. Magnússon (1980), 152.

喊、憎恨、威武、格斗、英勇、活跃、冲锋陷阵、危险、敏捷、激烈、狂暴、肆无忌惮、桀骜不驯、无法阻挡、摇摆不定、残忍、野蛮、可怕、机警、有备而来、体格庞大、训练有素、狡猾、好战、道德败坏、杀人凶手、不怀好意的丹麦人"①。这一次,爱尔兰的维京人成了爱尔兰国王的走卒。

在英格兰,情形却不同②。起初,维京人的袭击只是偶然的。在865年,丹麦一支"异教徒大军"(这个词后来指代所有维京人,无论来自丹麦、挪威还是瑞典)来到东安格利亚(East Anglia,英格兰五王国之一)。通过"马匹换和平"的交易,维京人驰向诺森布里亚,征服了约克城(York)。接下来,他们拿下了东安格利亚(在这次讨价还价中他们占尽了便宜),又策马长驱直入威塞克斯(Wessex),国王阿尔弗雷德(Alfred,后被称为大帝)马上给了他们钱财让他们离开此地。他们又调转马头奔向麦西亚(Mercia),洗劫了伦敦。国王阿尔弗雷德联合英格兰人夺回了伦敦,于890年以中间人的身份使他们达成了一个协议——把英格兰分为两个王国。"所有英格兰人服从于阿尔弗雷德,"《盎格鲁-撒克逊编年史》写道,"除了那些受控于丹麦人的地区。"③ 这些地区就是后来众所周知的丹麦律法施行区。

新玩家到来后的100年间,棋局被颠覆了。英格兰国王是个12岁的男孩。爱尔兰海的维京人带着他们"专嗅弱点的灵敏鼻

---

① *The War of the Gaedhil with the Gaill*, tr. James Henthorn Todd (London: Longmans, Green, Reader, and Dyer, 1867), 159, 163; Charles Doherty, in *Ireland and Scandinavia in the Early Viking Age*, ed. Howard B. Clarke, Máire Ní Mhaonaigh, and Raghnall Ó Floinn (Dublin: Four Courts Press, 1998), 296.

② Clare Downham, in Brink and Price (2008), 342–343; Eleanor Shipley Duckett, *Alfred the Great* (Chicago: University of Chicago, 1956), 58–61.

③ Tr. Duckett (1956), 85.

子",变本加厉地袭击英格兰西海岸。同时,即将成为挪威之王的奥拉夫·特里格维逊(Olaf Tryggvason),与时任丹麦之王的斯韦恩·弗克比尔德(Svein Forkbeard)结成联盟,他们率领维京联合军在英格兰东海岸登陆。"这个野蛮无畏之师,"编年史学家写道,"所犯下的可怕罪行是其他任何军队无法比拟的——烧、杀、抢、掠。……最后他们骑着马离去,留下罄竹难书的罪恶。"①《盎格鲁-撒克逊编年史》将这一切归咎于无能的英格兰年轻国王——史称"仓促王"埃塞尔雷德二世(Aethelred the Unready):"维京人袭击东边,英格兰军队却守着西边。维京人跑到南边,我们的军队却在北边。"②

与此同时,英格兰税务官在不停地与维京人周旋。991年,他们付给维京人1万磅白银作为"丹麦金"③,或称"购入和平费";994年支付了1.6万磅;1002年支付了2.4万磅;1007年支付了3.6万磅;1012年支付了4.8万磅。1013年,英格兰接纳斯韦恩·弗克比尔德为王。他很快就死了,其子克努特在若干战役后继位,史称克努特大帝④。他索要了一笔8.25万磅的白银来犒赏他的军队,然而英格兰税务官的工作效率一定让克努特大帝印象深刻,因为后来他在统治这个国家方面几乎没有什么改变。于是,他将自己重塑成一个正派的英格兰国王形象。通过迎娶埃塞尔雷德二世的遗孀诺曼底的爱玛(Emma of Normandy),他成为了一名基督徒和教堂的捐助者。与查理大帝一样,克努特大帝有帝王的野心。他于1019年继承了丹

---

① Tr. Thorpe (1861), 105–106, 113.
② Tr. Page (1995), 16.
③ Winroth (2012), 30.
④ Roesdahl (1991), 251; Benjamin Hudson, *Viking Pirates and Christian Princes* (Oxford: Oxford University Press, 2005), 108.

麦，1030年征服了挪威，并拿下了瑞典、苏格兰和威尔士。

1035年，克努特大帝死后，这个宏伟的北海帝国土崩瓦解。他的两个儿子也不长命。1042年，爱玛和埃塞尔雷德的儿子爱德华（Edward）登上了英格兰王位。1066年，爱德华死后，竞争英格兰王冠的三个人都拥有维京血统：拥有一半丹麦血统的哈罗德·戈德温森（Harold Godwinsson）；挪威国王"强权"哈拉尔（Harald Hard-Rule）；以及诺曼底的征服者威廉（William），他的祖先是维京海王冈古－赫尔罗夫（Gongu-Hrolf），或称罗洛（Rollo），曾在911年交出诺曼底公国来换取和平。

奥塔的航程

根据大部分史书记载，维京时代结束于1066年。这种历史观点忽略了鱼的牙齿。

890年，就在巴黎被疯狂的游民围困、爱尔兰修道士祈求坏天气的时候，一个名叫奥塔（Ottar，在盎格鲁－撒克逊文本中被拼写为Ohtere）[1]的古挪威人来到了阿尔弗雷德大帝的宫廷。阿尔弗雷德大帝已经跟维京团伙斗争了20年。奥塔这个斯堪的纳维亚人自诩是个商人，并受到了欢迎。有一份一度被认为由国王本人书写的拉丁文报告记述了他的到来，现在看来这份报告更有可能出自书记官的手笔。奥塔说"他住在远离所有北方人的极北之地"[2]。他还补充道，那片大陆"从此处向北延伸得非常遥远，沿途尽是荒芜，只有几个地方有零星的芬兰人营地，他们冬季狩猎，夏季出海捕鱼"。

---

[1] Howard B. Clarke, in Clarke et al. (1998), 380; Bately and Englert (2007), 24.
[2] Tr. Bately and Englert (2007), 44–47.

奥塔驾船来到芬兰人的土地,他解释说"是为了海象,因为它们的牙齿质量上乘",而且"它们的皮是制作船用绳索最好的原料"。盎格鲁-撒克逊作者补充道,"他带了一些牙献给国王"。这些与其说是礼物,不如说是一个精明商人提供的免费试用品。

维京团伙烧杀抢掠,无恶不作,"罪行罄竹难书"。动不动就发狂的巴萨卡跨越不列颠群岛,也从事贸易活动。根据研究者提供的进口货物的变化,房屋和聚落的修建,以及8世纪早期开始流行的斯堪的纳维亚艺术风格,他们在793年之前就从事贸易至少50年了。甚至在7世纪,挪威人就建造了相当大的船库,瑞典人则建立了贸易中心①。

由于对一封信的误读,导致发生了一件犹如晴天霹雳的事情(林迪斯法恩的修道士当时完全没有意识到,也永远不会想象出一艘维京船将带来什么)。这封信是诺森布里亚的传教士阿尔昆写给英格兰国王的,他后来任职于查理大帝的朝堂。按照标准翻译,这封信写的是:"瞧,近350年我们和我们的父辈居住在这片最可爱的土地上,以前在不列颠从未出现过如我们现在所遭受的来自异教徒的恐怖行动,也从未想过会有来自海上的侵袭。"② 但是拉丁语翻译出来的"来自海上的侵袭"通常意味着一场灾难。使阿尔昆惊恐的不是驶向英格兰的维京船,而是诺森布里亚最神圣的地方——圣岛上的林迪斯法恩没有受到神的庇护。

---

① Graham-Campbell et al. (1994), 38; Orri Vésteinsson, in Vésteinsson, Helgi Þorláksson, and Árni Einarsson, *Reykjavík 871±2* (Reykjavík: Reykjavík City Museum, 2006), 28; Sophia Perdikaris and Thomas H. McGovern, "Walrus, Cod Fish, and Chieftains," in *Seeking a Richer Harvest,* ed. T. L. Thurston and C. T. Fisher (New York: Springer, 2007), 194.
② Alcuin, tr. Dorothy Whitelock, in Angus A. Somerville and R. Andrew McDonald, *The Viking Age: A Reader* (Toronto: University of Toronto Press, 2010), 232–233; Peter Sawyer, quoted by Bjørn Myhre, in Clarke et al. (1998), 18–19; Christiansen (2002), 313.

这一切是怎么发生的呢？阿尔昆写道，或许错误在于我们自己。"仔细想想王和臣民们的服装、发型，还有奢侈的生活习惯。看看你们修剪过的胡须和头发，跟异教徒打扮得一样。难道你们没有被你们效仿的这些人吓到吗？"① 在阿尔昆眼中，维京人并非"恶棍新品种"，他们实在太熟悉了，英格兰人甚至模仿他们的长发（有的书里写到他们把头发卷成一个圆发髻，其他部分都剃光只留一绺），还模仿他们修剪下巴上的胡须和唇上的胡髭。

事实上，根据《盎格鲁－撒克逊编年史》，"第一艘来到英格兰的丹麦人的船"，并不是 793 年掠夺林迪斯法恩的，而是"三艘北方人的船"，他们于 787 年或 789 年来到波特兰港的南部，这里靠近英吉利海峡的韦茅斯（Weymouth）。一名学者对当时的事件仍记忆犹新，并嘲弄道，"（这是个）与风俗有关的微不足道却极其致命的误解"②。维京人登陆时，"地方长官策马想把他们赶离国王的领地，他不知道这些是什么人，然后就被杀了"③。

789 年，维京人用同一艘船既搞袭击又搞贸易，船舶技术并没有将龙船从"克纳尔"中分离出来。交易时，他们就在岸边安营扎寨，在船只旁边做买卖，免受国王或其侍从的干扰。袭击时，他们还是在船只旁建营地。地方长官甚至不知道"他们是什么人"，我们也不知道，由阿尔弗雷德大帝的朝臣编写于 9 世纪末的最早版本的《盎格鲁－撒克逊编年史》中也无暗示。后来，手稿所补充的信息对此起了决定性作用，我们知道"丹麦人"来自挪威的霍达兰

---

① Alcuin, tr. Whitelock, in Somerville and McDonald (2010), 233; Graham-Campbell (1994), 68; Ferguson (2009), 123.
② Alan Binns, quoted by Crawford (1987), 39; Hudson (2005), 46.
③ *Anglo-Saxon Chronicle*, tr. Thorpe, in R. I. Page, *"A Most Vile People"* (London: Viking Society for Northern Research, 1987), 21–25.

(Hordaland)。当目睹了三艘满载攻击性维京人的船，不可能没有一个地方长官停下来去问问他们来自何处。双方一定有过交谈，有亲历者讲述了这段故事。

在挪威有 500 座墓葬和聚落遗址①，大部分可追溯到 9 世纪，出土了珠宝、骑具、商人的磅秤，以及少量书、神龛、来自英格兰和爱尔兰的圣物匣。这些遗物有些是袭击的战利品，有些是贸易的利润，这很难分得清楚。但挪威本身的名字"Norway"来源于贸易之路——North Way，它在奥斯陆峡湾的堰洲岛后面，向北就到了奥塔在 890 年为阿尔弗雷德大帝描述的资源丰富的北极圈。在奥塔开始航行的一百多年前，法兰克和英格兰的货物就来到了这些"住得最北的北方人"手里。

在离挪威北部很远的罗弗敦（Lofoten）群岛的伯格（Borg）②，有一座海景颇佳的小山，考古学家于 20 世纪 80 年代在此处发掘了一座宏伟的首领宅邸。这座宅邸建于五六世纪，直到 950 年依然矗立。其中出土了一件精美的盎格鲁-撒克逊金器，年代为 9 世纪中期。推断它是一种工具的一头，这种工具应该是在阅读手稿时使用的。还发现了一些颇为罕见的优质玻璃和陶瓷碎片。伯格的首领从陶瓷壶里倒出啤酒，这种壶也叫塔廷（Tating）陶器，亮黑色抛光，带有拼合的锡制纹饰，具有 750—850 年莱茵河流域流行的风格。他和他的客人用精致的玻璃器皿饮酒，部分器皿来自英格兰。

---

① Egon Wamers, in Clarke et al. (1998), 37, 42, 51; Bjørn Myhre, in Clarke et al. (1998), 26; Bjørn Myhre, "The Early Viking Age in Norway," *Acta Archaeological* 71 (2000): 43–44.

② Roesdahl (1991), 107; Gerd Stamsø Munch, in Bately and Englert (2007), 100–105; Anne Pedersen, in Williams et al. (2013), 125–126; G. S. Munch et al., "Borg in Lofoten," in *Proceedings of the Tenth Viking Congress,* ed. James E. Knirk (Stockholm: Universitets Oldsaksamlings Skrifter, 1987), 149, 154; Perdikaris and McGovern (2007), 195; Keller (2010), 11–12.

从首领的宅邸可以眺望优良的牧场和肥沃的土地，在那里大麦长势良好（至少足够酿造啤酒）。此地人口密集。港口保护严密，船坞巨大。渔业是伯格的支柱产业，到 8 世纪鳕鱼干仍是重要的出口物资。鱼干轻便好携带，富有营养，能历时六年不腐，是维京船上最完美的食物补给。除了售卖鱼干，伯格的首领还通过将铁器和银器卖给远在北方的邻居来支撑他们自己在南部的奢侈生活，这些北方邻居就是 890 年奥塔所称的"芬兰人"，也是当今所说的"萨米人"(Sami)[1]。萨米人以熟练的滑雪技巧见长，他们放牧驯鹿，捕猎熊、狼、猞猁、狐狸、貂、水獭、獾、海狸、松鼠、鼬，获取宝贵的皮毛。直到 9 世纪中期，萨米人仍是海象牙和海象皮绳索的主要供应商。

当白银像河水般从巴格达涌入北方，在法兰克赎金和英格兰"丹麦金"充满国库之前，通过将萨米人的毛皮和海象牙交易到南方的挪威首领变得富有起来，有钱造维京船了。掌控这种"芬兰交易"，对 872 年"金发王"哈拉尔[2]统一挪威至关重要。哈拉尔还没像统治海洋那样征服陆地。一旦哈拉尔的伯爵们控制了往北的各个战略港口，富有的北方首领将屈服。

奥塔很可能就是其中一员。890 年，从远在极北之地的家中，他传信给阿尔弗雷德大帝，他靠岸航行，每晚登陆安营，这样航行了一个多月，沿着北路南下到斯基灵萨尔（Skiringssalr）[3]，亦

---

[1] Kevin McAleese, in *Vinland Revisited,* ed. Shannon Lewis-Simpson (St. John's, Newfoundland: Historic Sites Association, 2003), 354; Inger Zachrisson, in Brink and Price (2008), 36.

[2] Helgi Þorláksson, in Vésteinsson et al. (2006), 34; Duckett (1956), 164; Egon Wamers, in Clarke et al. (1998), 72.

[3] Bately and Englert (2007), 47, 128; Dagfinn Skre, in Brink and Price (2008), 118; Seaver (2010), 106; Hodges and Whitehouse (1983), 116; Dagfinn Skre ed., *Kaupang in Skiringssal* (Aarhus, Denmark: Aarhus University Press, 2007).

称"华丽殿堂",这是挪威南部的一个集镇,是现在韦斯特福尔(Vestfold)的凯于庞(Kaupang),位于奥斯陆峡湾的河口附近。在凯于庞发现的成百上千的艺术品中有阿拉伯迪拉姆、波罗的海琥珀、红玉髓、紫水晶,来自俄罗斯贸易之路的白水晶,来自加洛林王朝的陶器和玻璃器皿,来自爱尔兰和盎格鲁-撒克逊的装饰品和武器,以及少量海象牙。

奥塔说,按正常航行速度,如果风向正常,从凯于庞出发,向东航行 5 天,就能到达海泽比,海象牙碎片就是在那里被发现的[①]。这一次,为了拜访阿尔弗雷德大帝,奥塔选择了向西南方向航行。在 9 世纪晚期,他并不是唯一这么做的北方商人,当时都柏林和约克都是主要的维京港口,每一处考古遗址中都发现了海象牙。然而这些海象牙可能不是通过芬兰贸易来到此地的,因为当时维京人有了新的猎场。

捕海象营地

"帆船轻巧地掠过海面"[②],正如一位爱尔兰诗人所说,这是"维京人的饕餮和买卖"的关键。

挪威是一个沿海国家。放眼望去,一片大海。北大西洋对于他们来说是一种"结合力"[③],它是一条路,而不是一道障碍。在波特兰杀掉英格兰长官的那个维京人,从他的故乡霍达兰,只要向正西做一次短暂的航行,就会来到设得兰群岛;在春日航海季,盛行风向西吹,于是再加一到两天就会到达法罗(Faroes)群岛;再顺风

---

① Roesdahl (2005), 183.
② Tr. Donnchadh Ó Corráin, in Brink and Price (2008), 433.
③ Cunliffe (2001), 18, 36; Crawford (1987), 11–12; Neil S. Price, in Fitzhugh and Ward (2000), 34.

航行一星期，将会见到冰岛的白色冰盖。

12世纪用冰岛语写成的《聚落之书》（*Book of Settlements*）其中一个版本记述，770年，第一个这样航行的维京人名叫纳多德（Nadodd）。他的目的地是法罗群岛，但是他"在海上被风吹向了西边，由此发现了一块大陆"。他和他的船员上岸，"登上东峡湾的一座高山，环顾四周，看能不能发现炊烟或任何有人定居的迹象"①。除了雪，他们什么也没发现。在冰岛的东部有欧洲最大的冰川。后来他们返航，去了法罗群岛。

纳多德见到"雪地"的消息传了开去。接着一个叫戈达尔（Gardar）的瑞典人向西出发。故事的起因是他受到了母亲的怂恿，他的母亲是个先知，我们不知道她预见了些什么，有可能是一片富有、遍地毛皮和海象牙的土地，就像挪威的极北之地。戈达尔绕着这片土地航行了一圈，证实这是个岛。他在北海岸建了一座房子过冬。第二年夏天返回挪威时，他留下了两个男人、一个女人。《聚落之书》把这一切说得仿佛是个巧合，但很可能并不是。在他们所定居的地方附近，经常能看到海象出没。

接着，瑞文-弗洛基（Raven-Floki）出发了。他来自霍达兰，似乎还带着家人。他们先去了设得兰群岛，在这里有一次停留，他的女儿溺死在这里。瑞文-弗洛基因在船上载着三只乌鸦而得了这个外号（raven在英语中意为乌鸦）。后来航行时，他放飞第一只乌鸦，乌鸦向东飞回了设得兰群岛。一两天后他放飞了第二只乌鸦，乌鸦绕着船飞，最后落在桅杆上。又过了一天，第三只也被放飞了，他跟着这只乌鸦航行，发现了一座岛，将这里命名为冰岛。他

---

① *Landnámabók,* ed. Guðni Jónsson (Reykjavík: Bókaverslun Sigurðar Kristjánssonar, 1942), 23–31; Orri Vésteinsson, in Vésteinsson et al. (2006), 32.

在南海岸线巡航,在西边登陆,峡湾"到处都是鱼,他们忙于捕鱼,根本没考虑草料,于是到了冬天牲畜都死了"。不过他们还是待了两个冬天才回到挪威。

是什么动物使得瑞文-弗洛基和他的家族疯狂了呢?或许这种动物有珍贵的牙齿:海象牙。《聚落之书》并没有提到海象。在此书写作之时,也就是大约1120年,冰岛的繁殖种群在灭绝。当时用"veiðiskap"这个词来形容海象,这个词适用于描述任意一种抓捕、捕鱼或游戏,在瑞文-弗洛基登陆的海滨附近有一大把地名,意思都是海象繁殖地。

历史学家一直好奇为什么维京人要向西航行去找看不见的岛屿,为什么要去未知的水域,比如冰岛、格陵兰、北美洲,而不是专注于他们利润丰厚的侵袭活动,专注于征服西欧,或者专注于他们向东通往俄罗斯、拜占庭和更远的繁华的贸易之路。是人口压力驱使他们向西扩张?还是一种冒险意识?还是对自由的热爱?

家族萨迦强烈提倡"对自由的热爱"。比如"塌鼻子"卡提尔就出现在各种"萨迦"中①。在《鲑鱼河谷萨迦》中,他被称为"来自贵族家庭的挪威强大首领"。他统治着霍达兰北边一个叫松恩(Sogn)的小地方。"在卡提尔最后的日子里,'金发王'哈拉尔势力强大,除非拥有他授予的头衔,否则没有哪个国王或首领能够待在这片大陆上。当卡提尔知道哈拉尔计划给他和另一位首领一样的安排(不但族人死亡没有补偿,他自己也变成受雇者),他给族人们开了一个会。"卡提尔的儿子建议举家搬至冰岛。他们听说了"关于冰岛很有吸引力的故事,说那里有值得拥有的优良土地,自由居住,可以捕鲸和鲑鱼,冬夏两季都有渔场"。卡提尔拒绝了这

---

① "Laxdaela Saga," in *Íslenzkt fornrit* 5 (1934), 3–5.

个提议,说,"我晚年绝不会去那个渔场"。他更想去苏格兰。"那片大陆对他来说更熟悉,"萨迦写道,"因为他长期在那里搞袭击。"

《鲑鱼河谷萨迦》写于13世纪中期,但书中记录的是9世纪中期发生的事情。在被作家再创作之前,这桩逸事已被口口相传了几个世纪。其中有多少内容是真实的?又有哪些内容被舍弃了?虽然红字标题为"伟大的捕鲸行动",但此处卡提尔的儿子们指的是海象吗(我们已知古挪威人认为海象是小型鲸)?虽然卡提尔死在赫布里底群岛,但他的儿女还有无数族人则死于冰岛,且大部分死在冰岛西部,而在那里确实曾经发现过海象。

在第一批正式移民冰岛的人群中,有一个人,人们为他立了雕像,这个人就是维京海王英格尔夫·阿尔纳尔松(Ingolf Arnarson),他来自霍达兰和挪威的松恩地区。在一次长期战斗结束之后,他和他的堂兄莱夫(Hjorleif)被罚没了"全部家当"。他们卷起铺盖,驾船向西航行。874年到达冰岛后,他们就分开了,莱夫被他的爱尔兰奴隶所杀。勘察了一阵后,英格尔夫决定在西南部的大海湾边缘定居,也就是现在的冰岛首都雷克雅未克的所在地。"就这儿?"英格尔夫的手下卡尔利(Karli)抱怨道:"我们曾经到过那么好的村镇,都放弃了,最后竟要住在这么个偏僻的海岬!"[①]《聚落之书》记载,"那之后,他带了一个奴隶女孩消失了"。

尽管《聚落之书》中偶尔会出现龙、巨魔、巫师、鬼魂,但这部作品仍被当成历史资料而不是奇幻小说。也许是博学的阿里(Ari the Learned)受冰岛的两任大主教所托,大约于1120年开始撰写了最初的《冰岛人之书》。一百年后,《聚落之书》做了重大的修订,现存好几种版本。此书自成体系,结构精确,从雷克雅未

---

① Tr. Helgi Þorláksson, in Vésteinsson et al. (2006), 44.

克开始，记载了冰岛最早一批430名移居者以及他们的农场、家庭、争斗、资源，还有名誉（倘若有的话）。但是卡尔利对英格尔夫选择"偏僻"的雷克雅未克所表示的惊讶，并非史实。这恰好反映了这个故事的讲述者——12世纪冰岛人的诧异。在冰岛的黄金时代，首领拥有大量黄油和羊毛，他们的财富是活生生的牲畜，他们的主要资源是广阔的草原和储存起来以备冬天使用的优良干草。但是对第一批移居者来说，情况却不同。现在的草原当时被灌木和矮树丛所覆盖。敞舱船带来一对一对的牛和羊，每五年翻一倍，三十年就增加百倍，它们可以提供充足的食物。在那之前，移居者不得不依靠"偏僻"海岬和近海岛屿的海鸟、海豹、鲸和大量鱼类维生。

海象被列入研究列表是在2003年[1]，当时一个来自冰岛考古研究所的团队结束了对雷克雅未克维京时代长屋（longhouse）的发掘。冰岛考古学家比起同行有一个优势，冰岛的火山会定期在岛上几个地方沉积一层火山灰，这些沉积层使土壤中的地层明确，通过与格陵兰冰芯内灰尘的比对可得出确切年代[2]。火山喷发对确定年代特别有用。871年（前后误差为两年），一座靠近冰岛东部巨大冰川的火山将黑灰色的火山灰散布到整片国土，甚至殃及了西边的格

---

[1] Orri Vésteinsson, interviewed in Reykjavík, May 3, 2006, and November 18, 2013. Helgi Þorláksson, interviewed in Reykjavík, May 24, 2013; Vésteinsson et al. (2006), 32–39, 44; Elizabeth Pierce, "Walrus Hunting and the Ivory Trade in Early Iceland," *Archaeologia Islandica* 7 (2009): 55–63; Bjarni Einarsson, "Hvallátur," *Gripla* 1 (1984): 129–134; Perdikaris and McGovern (2008): 192, 207; Thomas McGovern, "Walrus Tusks and Bone from Aðalstræti 14–18, Reykjavík, Iceland," *NORSEC Report 55* (New York: City University of New York Northern Science and Education Center, 2011); Thomas Amorosi, "Icelandic Archaeofauna," *Acta Archaeologica* 61 (1990): 272–281.

[2] Jette Arneborg, interviewed in Copenhagen, May 8, 2006 and November 13, 2013; *Landnámabók*, ed. Jónsson (1942), 77–78; *The King's Mirror*, tr. Laurence Marcellus Larson (New York: American-Scandinavian Foundation, 1917), 142; Arneborg, in Brink and Price (2008), 588.

陵兰。雷克雅未克的长屋就建于这次喷发之后。长屋不是捕鱼的营地，而是普通农舍，有饲养牛羊的迹象。20世纪70年代，在它附近发现了一小段墙，测出的年代早于喷发那年，可见是冰岛的正式聚落，但是这处墙址看起来也像是农舍的一部分，而不是海象猎人的临时营地。

然而，海象猎人就在此地。长屋有一面墙就是用海象的脊椎骨造的。睡觉的长台下发现藏着三枚海象牙，显然是被遗忘在这儿的。三枚都是左侧的牙齿，属于三头海象。因长期接触潮湿的土壤，牙齿已变脆破碎，只有"标本1"可用于全面检测。完整的海象牙每枚平均长45厘米。工具痕迹显示这枚海象牙是从海象的头骨上被熟练地切割下来的，这是一个要花费许多时间来学习的工作。从刚死掉的动物身上把牙齿锯下来并不明智，因为牙会折断。最好是等上几个星期，骨头开始分解，把牙从头骨上凿下来，还要把上面的牙龈线凿掉。这个"标本1"就显示了一个老手的手艺。

此前在雷克雅未克已经发现过海象牙，有11次之多，只是谁都没怎么留意。海象骨骼，包括新生小海象的骨骼都有发现，证实这里靠近海象种群繁殖地。20世纪80年代开始，历史学家就尝试将雷克雅未克南部一处旧名"海象角"的岛屿与冰岛的聚落形成联系起来，但联系并不大。后来考古学家发现了隐藏的海象牙。通过重新评估之前出土的牙，他们意识到海象牙和骨骼都发现于岛上几个维京时代遗址中。海象和冰岛第一批移居者之间的关系瞬间变得明朗起来。

长屋原址目前原地保存在新建的雷克雅未克酒店的下面，墙上挂的海象脊椎清晰可见。它代表了冰岛早期时代的一种新的思维方式。萨迦记载的首领逃离哈拉尔暴政的故事，在一定程度上可能是真实的。但是在他们之前（可能要比他们早得多），就已经有人在冰岛猎海象了。

远如北极星

我们现在认为,海象牙也将维京人吸引到了格陵兰,虽然《聚落之书》讲的不同。在那,"红发"埃里克(Eirik the Red)因杀害邻居而被放逐,他勇敢地向西航行,碰巧到了格陵兰。当三年流放结束,这个著名的维京探险家就回到家乡,于985年说服24船冰岛人与他一起去征服新的大陆。当时,14艘船大约能载400个人。

《聚落之书》暗示埃里克愚弄了他们,他原本承诺的是一片比冰岛肥沃的"绿地",然而格陵兰并非如此,岛上75%的面积被冰覆盖,和冰岛一样没有树木,所以没法制造航海船。农业是边缘产业,只有两个地方凑合能用,一个是埃里克的东部聚落,在岛的南端,有500个农夫;另一个是他的西部聚落,有100个农夫,接近西海岸现在的首都努克(Nuuk)。这两处的绿色植物足够饲养牛羊。一个好的营销策略并不能解释为什么殖民地持续发展到了15世纪,但海象牙却能解释。

一部13世纪的挪威专著《国王的镜子》(*The King's Mirror*,以父子间的对话形式来写作)也同意这个观点。"我也很好奇,为什么人们这么热衷于到处经营。"儿子话中所指是格陵兰。"有三个原因,"他的父亲回答道,"动机之一是名誉和竞争,人的本性就是去寻求会遇到巨大危险的地方,这样才能赢得荣誉。动机之二是好奇,在人的本性中,希望看到和经历那些曾听说过的事情,然后才能验证事实真相。动机之三是对获得的渴望。"他说,人们去格陵兰是为了获得海象皮做的绳索,"还有海象牙"。

格陵兰被发现的时候,冰岛的海象是个美好的愿景,它们从未像格陵兰的牛群那么多。即便是现在,海象仍在沿着格陵兰结冰的西北海岸茁壮成长，那里靠近迪斯科湾（Disko Bay），"红发"埃里克建了他的北部营地。那可不是个适于工作的好地方。在写于大约1220年的《埃达》一书中，斯诺里·斯蒂德吕松保留了几行早期的诗歌，其中有这样的描述：

> 狂风，是古老的尖叫之神，
> 那丑陋的儿子，
> 开始散布雪花。
> 海浪，是爱暴风雨的海之女，
> 被山之霜养大，
> 编织又撕扯着泡沫。①

诗里说的是夏日的天气。从"红发"埃里克在东部营地的地盘向北航行到北部营地需要三周的时间。从西部聚居地出发会近一些，大约643公里，萨迦记载，用六桨划艇只需航行15天即可到达。一旦到了那儿，维京人就游弋在冰盖边缘搜寻海象，还能看到北美洲的东缘。有一个关于维京人发现文兰（Vinland）的故事追溯了这条航线：向北到达海象之地，向西跨越戴维斯海峡（Davis Strait），向南沿着拉布拉多（Labrador）的海岸到达纽芬兰，在兰塞奥兹牧草地（L'Anse aux Meadows）发现了维京遗址。② 从此地，维京人很可能探索了位于米拉米希河（Miramichi）河口南部的整个圣劳伦斯湾

---

① "Norðseta-drápa," in *Corpus poeticum boreale*, ed. Guðbrandr Vigfússon and F. York Powell (Oxford: Oxford University Press, 1883), 2: 54.
② Kirsten A. Seaver, in Fitzhugh and Ward (2000), 270; Else Roesdahl, in Lewis-Simpson (2003), 151; Birgitta Wallace, in Lewis-Simpson (2003), 173; Nancy Marie Brown, *The Far Traveler* (New York: Harcourt, 2007), 180.

(Gulf of Saint Lawrence），溯圣劳伦斯河而上可通往今天的魁北克。

萨迦说，他们在文兰发现了鲑鱼、高大的树木、可酿酒的葡萄和自然生长的小麦，此外还有占压倒性数量的怀有敌意的当地居民①。奇怪的是，没有萨迦提到在纽芬兰西南端的马格达伦（Magdalen）群岛有大群的海象。1775年，猎人曾在这里用猎犬围猎七八千头海象，一晚就屠宰了1500头。几百年前，密克马克族人（Micmac）在岛上避暑，以海象维持生活。在兰塞奥兹牧草地发现的一些遗骸很可能是海象骨骼。但如果说是海象牙将维京人引到文兰，这个理由似乎也不足以说服他们留在此地。兰塞奥兹牧草地的营地只用过几年，再向南也尚未发现维京人聚落②。

去文兰路途遥远。那里离格陵兰3000多公里，幸运的话，从"红发"埃里克的北部营地到那里也需要9天。有一艘仿维京船在海上漂泊了87天。你还需要运气才能把海象牙和皮带回家③。萨迦记载最成功的文兰航程大约在1005年，由远航者谷德里德（Gudrid the Far-Traveler）和她的丈夫托尔芬·卡尔塞弗尼（Thorfinn Karlsefni）组织的远征，去了三艘船，损失了两艘。根据《红发埃里克萨迦》（*Saga of Eirik the Red*），随谷德里德和卡尔塞弗尼远征的还有两船冰岛人和一船格陵兰岛人，共计160人。小小的格陵兰殖民地无法承受一船人之多的损失。仅有的600个农夫并不

---

① Arneborg, in Brink and Price (2008), 591; Gunnar Karlsson, *The History of Iceland* (Minneapolis: University of Minnesota Press, 2000), 44.
② Colleen E. Batey, "Archaeological Aspects of Norse Settlement in Caithness, North Scotland," *Acta Archaeologica* 61 (1990/91): 29–34.
③ Thomas H. McGovern, et al., "A Study of the Faunal and Floral Remains from Two Norse Farms in the Western Settlement, Greenland," *Arctic Anthropology* 20 (1983): 107; McGovern et al., "Vertebrate Zooarchaeology of Sandnes V51," *Arctic Anthropology* 33 (1996): 114; McGovern (1985), 297–299; Perdikaris and McGovern (2007), 210; Perdikaris and McGovern (2008), 193.

能在同一时间工作。1200年高峰期时,格陵兰的人口也不过2000人,而同期冰岛的人口至少有4万人。

格陵兰的劳动力严重短缺。去北部营地这种耗时的旅程不得不计划在夏天实施,毕竟事关生计——狩猎迁徙的海豹、收集鸟蛋和鸟毛、捕鱼、采集浆果,最重要的是割晒牧草。捕猎海象从六月中旬开始(也就是海豹迁徙之后),结束于八月(在割晒牧草之前)。四五艘船向北划行,每艘船上载六到八人,大部分人是从西部聚落的数百个农场抽调来的。这是个危险的任务。男人们不仅可能死于沉船和触礁,还会死于捕猎。正如我们所见,海象可不是容易到手的猎物。但它的确非常有利可图。据测算,一艘格陵兰人的六桨划艇大约可承载1360公斤货物,相当于2头完整的海象,或23头海象的皮和头,或160个海象头。[1]

为了减轻重量,猎人们把头骨敲碎,只带走有牙的上颚。整个漫长的冬天里,工作就是把牙从颚上弄下来。这个工作需要技巧和培训,但是西部聚落的每个农场都有人承担此项任务。在大型农场、小型农场,甚至离海很远的农场都发现了海象头骨的碎片。桑内斯(Sandnes)首领的农场(远航者谷德里德曾在那儿居住过)可能曾经是个工业中心。海象牙在这被发现已有350年的历史,比其他农场早得多。1000—1350年,海象牙的数量在稳步增长。桑内斯的海象牙工人也变得更加擅长交易,比起颚骨的碎片,他们遗留下来的海象牙碎片要少得多。

他们用船将海象牙从西部营地向南运送到东部营地。在嘎达(今伊加利科),大主教的座位旁有巨大的石头建造的仓库,用来储

---

[1] Thomas H. McGovern, in *The Archaeology of Frontiers and Boundaries,* ed. S. Green and S. Perlman (New York: Academic Press, 1985), 304–308; Perdikaris and McGovern (2007), 209.

藏海象牙。这里是格陵兰最大的农场，有能够饲养100头奶牛的畜棚和举办盛大宴会的大厅。考古学家发掘出近30枚海象头骨，都被除去了牙。一些头骨沿着教堂的东山墙排成一行，另一些就埋在圣坛处。这些令人印象深刻的教堂墓地的考古发现，反映出海象在文化上的重要地位①。

格陵兰海象牙找到了一条销路②。现代博物馆所藏的海象牙艺术品展示了其在1000年的巅峰状态，也就是在人们定居格陵兰之后不久。接下来的200年间，海象牙的流行态势继续上扬，格陵兰人努力争取满足这种需求，导致农场旁边废弃堆里的海象残骸越来越多。13世纪60年代，当格陵兰人像冰岛人一样，同意接受挪威国王的统治，国王老哈康明确划分了他的管辖区——一直向北延伸到海象狩猎场。他的宫廷传记作家，冰岛人斯图拉·索尔达松（Sturla Thordarson）在诗中写道，国王将"扩大他在偏远、寒冷、远至北极星之地的权力"③。

无法得知究竟有多少海象牙来自格陵兰④。唯一的一份历史记录讲到格陵兰的大主教曾于1327年往卑尔根（Bergen）派送货物支持改革运动。估计一年的捕猎可获得520根海象牙，差不多相当于两艘船的载货量。一次装运的量价值130磅白银，等同于780头奶牛，或6吨鱼干，或4万多米手编羊毛织物，比冰岛4000个农场的年度税收还要多。

---

① Jette Arneborg, *Saga Trails* (Copenhagen: National Museum of Denmark, 2006), 51; Seaver (2010), 84.
② Roesdahl, in Lewis-Simpson (2003), 146; Andrew J. Dugmore, Christian Keller, and Thomas McGovern, "Norse Greenland Settlement," *Arctic Anthropology* 44 (2007): 17.
③ Tr. Helgi Þorláksson, in *Taxes, tributes and tributary lands in the making of Scandinavian Kingdoms in the Middle Ages*, ed. Steinar Imsen (Trondheim, Norway: Tapir, 2011), 134.
④ Keller (2010), 5.

格陵兰存在有钱人的另一个证据来自 14 世纪的《狡猾的莱夫萨迦》①，故事发生在聚落时代，是关于一个大师级的工匠的流浪故事。由于火暴脾气和暴行，他被驱逐出冰岛、挪威和格陵兰，他和他的家族最终被丹麦国王收留。国王得知"他们拥有大量皮绳和象牙制品、皮毛，还有无数丹麦少见的格陵兰商品，以及 5 头白熊和 50 只猎鹰，其中 15 只猎鹰是白色品种之后，十分高兴"。在萨迦的开头，挪威国王命令他的手下向格陵兰航行，"带回的海象牙和皮绳"，正是格陵兰人为了获得援助以对抗狡猾的莱夫，向挪威国王赠送的礼物。此外，国王为了玩维京游戏（桌棋和国际象棋），还制造了鎏金海象头骨和一副海象牙游戏用具。一位翻译家解释说："老的游戏只有一个国王，而新的游戏双方各有一个国王。"②

　　格陵兰人自己用的海象牙则非常小巧。他们用钉子状的白齿做纽扣，雕刻成小小的海象和北极熊作为护身符，还雕刻成戴着帽子的男性微型雕像。③ 他们还会使用一些海象牙做的带扣，和与刘易斯棋一同发现的那枚带扣很相似。但在格陵兰只发现过两件较为精致的海象牙艺术品。

　　第一件是一枚残损的王后棋子，是一名格陵兰猎手在一个小岛上的因纽特夏季营地遗址拾到的④。这个小岛靠近西西缪特

---

① "Króka-Refs Saga," in *Íslenzkt fornrit 14* (1959), 139, 142, 157.
② Tr. George Clark, in *Sagas of Icelanders* (2000), 613.
③ Dugmore, et al. (2007), 17; Else Østergård, *Woven into the Earth* (Copenhagen: Aarhus Universitetsforlag, 2004), 102, 132; McGovern (1985), 302; Roesdahl, in Lewis-Simpson (2003), 146.
④ Nationalmuseet, København, Udstilling om Danmarks Middelalder og Renæssance: Nordboerne i Grønland; Roesdahl (2005), 187; Jette Arneborg, personal communication, September 23, 2014.

（Sisimiut）的现代城镇，大致位于维京人西部营地到北部营地的中间。1952 年，猎手把它敬献给丹麦女王。虽然在 20 世纪 60 年代，这枚棋子从英格丽女王（Queen Ingrid）的私人藏品变成了丹麦国家博物馆的藏品，但直到 21 世纪初期仍未公开展示。此前从未有人将这枚棋子与刘易斯棋联系起来，虽然看上去很像，在尺寸上几乎差不多，也坐在宝座上，但是宝座的靠背更高些，也许尚未完工，因为海象牙的保存状态不佳，很难下定论。格陵兰王后棋子也穿着华贵的长袍，比刘易斯王后棋子长袍上的褶皱更尖锐，更像 V 字形。她的左手闲适地放在膝头，右臂折断，脸部和胸部被削掉，所以无法判断右手是否扶着脸颊。

第二件是主教牧杖的曲柄[1]，上面装饰着一个简单的人字形花纹，螺旋形图案的中部填充四片卷曲的叶子，优雅的罗马式风格替代了 12 世纪遍及北方的维京艺术风格[2]。这件曲柄于 1926 年发现于嘎达一间大型石头教堂北边小礼拜堂的地板之下，与一具骨骸葬在一起。发掘这座墓葬的考古学家根据这件曲柄的风格将其断代在 1200 年，他认为这件曲柄是为主教乔恩·斯米瑞尔（Jon Smyrill）所造，他死于 1209 年，出自巧手玛格丽特之手[3]，也就是《主教帕尔萨迦》提到的那位"全冰岛技艺最高超的雕工"。

接下来，就让我们把下一枚棋子摆上棋盘吧：主教。

---

[1] Nationalmuseet, København, Udstilling om Denmarks Middelalder og Renæssance: Nordboerne i Grønland (DNM D11154); Louis Rey, "The Evangelization of the Arctic in the Middle Ages," *Arctic* 37 (December 1964), 331; Jette Arneborg, in Fitzhugh and Ward (2003), 312.

[2] Erla Bergendahl Hohler, *Norwegian Stave Church Sculpture* (Oslo: Scandinavian University Press, 1999), 2: 106.

[3] "Páls saga byskups," in *Íslenzkt fornrit 16, ed.* Ásdís Egilsdóttir (Reykjavík: Hið íslenzka fornritafélag, 2002), 324.

第二章

主　教

主教站在国王和王后的身侧，仔细想想，也挺奇怪的。国际象棋是一种战争游戏，一个宗教人士能有什么作为呢？如果你是个国王，你会把谁放在手边：巴萨卡？骑士？还是主教？特隆赫姆的大主教，适时地在1173年和1189年，提醒冰岛人要把一切归功于"服从上帝、圣彼得，还有我本人"①，而并非服从一位国王或王后；他只参与那些"不需要使用武器"的争端。

　　16枚刘易斯主教棋子都没有武装。每一枚都贴身带着彰显其身份的、仪式用的曲柄手杖或牧杖，杖上的花纹贴着脸颊。其中7枚拿着书，可能是《福音书》或《诗篇》，因为很薄，所以应该不是整本《圣经》。前六卷翻了过去，正打开的是第七卷，书被举着，好像在驱逐撒旦。其中3枚举起右手祷告，大拇指、食指和中指伸直，无名指和小指弯曲。他们的服饰都刻得细致入微。有的戴着头巾，披着类似斗篷的十字褡；有的穿着长袍，前面敞开，可以清楚

---

① Sverrir Jakobsson, "The Peace of God in Iceland," in *Sacri Canones Servandi Sunt,* ed. Pavel Krafl (Prague: Historicky ustav AVCR, 2008), 205–213.

看到里面的法衣和圣带，以及最里面的圣职衣。衣服垂下无数褶皱，边缘打了一行小孔加以装饰。这些主教中没有一个是大主教，因为他们都没有大披带，即饰以珠宝的刺绣缎带，大主教会将它打着褶地环在肩上，前后悬挂下来。大主教还会拿着十字架，而不是牧杖。多数主教都是胖胖的，他们不是战士。只有 6 枚主教还算得上瘦，但也不是苦行者。那圆圆的有双下巴的脸表现出温和、顺从、无情、阴郁、麻木、坚定、迷惑、惊讶、哀伤、凄凉、担心，只有 1 枚充满正义地怒目而视。他们的头发理得很短。虽然根据布洛瓦伯爵亨利（Henry of Blois，1129—1171 年任温彻斯特的主教）的诗篇中 6 个主教的形象可以判断[①]，12 世纪蓄须是种风尚，但他们都没有胡须[②]。

16 枚刘易斯主教棋子都戴最新款的神父帽子。1049 年以前，主教随心所欲地蒙着头。那一年，教皇利奥九世（Leo IX）提出采用罗马主教法冠"来提醒你们自己是罗马的信徒"。起初这是一种白色软帽，后面有带状的垂饰。随着帽子变得越来越隆重繁复，材质越来越沉，帽子开始下垂，并出现了帽角。从印章（通过在封蜡上压印自己的肖像来验证信件）可以看出，大部分主教并不在意帽角的含义。林肯的主教不太在乎这件事，1140 年，他戴着有角的帽子。伍斯特（Worcester）的主教强化了织物的质地，让它笔挺不瘫软。他们在 1125—1164 年都戴着这种半球形的法冠，且都将帽

[①] Winchester Psalter, British Library Cotton MS Nero C IV, folio 34r, http://www.bl.uk/manuscripts/Viewer.aspx?ref=cotton_ms_nero_c_iv_fs001r.

[②] Janet Mayo, *A History of Ecclesiastical Dress* (New York: Holmes and Meier, 1984), 32, 35, 40–41; Michael Taylor, *The Lewis Chessmen* (London: British Museum Press, 1978), 14; *Nordisk Familjebok Uggleupplagan,* 2nd ed. (Stockholm: *Nordisk Familjeboks Förlags*, 1917), 26: 1155–1156; Frederic Madden, "Historical Remarks on the Introduction of the Game of Chess into Europe," *Archaeologia* 24 (1832): 255.

子固定好[1]。

自 1832 年起，学者都根据主教的法冠样式（全是山字形的，前后都有尖顶）将雕刻刘易斯棋的时间定在 1150—1200 年。然而并没有教皇发布过命令让西方的主教在一个特定时间改变他们的帽子风格。在法国，这一时尚自 1144 年开始流行起来。在英格兰，达拉谟的主教在 1153 年开始戴山字形法冠，坎特伯雷（Canterbury）的大主教直到 1174 年才开始戴有角的法冠。乌普萨拉（Uppsala）的第一位大主教在 1185 年戴有角帽，山字形法冠最早于 1202 年才传到斯堪的纳维亚，阿布萨隆（1178—1202 年任伦德的大主教）的法冠与刘易斯主教棋子的法冠很相似。

1195 年，大主教阿布萨隆令帕尔·荣松任冰岛斯科尔霍尔特的主教。二人其中的一个曾委托制作了刘易斯棋，这就对"在棋盘上主教棋子如何出现"这个问题给出了一个答案，是一位主教把主教棋子放在了那儿。刘易斯棋是现存的棋类游戏中最古老的一种[2]，棋子里的确有主教，这是主教形象在棋盘上的首次亮相。如果这些棋子是在古挪威、在山字形法冠风行一时之后制造的，那么想出这个聪明点子的很可能是任职到 1211 年的主教帕尔，或者是阿布萨隆，后者在成为大主教前曾在罗斯基勒任主教 20 年。另一个常常与棋子联系在一起的名字是埃斯泰因（Eystein），他是 1157—1188

---

[1] Janet Mayo, *A History of Ecclesiastical Dress* (New York: Holmes and Meier, 1984), 32, 35, 40–41; Michael Taylor, *The Lewis Chessmen* (London: British Museum Press, 1978), 14; *Nordisk Familjebok Uggleupplagan,* 2nd ed. (Stockholm: *Nordisk Familjeboks Förlags*, 1917), 26: 1155–1156; Frederic Madden, "Historical Remarks on the Introduction of the Game of Chess into Europe," *Archaeologia* 24 (1832): 255.

[2] Richard Eales, *Chess: The History of a Game* (New York: Facts on File, 1985), 18; Neil Stratford, *The Lewis Chessmen and the Enigma of the Hoard* (London: British Museum Press, 1997), 35, 48; David Caldwell, Mark Hall, and Caroline Wilkinson, et al., *The Lewis Chessmen Unmasked* (Edinburgh: NMS Enterprises, 2010), 67.

年特隆赫姆的大主教。第四个人选,也是可能性最小的一个,是帕尔的前任多莱克,于1178—1193年任斯科尔霍尔特的主教。此外,我们也不能排除帕尔的朋友,奥克尼的比亚德尼主教(Bjarni,1188—1223年在任),虽然我们对他知之甚少。

国际象棋术语没有否决12世纪晚期主教把有着自己形象的棋子放在棋盘上的想法。在艾因西德伦(Einsiedeln)的诗中,这个游戏自997年起,就将伯爵棋放在国王棋和王后棋的旁边,近得能"听见主人的言语"①。12世纪,英格兰有一首拉丁语诗把棋子称为"calvus",即"秃头"②,可能暗指削发的神父,然而后面的句子是"像个卫兵"。手无寸铁的主教不可能履行保卫的职责,下面一行又补充说"他埋伏起来像个贼"——这是一个非常"不主教"的行为。

大象棋子在象棋的格子棋盘上是枚传统角色棋子,一些早期文本沿用阿拉伯语"alfil"来称呼大象棋子③(但其实作者很可能并不理解这个名称的含义),如11世纪法语的《亚历山大传奇》(*Romance of Alexander*)称棋子为"aufin",拉丁语短诗《棋子挽歌》(*Elegy on Chess*)中也这样叫它们。英格兰神学家亚历山大·尼卡姆(Alexander Neckam)④在大约1180年所写的《论器具》(*De Naturis Rerum*)中也收录了棋子,虽然他并不欣赏这种比赛,还谴责"棋手古怪,总是有突发的情感发作",评论"对弈经常演变成争吵"。他在查理大帝的骑士用棋子杀了另一个骑士而引发的斗殴中抱怨道:"有多少灵魂被送下了地狱啊?"尼卡姆认为

---

① Helena M. Gamer, "The Earliest Evidence of Chess in Western Literature: The Einsiedeln Verses," *Speculum* 29 (October 1954): 748.
② H. J. R. Murray, *A History of Chess* (Oxford: Clarendon Press, 1913), 499–500.
③ Madden (1832), 225; Murray (1913), 424, 503, 507.
④ Murray (1913), 500; Marilyn Yalom, *Birth of the Chess Queen* (New York: HarperCollins, 2004), 91.

象棋是在围攻特洛伊时发明的,国王棋子旁边的棋子是"通常被称为 Alphicus 的老人",是"一个穿着长者外衣的间谍"。在其他情况下,"aufin"或"alphin"不仅指代间谍、窃贼、又老又秃的卫兵,还指代愚蠢者。

直到 12 世纪中期,阿拉伯的象和基督教的主教还没什么明确的联系。一个针对棋子的布道使其中的含义变得清晰:"alphini sunt episcopi"[①],即"alphini 是主教"。这个布道归于中世纪的教皇英诺森三世(Innocent Ⅲ,1198—1216 年在位),但现有的版本并非原文。布道的开头很优美:"世界就像一个棋盘,黑白格交错,这两种颜色代表生与死、褒与贬的不同境遇。棋子即世人,平等降生,在各自的一生中占据不同地位,拥有不同头衔,一起竞争,任何阶层最终命运相同。在袋子里,国王往往躺在其他棋子之下。"然而从这往后,布道演变成了反对现有权力结构的激昂演说,认为主教之所以如此"隐晦地暗喻,是因为几乎每一位主教都彻头彻尾地、贪婪地滥用这个位置"。布道侮辱了大主教、红衣主教,甚至教皇。我们现在认为这是方济各会修士威尔士的约翰(John of Wales)的作品,写于 1238—1262 年。方济各会扶助贫穷,对贪婪的主教没有丝毫同情。

还有一份关于主教棋子的参考资料是大约 14 世纪的冰岛语手稿。它说在对弈中,棋局结束于"biskupsmát",即用主教棋子配合车棋子和手无寸铁的国王棋子来"将军",这种俗气的"fretstertumát"(意思是"被愚蠢小人将军")是最不体面的,而且

---

① Madden (1832), 225; Murray (1913), 530–533.

其中似乎还牵涉到国王的一个兵棋子①。有一则存疑的故事《占星家萨迦》(*Magus Saga*)②，不属于此前讨论的任何流派的冰岛萨迦。在出现龙的数量的排行榜上，它的得分很高——在历史上完全没有虚饰。这是种"骑士萨迦"(riddarasaga)，是已知40多个法国骑士故事的翻译或模仿作品之一。大多数读者往往因这些故事是派生出来的媚俗作品而不予理会，认为它们"是有史以来人类幻想出来的最沉闷的东西"。13世纪冰岛一些与家族萨迦同期的作品是"全世界的巨大财富"③。（它们有可能也被认为是庸俗的。有个作者对此打抱不平："我认为除非你能写得更好，否则你不应该挑剔这些故事。"④）另一些冰岛语的骑士故事，特别是那些能看出些法国风格的，都是受到挪威国王老哈康和他的孙子哈康·马格努松（Hakon Magnusson，1299—1319年在位）的属意，他们都喜欢法国文化。《占星家萨迦》可能就是其中的一部，它根据的也是亚历山大·尼卡姆曾提到过的《武功歌》(*Chanson de Geste*)，里面讲到一个骑士在查理大帝的朝堂上用一枚棋子杀死了他的对手。

1144年至13世纪中期这个阶段中的某个时间点（也就是法国主教编织法冠的时候），主教在棋盘上开始"首秀"。主教棋子在冰岛，或者至少在14世纪的挪威，是标准配置，但并没有被普遍采用。晚至1562年，一个英格兰剧作家评论道："有的人称主教为阿尔普

---

① 此处可能暗指国际象棋中所谓"兵升变"，即如果己方的兵走到对方的底线时，兵就可升为除国王和兵以外的其他棋子，由于王后的威力最大，所以兵经常升为王后。——译者注

② "Mágus Saga Jarls," in *Fornsögur Suðrlanda,* ed. Gustaf Cederschiöld (Lund: Fr. Berlings Boktryckeri och Stilgjuteri, 1884), 5, 11; Murray (1913), 468, 503; Marianne Kalinke in *Old Norse-Icelandic Literature*, ed. Carol J. Clover and John Lindow (Toronto: University of Toronto, 2005), 316–321.

③ W. P. Ker, cited by Kalinke (2005), 316.

④ Kalinke (2005), 318.

(Alphins)，有的人称主教为愚者，有的人称主教为王子，还有些人称主教为弓箭手。它们是工人按照自己的意愿制作的。"[1]《牛津英语词典》(*Oxford English Dictionary*) 在首次出现国际象棋词条"主教"时引用了这一条，并保留了棋子在英语里的名称。现代挪威人、瑞典人、丹麦人和德国人用的词是"送信人"（runner）或"信使"（courier）[2]，这启发了威拉德·菲斯克，他撰写的《冰岛棋子》提到，国际象棋是经由英格兰传至冰岛的。菲斯克甚至指出了最有可能把象棋带到北方来的三个男人，其中两个是主教：多莱克和帕尔。第三位是首领拉夫·斯文比亚尔纳松（Hrafn Sveinbjornsson）[3]。

白色救世主

拉夫出生于冰岛西部峡湾的一个富裕家庭，那里曾经以海象繁殖地闻名。实际上，在所有中世纪冰岛语文本中，只有《拉夫萨迦》对捕猎海象做过描述，其中提到海象时有两种写法（walrus 和 whale）。故事写道，有一年春天，"一头海象出现在陆地上，人们追上去弄伤了它，海象跃入海中。人们拖拽船只，想把海象拉上岸，但失败了。拉夫向神圣大主教托马斯·贝克特（Thomas Becket）发誓，如果神能够帮他们俘获海象，他会把海象牙送给大主教。果然，他们捕获了那头海象"。从疯狂的追捕以及一帮男人誓死捉住一头落单海象的决心，我们可以看出在拉夫的时代，冰岛的海象群，以及

---

[1] Madden (1832), 228 (spelling normalized).
[2] Willard Fiske, Chess in Iceland (Florence, Italy: Florentine Typographical Society, 1905), 4.
[3] Fiske (1905), 7–9; *Hrafns saga Sveinbjarnarsonar*, ed. Guðrún P. Helgadóttir (Oxford: Clarendon Press, 1987), lxxiii–cvii, 3; Anne Tjomsland, *Hrafns Saga Sveinbjarnarsonar* (Ithaca, NY: Cornell University Press, 1951), xi–xii, xxii; "Hrafns Saga," in *Sturlunga Saga*, ed. Guðbrandr Vigfússon (Oxford: Clarendon Press, 1878), I: cxv, 185–186; 2: 275.

它们能够提供充足的绳索和海象牙的时代，都一去不复返了。

单是为了获得海象皮就值得干一票，显然，拉夫兑现了他的诺言。神圣大主教托马斯于 1170 年在坎特伯雷大教堂的神坛上殉道。大约 25 年后拉夫来到坎特伯雷"为神圣托马斯敬献了海象牙，并给教堂捐款，还获邀成为祈祷者"。如果威拉德·菲斯克说的是对的，拉夫为了学习下象棋应该在英格兰待了很久，然后旅行去了圣地亚哥－德孔波斯特拉（Santiago de Compostela）、圣吉勒（Saint-Gilles）和罗马，可能停留在了萨勒诺（Salerno）的医学院。回到冰岛之前，拉夫从医学院学到了许多技术，比如如何烧灼伤口、放血和取出肾结石。

1200 年，一位名叫伯格（Berg）的冰岛神父翻译了克里克莱德的罗伯特（Robert of Cricklade）的作品《圣托马斯的生平》（*Life of Saint Thomas*）。1202 年，伯格随拉夫旅行至挪威。有人认为他是《拉夫萨迦》的作者。他在 1213 年拉夫被杀之后，1228 年拉夫的儿子开始复仇之前动笔撰写此书。正如萨迦开始时所述："在这里我们将要描述某些发生在我们自己这个时代的事件，让关心的人们了解我们，了解我们所知道的真相。"不过其中有些内容仍然有失偏颇，因为拉夫是那种被扇了左脸还要把右脸奉上的基督教英雄。当他的对手托瓦尔德（Thorvald）包围了他的家并纵火，拉夫表示投降，希望能让其他人幸免于难。萨迦写道：

> 托瓦尔德宣称拉夫将被处以死刑。拉夫听闻这个判决后，请求得到允许去做忏悔和弥撒。他向瓦尔迪（Valdi）神父做忏悔，背诵教义，向"基督圣体"（*Corpus Domini*）跪地祷告，深深忏悔，泪流满面。托瓦尔德命令孔贝恩·柏格森（Kolbein Bergsson）杀了拉夫，但被拒绝了。托瓦尔德又让巴德·巴达森（Bard Bardarson）

杀掉拉夫，巴德表示同意。拉夫伏地，把脖子放在一截木桩上。巴德砍掉了他的脑袋。

　　1213年的拉夫之死堪比同时期写就的《埃吉尔萨迦》中伟大的维京领袖索罗夫（Thorolf）之死，但索罗夫的故事发生在9世纪末。虽然这两则故事一个发生在冰岛，一个发生在挪威，不过情形却大致相同。索罗夫在宴会大厅身陷囹圄，被挪威王的军队围困。国王允许女人、孩子、老人、仆从和奴隶逃走，然后就地放火。虽然敌我力量悬殊，但索罗夫和他的勇士们全副武装，破墙而出。"索罗夫快速突围，左右开弓，直接杀向国王的旗帜……他冲到盾牌组成的防御阵前，用剑刺穿了国王的旗手，然后说：'我退后三步。'剑、矛都刺向他，国王给了他致命一击，索罗夫倒在了国王脚下。"[①] 拉夫死得像个圣徒，而索罗夫则死得壮烈，手持宝剑，唇边还带着讥诮。

　　圣徒和英雄本不矛盾，挪威的守护神奥拉夫就是个维京人。我们觉得"维京人是反基督教徒"是历史中的一个意外，并将维京时代的起源追溯到793年的林迪斯法恩大修道院事件，修道士被杀害，戴着镣铐被赶走，衣不蔽体地被驱逐，或被溺死。但是我们忘记了中世纪每一支针对教堂的战队，都将目标锁定在那高高的白银烛台、镶满宝石的十字架和铁匣子里满满的课税硬币上。

　　从某种程度上说，维京时代的故事是基督教改造北方的故事[②]。8世纪90年代晚期，查理对撒克逊人发出的"要么死，要么接受洗

---

① "Egils saga Skalla-Grímssonar," in *Íslenzk fornrit 2*, ed. Sigurður Nordal (Reykjavík: Hið Íslenza Fornritafélag, 1933), 53–54.
② David G. Kirby and Merja-Liisa Hinkkanen, *The Baltic and the North Seas* (New York: Routledge, 2000), 111.

礼"的最后通牒可能引发了维京人反感,但是丹麦人也未能免于新宗教的呼唤。823年,查理的儿子"虔诚者"路易派传教士、兰斯的艾伯(Ebo of Rheims)主教到北方去。艾伯很胜任这个工作,多年以后他在一次反抗刘易斯的政变中被捕,在"一些非常熟悉海上路线和港口的北方人"[①]新朋友的帮助下逃脱。826年,渴望成为丹麦国王的哈拉尔·克拉克(Harald Klak)寻求刘易斯国王的帮助。在与刘易斯一起打猎,并下了一盘棋取乐后,哈拉尔本人及其手下的四百名勇士都接受了洗礼。哈拉尔·克拉克虽然举着基督的旗帜,但还是战败了。然而基督教仍稳定地向北传播,第一枚戴在身上的基督教十字架发现于10世纪之前的斯堪的纳维亚墓葬中[②],而最后一枚"托尔之锤"形状的异教徒护身符可追溯到12世纪早期。

"蓝牙王"哈拉尔在耶灵(Jelling)立了一块巨大的石头[③],上面刻着如尼文,纪念他的双亲和自己"建立丹麦基督教"。他于958—987年统治丹麦,后被他的儿子"八字胡"斯韦恩(Svein)废黜。斯韦恩是个基督徒,于1014年领导维京军队征服了英格兰。他的儿子克努特大帝[④]统治着英格兰、丹麦,有一段时间还统治着挪威,还是教会的最大捐助者。1027年,克努特去罗马参加神圣罗马帝国皇帝康拉德(Conrad)的加冕典礼,安排了自己的女儿和康拉德儿子的联姻,还在圣彼得大教堂附近为斯堪的纳维亚的朝圣者建立了落脚之地。

[①] Anders Winroth, *The Conversion of Scandinavia* (New Haven, CT: Yale University Press, 2012), 105.
[②] Neil Price, in *Viking*, ed. Gareth Williams, Peter Pentz, and Mattias Wemhoff (Copenhagen: National Museum of Denmark, 2013), 186.
[③] Gwyn Jones, *A History of the Vikings* (London: Oxford University Press, 1968), 114–116.
[④] Carl Phelpstead, in *The Making of Christian Myths in the Periphery of Latin Christendom*, ed. Lars Boje Mortensen (Copenhagen: Museum Tusculanum Press, 2006), 62.

994年，在英格兰，战斗在"八字胡"斯韦恩身边的是奥拉夫·特里格维逊[①]。《盎格鲁－撒克逊编年史》声称，在那一年年末他接受了洗礼，英格兰国王埃塞尔雷德二世作为他的教父站在一边。一年后，奥拉夫被宣布为挪威的国王，根据冰岛国王萨迦记载，他在几个英格兰主教的帮助下着手改变这个国家。

《奥拉夫萨迦》第一版用拉丁语写于1180—1200年，冰岛人称作者为"古怪修道士"。约1230年，斯诺里·斯蒂德吕松编写《挪威王列传》时，将此书以冰岛语重新写就。在这本书里，我们看到国王奥拉夫这样降伏特隆赫姆以外的农夫："如果他们反抗国王时发现形势对自己不利，就上书力主和平，将决策权留在了国王手中。他们达成协议：所有农夫接受洗礼，向国王宣誓遵从真正的信仰，放弃所有外邦人的进贡。国王把所有人留在身边，直到他们的儿子或者兄弟、亲戚来代替他们成为人质。"那些没有默许的人被更粗暴地对待："国王亲切地问他要不要成为基督徒。……埃温德拒绝了。国王许给他奖赏和巨大的财富，但是他不为所动。国王用酷刑和死亡威胁他，他也没有被吓倒。最后国王叫人拿来一个洗脸盆，里面装满灼热的煤块，放在埃温德的肚子上，很快他的胃部就炸裂了。"

该事件的真实程度究竟几何，谁也说不准。不莱梅的亚当在1076年的作品中提到过1000年左右在挪威任职的英格兰主教，但避而不谈像"乌鸦腿"[②]奥拉夫（也有人译成"裂纹腿"奥拉夫）

[①] Jones (1968), 131; "Óláfs saga Tryggvasonar," in *Íslenzk fornrit 26*, ed. Bjarni Aðalbjarnarson (Reykjavík: Hið Íslenza Fornritafélag, 1941), 316, 323.

[②] Benjamin Hudson, *Viking Pirates and Christian Princes* (Oxford: Oxford University Press, 2005), 88.

这样依赖占卜的国王①。

信徒国王奥拉夫在1000年的宣告与拉夫在1200年所做的宣告并不一样。维京时代的耶稣总是表现出胜利的样子,不是作为痛苦和死亡的救世主,而是作为胜利的地狱开拓者。即便是在十字架上,他也站得笔直,头上戴的冠不是荆棘而是黄金的。他是个勇士,比起我们现代的救世主形象,更像雷神托尔②,也呈现出北欧创世之神奥丁的特征。11世纪的吟游诗人说,他是"风之王"③,"唯一的太阳王"④,"塑造了土地、天空和忠诚的人民"。这种"三位一体"的形象对维京人来说充满了神秘感。那些受洗之人"接受白色救世主的无上好运"⑤,保证能进天堂。罪孽和救赎的观念是陌生的,至少并未提及。

拉夫的谦卑对挪威国王来说并没什么影响。基督教吸引奥拉夫·特里格维逊的原因在于它的基本运行架构。他在英格兰曾看到,教士一直在做文字记录,并运营了一个高效的征税机构。主教是国王的右手,就像那些10世纪的主教一样,从执行仪式到进入教堂,他们支配着宗教的各个方面。新信仰的势力和威望也是种吸引力,只有成为基督教徒,克努特才可以与皇帝康拉德相称。最后,洗礼在经济上是份超级大礼,像维京的仪式一样,以礼物馈赠

---

① 北欧有用如尼文字母占卜的习俗,如尼文字母的形状很像骨头上的裂纹或乌鸦的腿形。——译者注
② Ragnhild Finnestad, in *Old Norse and Finnish Religions and Cultic Place-Names*, ed. Tore Ahlbäck (Abo: Donner Institute for Research in Religious and Cultural History, 1990), 266.
③ Elena Melnikova, "How Christian Were Viking Christians?" *Ruthnica,* Suppl. 4 (2011), 90–107.
④ Elena Melnikova, "How Christian Were Viking Christians?" *Ruthnica,* Suppl. 4 (2011), 90–107.
⑤ Elena Melnikova, "How Christian Were Viking Christians?" *Ruthnica,* Suppl. 4 (2011), 90–107.

为中心①。作为奥拉夫的教父,埃塞尔雷德努力加强两个国王之间如联姻般牢不可破的约定。奥拉夫能够对他的跟随者实施宗教约束(他自己并没什么损失),再不然,他还可以将燃烧着的火盆放在他们的肚子上。

海 路

挪威一改变信仰,奥拉夫国王就把他传教的目光转向了冰岛。但是,和995年斯堪的纳维亚的其他地方一样,基督教对于冰岛人来说并不陌生。

在欧洲至今可见平稳的道路和结实的桥梁,让我们对罗马帝国心生敬意。但我们往往忘记在罗马人到达北方之前,这里曾有过一条更古老的、热闹的道路:海路②。如果把维京时代定义为船,那么维京世界就是大海。带着这种态度凝视北大西洋的地图,当你知道冰岛的首批移民是基督徒时,你就不会感到吃惊了。

我们已经认识了挪威首领"塌鼻子"卡提尔,他在9世纪逃离了"金发王"哈拉尔的暴政。他没有选择"捕海象大营地"冰岛,而在信仰基督教的苏格兰定居下来,但是他的家族发现这里并不太平。他女儿"思想者"温(Unn the Deep-Minded)的遭遇很令人印象深刻③。12世纪冰岛语的《聚落之书》提到她与都柏林维京国王的婚姻。国王死后,她离开爱尔兰,向北旅行,穿越列岛,回到赫

---

① Winroth (2012), 140–145.

② Robert Macfarlane, *The Old Ways* (New York: Viking, 2012), 89; Barbara Crawford, *Scandinavian Scotland* (Leicester, UK: Leicester University Press, 1987), 11–21, 104.

③ "Laxdaela Saga," in *Íslenzkt fornrit* 5, ed. Einar Ól. Sverinsson (Reykjavík: Hið Íslenza Fornritafélag, 1934), 7–13; *Landnámabók,* ed. Guðni Jónsson (Reykjavík: Bókaverslun Sigurðar Kristjánssonar, 1942), 81–87.

布里底她父亲的住地。她的儿子短暂地做了一回苏格兰本土之王，儿子被杀后，温集结了她的族人造了一艘船，起程前往冰岛。《鲑鱼河谷萨迦》写于13世纪晚期，追溯群岛间日常的贸易路线。温从赫布里底向北航行至奥克尼群岛，然后再向北到达法罗群岛，从那里向西，到达冰岛。她在大约900年到达，占据了地盘，像个首领一样将土地分配给她的12名追随者。在自己房子不远处的小山丘上，她竖立了一座十字架。

温手下有一个人叫厄普（Erp），他的双亲是阿盖尔郡（Argyll）的麦都因（Maelduin）伯爵和爱尔兰国王格约茂（Gljomal）的女儿穆尔吉尔（Muirgeal）。她还有个名叫亢迪（Hundi）的苏格兰人下属。温的孙子奥拉夫有个爱尔兰绰号"Feilan"，意为"小狼崽"。他娶了一个姑娘，名叫艾尔芙迪斯（Alfdis），来自赫布里底群岛中一个名为巴拉（Barra）的小岛。

温的家族并不是唯一由大量苏格兰人和爱尔兰人混合而成的家族，《聚落之书》里提到的名字中至少有20%是凯尔特人[①]。这似乎与20世纪基因检测数据相符，研究显示现代冰岛男性的祖先80%是古挪威人，20%是凯尔特人[②]；冰岛女性的祖先近40%是凯尔

[①] Jónas Kristjánsson, in *Ireland and Scandinavia in the Early Viking Age*, ed. Howard B. Clarke et al. (Dublin: Four Courts Press, 1998), 265.

[②] S. Goodacre, A. Helgason et al., "Genetic evidence for a family-based Scandinavian settlement of Shetland and Orkney during the Viking periods," *Heredity* 95 (2005): 1–7; Agnar Helgason et al., "mtDNA and the Origin of the Icelanders," *American Journal of Human Genetics* 66 (2000): 999–1016; Agnar Helgason et al., "Estimating Scandinavian and Gaelic Ancestry in the Male Settlers of Iceland," *American Journal of Human Genetics* 67 (2000): 697–717; Helgi Þorláksson, "Did the Early Icelanders Include Hebridean Decendants of Björn 'buna' ?" in Orri Vésteinsson, Helgi Þorláksson, and Árni Einarsson, *Reykjavík 871±2* (Reykjavík: Reykjavík City Museum, 2006), 58–59; Maja Krzewinska et al., "Mitochondrial DNA variation in the Viking age population of Norway," *Philosophical Transactions of the Royal Society B* 370, January 19, 2015.

特人。我们只需想象，维京男人袭击列岛时，每捕获一个女人就将她带至冰岛做新娘，这样就可以解释这个结果了。一份对来自挪威的维京时代遗骨的 DNA 研究支持了这一理论。研究也表明"塌鼻子"卡提尔远非唯一随身带着女儿的维京人。该挪威人骨骼继承自母亲一方的线粒体 DNA 与现代奥克尼和设得兰群岛的岛民，以及冰岛人的线粒体 DNA 高度匹配。

地名研究也表明一些古挪威家族世代居住在苏格兰及其列岛[①]。在那里，数以千计的岛屿、海岬、岩石、礁石、港湾、农庄和村镇有着挪威语的名字。比如在刘易斯岛，挪威地名远比盖尔语（Gaelic）地名多得多，比例至少是 4∶1。在乌伊格（Uig）地区的港湾，也就是刘易斯棋子的发现地，挪威语地名与盖尔语地名的比例是 35∶4。乌伊格这个名字本身就来自挪威语里港湾（vik）一词，这个词很可能也是维京"Viking"一词的词源。

1915 年在乌伊格发现了维京时期的墓葬。墓中一具女性骨骼戴着富有特色的一对青铜制椭圆形胸针，维京女人常用它来扣住裙子上的肩带；随葬的还有一个斗篷别针和皮带带扣，上面有凯尔特风格的花纹。第二个维京女人的墓葬发现于 1979 年，随葬一对椭圆形裙子肩带扣、玻璃珠项链、圆针、小刀、针和镰刀。这两个女人都死于 10 世纪，大约跟"思想者"温带着她的大家庭去冰岛的时间差不多。

20 世纪 90 年代，在一次龙卷风侵蚀了沙丘之后，在乌伊格附

[①] Barbara Crawford, "The Scandinavian Contribution to the Development of the Kingdom of Scotland," in *Acta Archaeologica* 71 (2000): 123–134; James Graham-Campbell et al., eds. *Cultural Atlas of the Viking World* (New York: Facts-on-File, 1994), 74; Colleen E. Batey and C. Paterson, "A Viking burial at Balnakeil, Sutherland," in *Early Medieval Art and Archaeology in the Northern World*, ed. A. Reynolds and L. Webster (Leiden: Brill, 2012), 656–657.

近又发现了 6 座维京时代墓葬[1]。发现者是两名在海边玩耍的少年。发掘报告的开头读起来就像青少年长篇小说："一个大风天，在斯内普（Cnip）海岬高高的覆满沙的斜坡，玛丽发现一个白色头骨残骸躺在沙子里。"6 座墓葬出土的 7 具骨骸年代为 9 世纪。对牙齿珐琅质的锶同位素分析表明，其中有一具男性和一具女性骨骸来自其他地方，这两个人都不是出生在挪威，虽然其中的女性戴着传统的古挪威首饰。根据牙齿推测，她可能在丹麦或英格兰长大；男性则来自爱尔兰，甚至可能来自冰岛。

在过去的 25 年，考古学家已经开始运用系统测量和遥感技术在苏格兰北部和赫布里底群岛寻找维京聚落。刘易斯岛的两个地点，加上少数幸存的随葬品，这些聚落颠覆了我们的设想。考古学家注意到，他们不是维京世界在山地草原上"勉强糊口的边缘人群"[2]，他们是一个巨大文化中的参与者，贩卖着商品和创意。

"塌鼻子"卡提尔对捕海象营地不屑一顾，但还是有一个新技术由古挪威引入苏格兰和赫布里底，废弃堆里的骨骸揭示这个新技术是关于如何捕到更多鳕鱼的。他们通过广种亚麻来纺织亚麻制品，甚至把技术传播到了其他地方。在另一处遗址，挪威定居者收

---

[1] A. J. Dunwell et al., "A Viking Age Cemetery at Cnip, Uig, Isle of Lewis," *Proceedings of the Society of Antiquities of Scotland* 125 (1995): 719–752; R. D. E. Welander, Colleen Batey, and T. G. Cowie, "A Viking Burial from Kneep, Uig, Isle of Lewis," *Proceedings of the Society of Antiquaries of Scotland* 117 (1987): 149; Brittany Schorn and Judy Quinn, *The Vikings in Lewis* (Nottingham, UK: Center for the Study of the Viking Age, 2014).

[2] Mike Parker Pearson, ed. *From Machair to Mountains* (Edinburgh: Oxbow Books, 2012), unpaged Kindle edition; James H. Barrett, et al., "Diet and ethnicity during the Viking colonization of northern Scotland," *Antiquity* 75 (2001): 152; T. Pollard, "The Excavation of Four Caves in the Geodha Smoo near Durness, Sutherland" (2005), http://archaeologydataservice.ac.uk/archives/view/sair/contents.cfm?vol=18; Steven P. Ashby, "Combs, Contact, and Chronology," *Medieval Archaeology* 53 (2009): 1–33.

集海螺，从壳里提取有用的紫色染料。梳子的时尚风格一直在改变，特别是用驯鹿角制造的皮克特（Pictish）风格的双面梳，即两面都有梳齿。这表明，维京人偶尔会和当地人交往。

5世纪转为信仰基督教的苏格兰，和信仰异教的挪威之间的友好贸易关系实际上可能要先于维京时代①。从挪威卑尔根经海路到设得兰群岛，跟去特隆赫姆一样近。春天，当盛行风从东方吹来，乘船从卑尔根到设得兰群岛只需一昼夜。沿着苏格兰的北海岸和西海岸的一百多个岛屿是向南航行500英里到都柏林和更远之地的中转站。秋天，风向适宜地逆转。除非他们愿意，否则古挪威商人（或者叫他们掠夺者）完全没必要远离家乡过冬。

不过也有人有这意愿。特别是在奥克尼群岛，手工艺品证明本土文化和古挪威文化相互叠加了很长一段时间。比如2013年，一名奥克尼泥瓦匠在收集建筑石料时发现了一块石头，它的一侧刻了一串维京如尼文。他的女儿是研究古挪威教会历史的专家，他马上识别出这些如尼文的意思："神圣天堂的艺术。"② 这有点像拉丁语的天主祷告词。

改变信仰

9世纪晚期，当古挪威的一些家族纷纷离开苏格兰和赫布里底

---

① James Barrett, in *The Viking World*, ed. Stefan Brink and Neil Price (New York: Routledge, 2008), 411–422; Barry Cunliffe, *Facing the Ocean* (Oxford: Oxford University Press, 2001), 500; Olwyn Owen, "The Scar Boat Burial," in *Scandinavia and Europe 800–1350,* ed. Jonathan Adams and Katherine Holman (Turnhout: Brepols, 2004), 24, 30.

② Sigurd Towrie, "Viking Runestone Found on Medieval Scholar's Farm," *Orkneyjar* (October 10, 2013), http://www.orkneyjar.com/archaeology/2013/10/10/viking-runestone-found-on-medieval-scholars-farmland/.

前往冰岛时，有些人带走了自己农场的名字①。冰岛首都雷克雅未克附近有很多地名可以与斯托诺韦（Stornoway，苏格兰外赫布里底群岛的城镇）周围的地名对应起来，最大的城镇就在刘易斯岛。

这些移民像"思想者"温一样已经皈依基督教，并将他们的宗教带到了冰岛。但是没有神父和教堂，也没有圣餐酒和蜡烛，很难保持这种信仰。温可能在她立在小山上的十字架前做祷告，但随着她这一辈人逝去，信仰也随之消逝了。

然而，异教徒的冰岛人在"走访"像英格兰这样的基督教国家时，为了做生意常常会接受一种初级形式的洗礼，即"带头人署名"（prime-signing）。伟大的维京海盗索罗夫·斯卡德拉－格里姆松（Thorolf Skalla-Grimsson，被挪威国王所杀的索罗夫的侄子）和他的兄弟埃吉尔，曾于937年在布鲁南堡（Brunanburg）之战中作为英格兰国王阿瑟尔斯坦（Athelstan）的佣兵而战斗。《埃吉尔萨迦》讲道，在战役之前，"国王让索罗夫和他的兄弟实行'带头人署名'，从那时起这就成了一个惯例，不论商人还是其他人，只要是同基督徒做交易，主要的署名人都可以与基督徒同坐在一张桌旁，还可以保留自己的信仰。索罗夫和埃吉尔照国王的意愿这样做了"②。

10世纪晚期，当奥拉夫·特里格维逊开始派遣传教士去冰岛时，冰岛人并不想轻易"遂了国王的愿"。他们倒没有反抗宗教，只是反抗国王的命令。

有一些冰岛人已经是基督徒了。据传早期的传教士主教弗雷德里克③因能镇住巴萨卡而在冰岛备受欢迎。在一次婚礼宴会上，有

---

① Helgi Þorláksson, in Vésteinsson, et al. (2006), 58–59.
② "Egils saga Skalla-Grímssonar," in *Íslenzk fornrit 2* (1933), 128.
③ "Þáttr af Þorvaldi Víðförla," in *Biskupa Sögur*, ed. Jón Sigurðsson and Guðbrandr Vigfússon (Copenhagen: Hinu Íslenzka Bókmentafélagi, 1858), 1: 42.

两个巴萨卡挑战他对信仰的考验——比赛穿越火堆:

> 主教穿上全套法衣,身上淋了祝福圣水,准备好后走向火堆。他头戴法冠,手持牧杖。他给火焰赐福并向火中洒圣水。接着进来两个巴萨卡,他们恐怖地咆哮,咬着盾牌的边缘,手中挥舞着宝剑,试图艰难地通过火堆,但一切发生的比他们预期的更快,他们的双脚被燃烧的木头绊住,脸朝下摔倒,被大火吞没。熊熊燃烧了一会儿,他们被拖出火堆,死了。

而主教弗雷德里克穿过火焰,"连一片衣边都没有烧焦。目睹这一伟大奇迹的很多人转而信奉上帝了"。

还有一个类似的故事,说的是奥拉夫国王的传教士主教汤布兰德(Thangbrand),他也让很多人改变了信仰。但在汤布兰德杀掉了几个非巴萨卡的家伙后,就被打发走了。汤布兰德回到挪威,国王很不高兴。他将冰岛的船只扣押在港口,拿船员做人质,还威胁说要把他们全部杀掉。船员中有两个信基督教的冰岛人上前游说国王,其中一个是首领"白色"基瑟(Gissur the White),碰巧也是国王的表亲。他们得到国王的最后通牒,被遣送回家。他们带着这份通牒去了阿尔庭(Althing,冰岛议会)。

奥拉夫国王在冰岛并没有统治权。这个岛是独立的,唯一的政府是松散的议会——阿尔庭,39位首领每年夏天花两个星期碰头解决争端。唯一的政府官员是司法发言人,由他来主持讨论。议会在辛格韦德利(Thingvellir)的一个大裂谷举行,称为"平原集会",古老的熔岩留下的圈环表明此地曾有一次古火山喷发。根据《基督徒萨迦》(*Saga of Christianity*)所说,正当关于"奥拉夫国王的通牒"的争论变得激烈起来,传来消息,南部发生了新一次的火山喷发。[1]

"难怪,"人们低声抱怨道,"这次集会惹怒众神了。"

"众神为什么生气而烧了我们脚下的土地呢？"其中一个首领说。

这话虽有杜撰嫌疑,但也大概反映了冰岛人对"改变信仰"[2]的态度。据《冰岛人之书》记载,集会闯入了两支不妥协的派系,基督教的领袖秘密接洽异教的司法发言人,劝服他做出裁决。司法发言人走进自己的帐篷,躺了下来,用斗篷蒙着头。第二天早晨,他召集岛上所有人去"法律之石",开始发表演说,陈述"如果岛上的人不能共同奉行同一套法律,那么冰岛社会将瓦解"这一观点。然后他确认了各方都同意接受他刚刚所宣告的法律。我们猜想,接下来,他深吸了一口气,下令冰岛将信仰基督教,每个人都要接受洗礼。虽然他指出他们可以继续崇拜自己的偶像,但这种行为只允许私下进行。相应地,首领们也都接受了洗礼,有的是在辛格韦德利的冷水中,有的是在回家时途经的温泉中。他们都同意"我们的岛国应依法而立"此说,而并非依宗教而立。[3]

他们还关心他们的钱袋子,挪威是他们最大的贸易伙伴。为了获得羊毛制品、奶制品、鱼干,还有一部分通过冰岛输入的格陵兰皮草、猎鹰、船用皮绳和海象牙,挪威送出了造船和建房子的木头,因为冰岛本地没有高大的树木。冰岛除了生长一点儿大麦,所有的粮食都来自挪威,或者来自至少名义上属于挪威国王管辖的土地,例如奥克尼群岛。冰岛的黏土无法制造陶器,也没有皂石可以

---

[1] *Kristnisaga*, ed. B. Kahle (Halle: Verlag von Max Niemeyer, 1905), 39.

[2] *Íslendingabók*, ed. Guðni Jónsson (Reykjavík: Bókaverslun Sigurðar Kristjánssonar, 1942), 10–11.

[3] A saying recorded in several Old Norse texts, including "Brennu-Njal's Saga," in *Islenzk fornrit 12*, ed. Einar Ól. Sveinsson (Reykjavík: Hið íslenzka fornritafélag, 1954), 172.

雕刻成烹饪器皿，餐具和厨具都来自国外。虽然冰岛有沼铁矿，但很难熔炼，大部分铁和其他金属都靠进口。一并进口的还有冰岛首领们喜爱的奢侈品：珠宝、丝绸和亚麻的衣物、核桃、蜂蜜、酒和蜡烛。如果说洗礼是维持贸易顺畅的代价，那么冰岛的首领们是很乐于被称作"基督徒"的。

"奉主教为国王"

信仰的改变带来了一股拉丁语教育风潮。和奥拉夫国王一样，11世纪的冰岛人对基督教的基础架构印象深刻，他们很快就看到了通用语的价值。拉丁语使他们可以与西方世界的有识之士交流。从围攻特洛伊到对伊斯兰国家的科学探索，拉丁语书籍为他们打开了新的世界。写作本身很快彻底改变了冰岛社会。一旦他们学会了使用墨水和羊皮纸，捕捉到冰岛语在字母表中的发音，他们就开始写萨迦了，这是冰岛最知名的世界性财富。但首先，他们得学会用拉丁语读、写和交谈。

奥拉夫国王的第二个表弟——首领"白色"基瑟引领了这个趋势，他将自己年轻的儿子伊斯雷夫（Isleif）送进了撒克逊的学校。伊斯雷夫在那里学会拉丁语并被授予神父圣职。约1030年，他回到位于冰岛南部斯科尔霍尔特的家中，他的父亲已经过世，他接任了首领头衔，同时在斯科尔霍尔特的教堂兼任神父一职，并开设了学校。当冰岛人"看到伊斯雷夫比这个国家其他学者更加有学问的时候，就纷纷把自己的儿子送到他这里求学，好让他们都像神父一样神圣"[①]。

---

① Íslendingabók, ed. Jónsson (1942), 13.

1053 年，阿尔庭议会任命伊斯雷夫为冰岛首位本土主教。没有历史记载告诉我们他们如何决定由议会而不是国王来选择主教（虽然后来成为了标准）。在那之前，冰岛主教分别来自爱尔兰、英格兰、法兰西、撒克逊，甚至亚美尼亚；有些是挪威国王派来的，还有汉堡－不莱梅的大主教派来的，大主教正式主管冰岛的教会。显然，很少有主教是自愿来冰岛的。

伊斯雷夫 40 多岁时，动身去接受圣职。很明显他不知道那个协议。根据大约写于 13 世纪、集合了主教传奇的《杭格瓦卡》（*Hungrvaka*，意为"渴望－觉醒者"）所述，他带了一头活的北极熊，颇有来历："他来到国外，向西旅行到撒克逊并拜访了康拉德的儿子皇帝亨利，皇帝送给他一头来自格陵兰的白熊，这是很大一笔财富。皇帝给了伊斯雷夫一封信，上面盖着他的王国的封印。之后，伊斯雷夫去与教皇利奥（Leo）见面。教皇给不莱梅大主教阿达尔伯特（Adalbert）写了一封信，说他要授予伊斯雷夫主教圣职。"① 想象一下，刘易斯棋子里的主教棋子，圆胖又温和，一只手在胸前紧紧抓着牧杖，另一只手牵着一头用皮带拴住的顺从的北极熊，在特隆赫姆的码头下船，穿过伦德蜿蜒的街道，踏上哈茨（Harz）山戈斯拉尔（Goslar）的皇帝宫殿的花岗岩台阶。这画面看似滑稽，但是似乎很危险。中世纪冰岛故事《西部峡湾的艾于敦》（*Audun of the West Fjords*）② 讲了这样一个故事，可怜的艾于敦用自己的全部家当换了一头北极熊幼崽，打算作为礼物送给丹麦国王。然而，从冰岛出发的标准航线必须首先经过"强权"哈拉尔（也是伊斯雷夫见过的那位国王）统治的挪威。国王非常中意这头熊，想

---

① "Húngrvaka," in *Biskupa Sögur* (1858), 1: 61, 62.
② "Auðunar þáttr Vestfirzka," in *Islenzk fornrit 6*, ed. Björn K. Þórólfsson and Guðni Jónsson (Reykjavík: Hið íslenzka fornritafélag, 1943), 362.

买下来。艾于敦拒绝了。

国王说:"你不想卖给我?"

艾于敦回答:"是的,陛下。"

"那你要怎么处理这头熊?"

"带回丹麦,送给国王斯韦恩。"

国王哈拉尔说道:"怎么?你愚蠢到没听说过我们两国之间的战争吗?还是说你以为你的运气会特别好,别人一无所有都无法安然无恙地离开,你却想拖着这些宝贝全身而退?"

当然,艾于敦比任何人都要幸运,国王哈拉尔还是为他提供了最大的便利以彰显自己的高风亮节。伊斯雷夫也必须得到挪威国王哈拉尔和丹麦国王斯韦恩的帮助才能带着熊通过他们的领土。与艾于敦不同,伊斯雷夫并非孤身一人,他至少带着一个驯熊人和一个行李员,还有二三十名随从。然而,当他们穿越欧洲的时候,总会被一群小孩尾随:"看!熊!它像雪一样白!"(冰岛人总是知道如何获得关注。)

皇帝的印章使伊斯雷夫(不算熊)安全到达罗马,教皇的信又保他回到了不莱梅(原本他应该先去不莱梅)。1056年5月26日,伊斯雷夫被奉为冰岛第一位本土主教。在20年后的作品中,不莱梅的亚当吹嘘道:"小小的不莱梅与罗马一样声名远播,受到世界各地的虔诚拜谒,特别是北方全民。他们之中路途最远的是冰岛人、格陵兰人和奥克尼岛民的使者。"① 他还说,大主教阿达尔伯特"任命索罗夫去奥克尼。……派伊斯雷夫去冰岛"。

伊斯雷夫显然对亚当谈起过他的国家,也许他的拉丁语并不

---

① *History of the Archbishops of Hamburg-Bremen*, tr. Francis J. Tschan (New York: Columbia University, 1959, rpt. 2002), 134, 182–183, 216–218.

如我们想象的那么好，因为亚当的转述有点混乱。亚当说，冰岛得名于"海上凝结的冰"；冰岛语文献推测冰岛这个名字来自一个巨大冰盖，它使冰岛中心无人居住。亚当写道，冰岛人民饲养牛群，"这里不长农作物"倒是真的，此外羊是中世纪冰岛的经济支柱。"木材的供应非常匮乏。因而人们居住在地下洞穴中。"亚当说，无法想象在冰岛能有一座有草皮的房子，有用进口木材或浮木制成的梁柱，厚实的隔热墙下铺设大块草皮。火山是另一个谜，亚当说："由于年代久远，火山发热时上面的冰看起来又黑又干。"然后他赞扬了冰岛人"圣洁的天真"，并这样注解："他们以山川河流而不是以城镇为趣。"确实，直到 18 世纪冰岛才出现城镇。在整个中世纪，斯科尔霍尔特主教的住宅是全国最大的房屋。亚当总结道："他们奉主教为国王。"

然而对于伊斯雷夫来说，这句话是痴心妄想。《杭格瓦卡》记载，他回去之后，"由于人们的反抗，在任职主教期间，他遇到多种巨大的困难。尤其我们注意到，司法发言人不但娶了一个女人，还娶了这个女人的女儿"。（我们并不知道这些婚姻是否同时存在。）事实上，伊斯雷夫作为主教也结了婚，且没有被认为是违反了规定。在 1123 年第一次拉特兰（Lateran）会议之前，罗马并无要求神父和主教独身的规定。这一规定用了差不多 100 年才在冰岛扎了根。

伊斯雷夫的儿子基瑟[①]（根据冰岛的习俗，以其祖父的名字命名）象征性地为自己加冕。和他的父亲一样，基瑟去撒克逊接受教育。回到家乡，他结了婚，成为一名商人。"无论走到哪里，他都广受褒奖；他一出国，就被贵族们众星捧月。"《杭格瓦卡》这样描

[①] "Húngrvaka," in *Biskupa Sögur* (1858), 1: 66–67; Theodore M. Andersson, "The King of Iceland," *Speculum* 74 (Oct. 1999): 923–934; Peter G. Foote, "Sturlusaga and its Background," *Saga-Book* 13 (1953): 207–237.

写他。基瑟从父亲那里继承了斯科尔霍尔特的产业,还有教堂和学校。他继承了首领的头衔,差不多也算是承袭了主教的角色。1080年,他父亲去世时他在国外,在阿尔庭议会正准备指派一个神父去接替伊斯雷夫的当口回到了家乡。目睹基瑟策马进入集会大厅,原计划继任的神父便拒绝了头衔。在基瑟接受这一头衔之前,他要求冰岛其他首领宣誓:要在一切教会事务上服从自己。

基瑟立即动身去不莱梅,却发现大主教已被免去圣职,卷入教皇和神圣罗马帝国之间的权力斗争中。谁有权任命大主教呢?直到1076年,国王任命了一位大主教。教皇格里高利七世(Gregory VII)改变了这一切。格里高利的改革将国王划为世俗之人,在教会事务上没有发言权。皇帝亨利四世表示抗议,教皇格里高利把他逐出了教会,还说道:"我把所有基督徒从曾经或者可能对他的宣誓效忠里释放出来,我不准任何人奉他为王。"[1] 然后日耳曼贵族就造反了。为了保住王位,亨利策马来到教皇位于阿尔卑斯的要塞,作为一个忏悔者赤脚站在雪地里,直到教皇宽恕了他。

基瑟从不莱梅直接骑马去了罗马。他拜见了教皇格里高利,又被转派去见撒克逊马格德堡(Magdeburg)的大主教,在那儿,他被委任为冰岛的主教。基瑟重组了冰岛的教会,使自己成为岛上最富有、权力最大的首领。首先,为了建立威信,他把自己在斯科尔霍尔特的产业捐赠给教会。然后他进行了冰岛的第一次人口普查,因为当时的冰岛还没有城镇,也没有独立出来的商人阶层,所以只能统计每一个可以"自给"的农民[2]。冰岛农民总计4560人,可计算人口为至少4

---

[1] Barbara H. Rosenwein, *A Short History of the Middle Ages* (Orchard Park, NY: Broadview Press, 2002), 120–121.

[2] Gunnar Karlsson, *The History of Iceland* (Minneapolis: University of Minnesota Press, 2000), 44.

万人，是挪威人口的七分之一。如果考虑每个家庭规模的方式不同，或者多少农民是不能自给自足的，这个数字会涨到 7 万人。

  1096 年，经阿尔庭议会的批准，基瑟设置了什一税①，这在所有斯堪的纳维亚国家中首开先例。冰岛的什一税并非收入的十分之一，而是每年百分之一的财产税。4560 个农夫都要缴税。1118 年的《冰岛人之书》写道："法律规定，所有人都要统计自己的财产，无论是不动产还是动产，必须发誓诚实准确地估价，并按比例缴税。"税收用于四方面：四分之一给主教，四分之一给教堂，四分之一给神父，四分之一给穷人。为什么说这种税收令冰岛首领感到愉悦？因为他们从中获利。在"改变信仰"之后，每一个首领都建造了教堂。《基督徒萨迦》讲道，在主教基瑟的时代，"大多数贵族都受过教育，被奉为神父，尽管他们也是首领"②。因而首领（当时有 48 名）获得了年税收的一半，也就是教堂和神父占的那两份。此外，他们捐赠给教堂（包括他们自己的私人礼拜堂）的任何财产都是免税的。

  然而，获利最多的人是主教。每一年，他都会收到那 4560 份税收里的四分之一。他自己的财产，包括逐渐增多的冰岛南部的大片土地和仍然是猎捕海象胜地的全部韦斯特曼（Westman）群岛，都是免税的③。在冰岛北部四分之一的人民要求有自己的主教之后，作为一个正直的人，基瑟同意把这些赏赐分割给第二个主教。1106 年，基瑟的父亲培养出来的神父乔恩·奥格蒙达尔松（Jon Ogmundarsson）被推选为霍拉尔（Holar）的第一位主教。他的教区被限制在北部四分之一领土内。斯科尔霍尔特的主教仍保有对冰岛四分之三领土的控制权。

---

① *Íslendingabók*, ed. Jónsson (1942), 15.
② "Kristni Saga," in *Biskupa Sögur* (1858), 1: 29; Karlsson (2000), 40.
③ Mjöll Snæsdóttir et al., *Saga Biskupsstólanna* (Reykjavík: Bókaútgáfan Hólar, 2006), 91.

尽管主教基瑟进行了大刀阔斧的改革，但他还是很受欢迎的[①]。他"致力于维护和平"，《基督徒萨迦》写道，"当时首领们之间没有什么大冲突，携带武器在很大程度上被视为不合适的行为"。《杭格瓦卡》补充道，他是如此受人尊敬，每个人，"无论少年还是老人、富人还是穷人、男人还是女人，当他说话时，都端坐或站起来听，可以说，他就是这片土地的国王和主教"。与挪威的奥拉夫国王一样，基瑟利用新宗教的规则巩固了自己的权力。

强大的统治者

基督教也给冰岛带来全新的艺术气息。斯科尔霍尔特教区共有220座教堂（据1200年统计）[②]，每一座教堂都至少需要一口钟、一只黄金或白银的圣杯、用于圣餐仪式的圣餐盘、一对烛台，与其他圣书一起守护圣徒的《灵生》(Life)，还有一整套神父的法衣。其中有100座教堂，每座有两个神父。

在给教堂配给时，冰岛的主教们所要求的比上述最低配备标准要多得多。他们去国外旅行，带回来书、钟、装饰窗子的玻璃和圣者遗物。他们雇用教师和文员，建立学校和书房。他们购买小牛

---

① "Kristni Saga," in *Biskupa Sögur* (1858), 1: 29; "Húngrvaka," in *Biskupa Sögur* (1858), 1: 67.

② "Páls Saga Biskups," in *Biskupa Sögur* (1858), 1: 136; Þór Magnússon, "On Arts and Crafts in the Middle Ages," paper presented at the Skálholt Symposium, Skálholt, Iceland, August 19, 2011; "Jóns Saga Biskups," in *Biskupa sögur* (1858), 1: 235–240; Guðbrandr Vigfússon, *Sturlunga saga* (Oxford: Clarendon Press, 1878), 1: cxxi; Halldór Hermannsson, *Saemund Sigfússon and the Oddaverjar* (Ithaca, NY: Cornell University Press, 1932), 29; Einar Ól. Sveinsson, *Age of the Sturlungs* (Ithaca: Cornell University Press, 1953), 108; Dag Strömbeck, *The Conversion of Iceland* (London: Viking Society for Northern Research, 1975), 91–93.

皮，训练人们把小牛皮改造成羊皮纸（平均一本书需要75头小牛的皮）①。他们委托人制作圣乐，以及黄金、白银、象牙、黄铜、宝石、木头、织物、玻璃的艺术品，其中包括祭坛布、耶稣受难像、药箱和圣物箱。他们视自己为艺术的守护者。

例如，霍拉尔第一位主教乔恩曾在梦中听过大卫王弹奏竖琴；醒来后，他设法搞到一把竖琴，并努力复原他在梦中听到的天堂之乐②。他自己有一把好嗓子，还招募了一个法兰西独唱家，让他把格里高利圣咏的美好带到冰岛③。由于对书籍有相当的兴趣，主教乔恩有一座涉猎广泛的拉丁文图书馆，里面珍藏着像奥维德（Ovid）的《爱的艺术》（*Art of Love*）这样的稀世珍品。

霍拉尔学校中一名叫克拉恩（Klaeng）的学生曾被批评花了太多时间研读这些关于"女人的爱"和"诱惑男人的花招"的诗歌④。克拉恩长大后不但成为斯科尔霍尔特的主教，还成为了一名优秀的诗人。为庆祝自己在1152—1174年所建造的新教堂的落成，他委托人写了一首诗，用了难以转译的吟唱风格，诗中充满隐喻和双关：

  强大的统治者
  为悲天悯人的基督所造的建筑，
  最是坚固。

---

① Árni Björnsson, in *Approaches to Vinland*, ed. Andrew Wawn and Þórunn Sigurðardóttir (Reykjavík: Sigurðar Nordal Institute, 2001), 53, 55.
② "Jóns saga Biskups," in *Biskupa sögur* (1858), 1: 220–221.
③ Magnús Magnússon, *Iceland Saga* (London: The Bodley Head, 1987), 176.
④ "Jóns saga Biskups," in *Biskupa sögur* (1858), 1: 238; Guðrún Nordal, *Tools of Literacy* (Toronto: University of Toronto Press, 2001), 37–39; Karlsson (2000), 39; Kristján Eldjárn, Hákon Christie, and Jón Steffensen, *Skálholt Fornleifarannsóknir 1954–1958* (Reykjavík: Lögberg, 1988), 22; Foote (1953), 214; "Húngrvaka," in *Biskupa sögur* (1858), 1: 81–83.

这样的计划有着良好的基础。
　　比约恩建造了神的宫殿，
　　这是昭示吉祥的善举。
　　彼得已经收到了
　　阿尔尼和比约恩那堂皇的造物。①

　　诗中"彼得"指的是圣徒彼得，"阿尔尼和比约恩"是工匠大师，"强大的统治者"是谁呢？就是指主教克拉恩本人。他在斯科尔霍尔特的大教堂是古挪威最大的木结构教堂，在受封圣职回来时，克拉恩带回了两船挪威木材。冰岛国家博物馆里的克拉恩教堂的模型，是根据20世纪50年代斯科尔霍尔特的考古发掘复原的，展示了一座长边160英尺的十字形基督教堂。相比之下，现存于挪威博尔贡（Borgund）的木板教堂，建成时间与前者相差无几，长边却只有50英尺。但并非所有克拉恩教区的居民都对主教的财政预算表示满意。《杭格瓦卡》讲道，有的人认为"每一季给教堂的供奉太多了"。也许是为了弥补这一点，克拉恩自己"在守夜、斋戒和服饰"上过得像个苦行者，"他常常夜里赤脚走在雪中"。不过，他期望斯科尔霍尔特大教堂能建造得无比富丽堂皇，"这似乎需要无穷无尽的财富才能支撑"。

　　他的继任者多莱克之所以能被选中，即缘于他把财政安排得井井有条②。与冰岛的很多任主教不同，多莱克不是任何一个首领的儿子。他的母亲发现自己的儿子很聪明，认为他注定要做出一番事业，于是安排他去奥迪（Oddi）受教育，那里是某位首领的领地，同时拥有冰岛南部地区最一流的学府。[她不但陪儿子一起去，还

---

① Tr. G. Nordal (2001), 39.
② Jesse Byock, *Medieval Iceland: Society, and Power* (Berkeley: University of California Press, 1988), 156; "Þorláks saga biskups, hin elzta," in *Biskupa sögur* (1858), 1: 90, 92, 266.

鬼使神差地带上了他的妹妹瑞格海德（Ragnheid）。] 多莱克年仅 19 岁就破格成为一名神父，并于 1152 年去林肯和巴黎继续学习。

他是怎么负担起这样一笔教育开销的呢？也许他用海象牙来支付，更好的情况是用独角兽的角，即中世纪世界独角鲸（一种在格陵兰海岸可以猎杀到的小型鲸）长长的螺旋槽式的牙[①]。《当代萨迦》（*The Contemporary Sagas*）记录了 12 世纪中期，多莱克和一个参与格陵兰商贸的冰岛商人之间的关系：商人的儿子在斯科尔霍尔特大教堂工作。两支独角鲸牙同时出现在林肯可能并非巧合。在那儿，工匠把这些牙精心雕琢成罗马式的龙纹和簇叶图案，与林肯大教堂西端的石雕相映成趣。伦敦维多利亚和阿尔伯特博物馆（Victoria and Albert Museum）现藏一枚牙齿，上面装饰着镀金铜带和金属旋钮（已佚）。它们可能是列队游行时用的烛台。

那时的林肯是英格兰最大的主教辖区，仅一个小镇就有 6 万—10 万人之多，是个学习管理斯科尔霍尔特教区（人口 3 万—5 万）的好地方。西南距约克 60 英里的维京古都林肯，与挪威及北方地区的渊源由来已久[②]。挪威"光腿"国王马格纳斯于 1103 年在爱尔兰被杀，他的银行家——林肯的一个商人被英格兰人逮捕并被迫支

[①] Helgi Guðmundsson, *Um Haf Innan* (Reykjavík, Háskólaútgáfan: 1997), 54, 60–61; Ceremonial staff, A. 79–1936, Victoria and Albert Museum, http://collections.vam.ac.uk/item/O96516/ceremonial-staff-unknown/.

[②] Martin Blindheim, *Norwegian Romanesque Decorative Sculpture 1090–1210* (London: Alec Tiranti, 1965), 14; Candice Bogdanski, "A 'North Sea School of Architecture'?" *Journal of the North Atlantic* Special Volume 4 (2013): 79, 99; Hudson (2005), 188; Murray (1913), 413; David Cliff, *Lincoln c. 850–1100: A Study in Economic and Urban Growth*, PhD dissertation (University of Huddersfield, 1994), 266–269, 329–331. William Kay, *Living Stones: The Practice of Remembrance at Lincoln Cathedral (1092–1235)*, PhD dissertation (University of St. Andrews, 2013), 10, 17, 60; Sigurður Sigurðsson, *Þorlákur helgi og samtíð hans* (Reykjavík: Skálholt, 1993), 52; Martin Brett, in *Archbishop Eystein as Legislator*, ed. Tore Iversen (Trondheim: Tapir Academic Press, 2011), 98, 99.

付了2万磅白银作为赎金,推测这笔钱来自挪威国王的金库。

12世纪50年代,多莱克从冰岛过来上任时,林肯是个千户的繁华城市,有30多座教堂,一座石质大教堂,一座在建中的主教府邸,一处皇家造币厂,一座诺曼底城堡,算上城墙和壕沟占地40英亩[①]。三条主要街道和三个十字路口处林立着茅草屋顶的商铺和作坊,远处坐落着花园和别墅,小巷通往下面的河道。

林肯的"华丽"主教亚历山大(Alexander)去世了。除了是两位伟大的英格兰历史学家蒙茅斯的杰弗里(Geoffrey of Monmouth)和亨廷顿的亨利(Henry of Huntingdon)的赞助人,亚历山大还以其奢靡的生活方式和堂皇的建筑方案而闻名。有些艺术史学家认为,考虑到尼达洛斯大教堂(Nidaros Cathedral)和林肯大教堂的相似性,特隆赫姆的石雕工匠应该是在亚历山大主教的监护下来林肯拜师学艺的。但这也不大可信,因为林肯大教堂在1185年的地震中"从上到下裂开",并于13世纪以完全不同的风格重建。

除了建筑和金融,林肯的神职人员还有一个专长,就是法律。亚历山大的继任者主教罗伯特(Robert),委托人制作了《查士丁尼法典》(Code of Justinian)的最新副本。这本罗马法律的合集在6世纪为拜占庭皇帝编纂,于12世纪被重新发现,并成为整个中世纪法律研究的基础,现代世界仍在沿用。

与此同时,巴黎是阿尔卑斯以北最大的城市[②]。通过国王菲利普二世(King Philip Ⅱ,1179—1223年当政)的努力,13世纪巴黎的人口已达5万。与前面任何一位法兰西国王都大不相同的是,菲利普将巴黎定为首都。他还建造了新的城墙和带屋顶的集市,铺设

---

① 1英亩约合4047平方米。——译者注
② John W. Baldwin, *Paris, 1200* (Stanford, CA: Stanford University Press, 2010).

了马路和广场。商人和工匠得到皇家垄断支持，塞纳河两岸商铺、作坊云集。凌驾于所有建筑之上的是1163年动工、1345年才完成的高高耸立的巴黎圣母院。

多莱克在修建大教堂十年之前就来到了巴黎，他发现巴黎是神学与哲学的中心。权势遮天的修道院院长、克莱尔沃的伯纳德（Bernard of Clairvaux）刚刚离世，但他的魅力仍影响着这座城市[①]。作为格里高利改革的拥护者，带着教会与国家间权力再平衡的任务，伯纳德支持第二次十字军东征。法兰西的路易国王和王后阿基坦的埃莉诺（Eleanor of Aquitaine）跪在伯纳德脚边，皇帝康拉德和他的侄子弗雷德里克·巴尔巴罗萨（Frederick Barbarossa）从伯纳德的手中接过朝圣十字架。1148年悲剧性的大马士革之围后，修道院院长伯纳德难辞其咎，向教皇道歉（同时补充说，十字军自身的罪孽是他们不幸的真正原因）。

在巴黎，伯纳德搜获了最受欢迎的教授彼得·雅伯拉（Peter Abelard）的"异端邪说"。今天我们将他奉为第一位现代思想家，他的思想促成了1215年巴黎大学的建立。雅伯拉以其《是与否》（*Sic et Non*）而闻名于世，书中提出一个方法，即通过从正反两方面来辩论论据，从而获得观点的真相。13世纪，雅伯拉的观点经由托马斯·阿奎纳（Thomas Aquinas）发展而成为正统。在12世纪，对于伯纳德来说，这样的自由思维是异端。通过允许学生在神学辩论中提出"否定"（Non）的论据，雅伯拉否定了上帝的存在。此外，雅伯拉和他年轻的学生海洛薇兹（Heloise）之间忘年的浪漫韵事令他又添一项罪名。尽管他们秘密结了婚，但整个事件最后

---

① Marie Gildas, in *The Catholic Encyclopedia* (New York: Robert Appleton Company, 1907), Vol. 2, http://www.newadvent.org/cathen/02498d.htm.

以海洛薇兹进了女修道院，雅伯拉被她气愤的亲戚给阉割而告终。1142年雅伯拉带着耻辱死于一家修道院。

雅伯拉的学生，布雷西亚的阿诺德（Arnold of Brescia）死得更惨[1]。阿诺德有一些具有煽动性的想法。伯纳德这样的格里高利改革者认为神职人员队伍应该是禁欲的，应该拒绝一切肉体愉悦。阿诺德将这个想法应用于教会本身上。他认为，富有的主教"没有可能被救赎"，短暂的财富属于恺撒，不属于教会。当伯纳德谴责阿诺德时，他以"如果没上过他的学校，就会虚荣膨胀，嫉妒所有从知识或宗教信仰中赢得声誉的人"这种言论把自己洗脱了出来。1154年，奉教皇之令，阿诺德作为异教徒被绞死。

四年后，托马斯·贝克特来到巴黎，盛情款待了所有的教师和学生，或许里面就包括了来自冰岛的年轻的多莱克[2]。正如拉夫的故事和猎杀海象所展现的那样，贝克特在冰岛成为一个受人爱戴的圣者。身为坎特伯雷大主教，他努力"将教会从世界解放"[3]。他与国王亨利二世发生了冲突，压制了格里高利的改革。问题的核心是谁控制那些富有的主教，阿诺德讽刺道：国王还是教皇？主教如何回答这个问题，有可能揭示出到底是谁让人制造了刘易斯棋子。

对圣奥拉夫的崇拜

下令将阿诺德绞死的是英格兰人尼古拉斯·布雷克斯皮尔

---

[1] Elphège Vacandard, in *The Catholic Encyclopedia* (New York: Robert Appleton Company, 1907), Vol. 1, http://www.newadvent.org/cathen/01747b.htm; S. Sigurðsson (1993), 34–39.

[2] Anne J. Duggan, in *Eystein Erlendsson: Erkebiskop, politiker, og kirkebygger*, ed. Kristin Bjørlykke et al. (Trondheim, Norway: Nidaros Domkirkes Restaureringsarbeiders forlag, 2012), 27.

[3] Rosenwein (2002), 119; Jón Viðar Sigurðsson, in Brink and Price (2008), 576.

(Nicholas Breakespeare)，即教皇阿德里安四世（Pope Adrian Ⅳ）。对冰岛人来说，他是无人不知无人不晓的。作为宗教使节，1153年他在特隆赫姆建立了尼达洛斯总教区。从此以后，特隆赫姆的大主教监督冰岛的教会，任命或惩罚主教们。大主教也主管其他地区如格陵兰、法罗、奥克尼群岛、赫布里底、马恩岛的教会，还有挪威另外四个地方，即哈马尔（Hamar）、奥斯陆、卑尔根、斯塔万格（Stavanger）的教会。总之，所有的教会都笼罩在挪威文化氛围中。

正是圣奥拉夫成就了特隆赫姆这座港口城市的繁荣，而不是卑尔根这种更大型的中心城市。这里所说的奥拉夫不是那位改变了挪威和冰岛的宗教信仰的传教士、国王奥拉夫·特里格维逊，而是奥拉夫二世——奥拉夫·哈拉尔逊（Haraldsson），冰岛人叫他"胖奥拉夫"。他还在世的时候，是挪威众多不起眼国王中的暴君。有位当代诗人写道：

> 所有国王都躲着你啊，
> 我的王！
> 他们都很是知道，
> 有个住在极北之地的人，
> 被你割掉了舌头。①

克努特大帝支持奥拉夫的敌人。1030年奥拉夫死在特隆赫姆附近的战场上之后，克努特又将挪威划入了帝国的版图。不久之后，以英格兰主教格瑞姆凯尔（Grimkell）为首的特隆德斯（Tronders）

---

① Tr. Eric Christiansen, *The Norsemen in the Viking Age* (Malden, MA: Blackwell, 2002), 274, 276.

起了二心。他们将暴君的尸首挖了出来，发现头发和指甲竟然奇迹般的还在生长。他的遗体后来被奉祀在一座小礼拜堂里，奇迹仍在继续。另一首诗中写道：

> 在他的木棺床之上，
> 钟声自动敲响……
> 神圣国王所在之处，
> 就有军队来跪拜。
> 哑巴和瞎子，
> 一靠近国王，
> 就恢复健康。①

《盎格鲁-撒克逊编年史》其中一个版本最早提及了圣奥拉夫②。1070年，不莱梅的亚当写道："大批民众经常去奥拉夫的神殿。"他给朝圣者指引了一个明确的方向："登上一艘船，在大约一天的行程中穿越海洋，从丹麦的奥尔堡（Aalborg）或温迪拉（Wendila）到达维肯（Viken，挪威的一个行省）。从那里沿着挪威海岸线向左航行，五天后将到达一个名为特隆赫姆的城市。也可走另外一条路，经由陆路从丹麦的斯堪尼亚（Scania）到达特隆赫姆。然而，这条路在经过多山国家时会比较难走，因为路途艰险，旅行者应避免选择这条路线。"

作为挪威第一大主教的重要献祭之处，特隆赫姆的基督教堂

---

① Tr. Eric Christiansen, *The Norsemen in the Viking Age* (Malden, MA: Blackwell, 2002), 274, 276.
② Bruce Dickins, "The Cult of S. Olave in the British Isles," *Saga-Book* 12 (1937–1945): 53–80; Adam of Bremen, tr. Tschan (1959), 213.

给人的感觉是狭小拥挤的，所有神父和朝圣者都成群地围着精心制作的盛着圣奥拉夫之骨的屋形圣物匣转悠。关于此事我们唯一掌握的记录是一首长诗，由国王埃斯泰因委托人所写，他是挪威三位在位国王之一。这首诗有 71 节，作者是一位名为艾纳·斯库拉松（Einar Skulason）的冰岛人，他是位能把想要表达的意思融入精妙的隐喻中的吟游诗人。借助"仁慈太阳那强而有力的光芒"①，他声称"特隆赫姆人和所有古挪威人都应聆听意志坚强的基督领主的灿烂诗篇；他住在最高的殿堂之上。……我知道世界的主宰者给这个地方送来一位大主教，迅捷的太阳之子来救赎人们"②。

年轻的多莱克可能在去林肯和巴黎求学的途中出席了这个典礼。1161 年在回冰岛的途中，他再次经过特隆赫姆，在那他可能遇见了第二位大主教——埃斯泰因·厄兰德松（Eystein Erlendsson）③ 带着披带刚刚从罗马回来。他们甚至可能结伴从巴黎出发去旅行，因为埃斯泰因在那儿做了停留，去拜访在圣维克多（St. Victor）学校里他的年迈师长。

大主教埃斯泰因来自挪威最富有的家族。多莱克必定听说过，

---

① Tr. Katrina Attwood, in *A Companion to Old Norse-Icelandic Literature and Culture*, ed. Rory McTurk (Malden, MA: Blackwell Publishing, 2005), 51.

② Tr. Martin Chase, *Einar Skulason's "Geisli"* (Toronto: University of Toronto, 2005), 61, 115.

③ Sverre Bagge, in Iversen (2011), 11–12, 17; Margrete Syrstad Andås, in *The Nidaros Office of the Holy Blood,* ed. G. Attinger and A. Han (Trondheim, Norway: Nidaros Domkirkes Restaureringsarbeiders forlag, 2004), 175–197; Øystein Ekroll, in *Nidaros Cathedral and the Archbishop's Palace*, ed. Ekroll et al. (Trondheim, Norway: Nidaros Cathedral Restoration Workshop, 1995), 31, 33; Åslaug Ommundsen, "Books, Scribes, and Sequences in Medieval Norway," PhD dissertation (University of Bergen, 2007), 1: 49, 55–56; Carl Phelpstead, ed. *Historia Norvegiae* (London: Viking Society for Northern Research, 2001), xxiii, xxx; Haki Antonsson, Sally Crumplin, and Aidan Conti, in *West Over Sea,* ed. Beverly Ballin Smith, Simon Taylor, and Gareth Williams (Leiden: Brill, 2007), 205; Steinar Imsen, ed. *Ecclesia Nidrosiensis 1153–1537* (Trondheim, Norway: Tapir Academic Press, 2003), 80, 384.

他的曾祖父是乌尔夫·奥斯帕克松（Ulf Ospaksson，其宗谱是冰岛人茶余饭后最爱的谈资），他的血统可以追溯到"塌鼻子"卡提尔。乌尔夫是"强权"哈拉尔的左膀右臂。他被拜占庭的皇帝雇用，在哈拉尔身边以一个年轻的雇佣兵身份冲锋陷阵。后来，乌尔夫娶了哈拉尔的妹妹并定居挪威。埃斯泰因的父亲厄兰德（Erlend）非常不像维京人，他在萨迦中的绰号有"软弱"① 或"懒惰"② 的意思。

埃斯泰因则完全不像他的父亲。1161 年以前他就被推举为大主教，但是他的就职因发病而耽搁。1159 年，教皇阿德里安四世离世，有两位继任主教的人选，一位是德意志皇帝弗雷德里克·巴尔巴罗萨（Frederick Barbarossa）和丹麦国王瓦尔德马尔（Valdemar）支持的教皇维克多四世，另一位是英格兰和法兰西国王支持的教皇亚历山大三世。这次分裂直到 1180 年才和解。挪威派埃斯泰因去与亚历山大三世强调自己独立于德意志和丹麦（这两国分别在一段时间内管理过挪威的教会）之外。同时，埃斯泰因投身于在圣奥拉夫的圣地周围建造一座石质教堂的工作中。正如墙上腰线处所刻的拉丁语铭文中所宣告的那样，1161 年 11 月 26 日，他建成了尼达洛斯大教堂南耳堂的小礼拜堂。他为自己修了一座宏伟的主教宫殿，并监督小礼拜堂和陵墓的建造，陵墓是献给统治家族的，看上去类似微缩版的大教堂。然后，为了更好地展示圣奥拉夫的遗物，他开始埋头于建造一个引人注目的、新颖的八角形教堂圣坛。

建造一座石质教堂要花不止一生的时间，尼达洛斯大教堂的西翼直到 1248 年才竣工。总体规划者是埃斯泰因，他对此事抱有极大的兴趣，简直就像圣奥拉夫所展示的奇迹之一。下面这件事暗示

---

① *Laxdaela Saga*, tr. Magnús Magnússon and Hermann Pálsson (New York: Penguin Books, 1969), 178.
② Sverre Bagge, in Iversen (2011), 11.

了埃斯泰因的个性。有一天工头请埃斯泰因来巡视工地，正当他们爬上墙头时，脚手架坏了，埃斯泰因掉进一个装满滑石粉的桶里，臀部受了伤。他"魂飞魄散"地被抬回房间，疼痛懊恼地躺着，担心"自己可能无法参加三天后圣奥拉夫的祭典。然后他以极大的诚意向圣奥拉夫祈祷。在祭典当天，他被抬进教堂"，并做了一次很长的布道，堪称奇迹①。

埃斯泰因美化新教区的努力并不局限于建筑方面。他也是音乐、文学和法律的支持者。12世纪，他在圣者的祭典日上，在赞美上帝之歌《哈利路亚》之后的弥撒中插入拉丁语颂歌或"继叙咏"，用韵文来展现圣者的生平。埃斯泰因专门为圣奥拉夫写了一系列作品。7月29日，独唱者唱道，"向照耀着黑暗土地的欢乐与荣耀之光致敬"：

> 凯旋的王者和殉道者，我们特别的保护人，
> 从这个世界的邪恶之中释放你们心灵的产物……
> 我们受肉体驱使的威胁，常常堕落……
> 愿您伸出右手将我们平安地置于主的羽翼之下。②

埃斯泰因收集了总计一百多首继叙咏，其中三分之一以德意志教会里唱的圣歌为基础，其余的来自法兰西或英格兰，这些继叙咏被收录进《尼达洛斯礼拜式书》(*Nidaros Ordinal*，一种礼拜仪式的手册，包含神职人员在履行职责时所需的全部文字和音乐）。他亲自或委托别人撰写更详尽的圣奥拉夫神迹总集《圣奥拉夫的生平》

---

① Tr. Bagge, in Iversen (2011), 19.
② Tr. Ommundsen (2007), 1: 42–43.

(*Life of Saint Olaf*),以及两部挪威史书。

埃斯泰因似乎也负责法律文书《尼达洛斯教规》(*Nidaros Canons*)的编写,这部作品将格里高利改革带到挪威,规定了教会的职责:教会保护人的权力,教会工作人员的选拔,神职人员的行为规范。埃斯泰因是一个实用主义者,而非一个狂热的改革家。比如,他规定,虽然神职人员应遵循独身主义,但如果一个修道士曾和一个修女有染,"在苦修一段时间后"[①]他仍可以成为修道院院长;一个主教,当并仅当"他的行为引发了丑闻"[②]时,他的情妇才需要被处治。当涉及教会与国家的对抗时,埃斯泰因更加独断专行。他明显站在伯纳德和托马斯·贝克特一边。1163年,他与贵族"歪脖"埃尔林(Erling Skew-Neck)合谋将埃尔林年幼的儿子马格纳斯扶上挪威的王座。正如在至少60年后斯诺里·斯蒂德吕松所讲述的那样,埃尔林通过这样一番话来说服大主教:"现在这片土地是大主教的辖区,这是我国伟大而庄严的荣誉,让我们使这权力更强大吧……"[③]

冰岛的守护圣者

多莱克带回冰岛的思想有禁欲主义的力量、道德品格的力量、爱情和任何形式的自由思想的危险性,以及教会有聚积财富和迫使国王和王后下跪的权力。

威拉德·菲斯克在《冰岛棋子》一书中,认为多莱克也把下棋

---

① Tr. Peter Landau, in Iversen (2011), 66.
② Tr. Peter Landau, in Iversen (2011), 66.
③ Tr. Anne J. Duggan, in Bjørlykke, et al. (2012), 27.

的知识带回了家乡①，但事实似乎并非如此。作为一个改革家，多莱克很可能对着象棋皱眉头，认为这是在浪费时间。如果别人下棋，倒还不至于冒犯他，他不像主教彼得·达米安（Peter Damian）②那样刻板，在第一次十字军东征之前就写信给教皇谴责一个同道。彼得·达米安写道，有一次与这位主教结伴旅行，夜泊时，"我入住他隔壁的房间，而他仍和一群人挤在一个大房子里消遣娱乐。早晨，我的仆人告诉我他在下象棋，当我听到这样的事情，简直就像万箭穿心。在一个适当的时间我派人把他叫来，严厉地责备他说：'……难道你现在还没意识到，根据教会法，玩骰子的主教将被判终止工作？'"那位主教回答道，"骰子和棋子是两码事"，但彼得·达米安坚持认为禁止的游戏应涵盖一切项目。那位主教受到了惩罚，承诺支付救助金、颂三遍诗篇，并在忏悔中给 12 个农夫洗了脚。

这两个人不是 11 世纪晚期仅有的对国际象棋的罪恶本质持不同意见的主教，改革运动年鉴里经常亲切地提起国际象棋。12 世纪早期，西班牙传教士（和改变信仰的犹太人）彼得吕斯·阿方希（Petrus Alfonsi）③认为国际象棋是任何一个贵族、修士、传教士应接受的教育中必不可少的一部分。他在《传教士细则》（*The Clerk's Instruction*）中写道："一个办事员所必须熟练掌握的技能包括骑马、游泳、射箭、拳击、下棋和写诗。"但是就在第二次十字军东征之前的 1129 年，在特鲁瓦举行的主教会议指出，按照圣殿骑士团的规定，十字军被严格禁止下棋（此外还不准驯隼和打猎）。多莱克是知道这条规矩的，因为这规矩出自克莱尔沃的伯纳德之手。

---

① Fiske (1905), 7–9.
② Madden (1832), 210.
③ James Robinson, *The Lewis Chessmen* (London: British Museum Press, 2004), 50.

多莱克鄙视伯纳德的观点,并接受国际象棋可以作为一种适当的消遣,但即便是多莱克也还不够格肩负起将主教摆上棋盘的责任。特隆赫姆的大主教埃斯泰因也不够格,虽然他的统治通常会和刘易斯棋联系起来。当时,主教,或 alfin,或别的什么在棋盘四角的棋子,都是非常弱的棋子。在整个中世纪,这类棋子的走法仅限于一次跳过对角的一个方格[1],有点像跳棋的走法(无论这个方向是否有棋子)。它是国王和王后棋子的仆从,这意味着要为了他们的利益而牺牲,根本不管改革者们鼓吹宣扬了什么。无论是多莱克还是埃斯泰因都忍受了这一思想,即主教应当听从国王的安排。相反的观点是,根据1163年围绕埃斯泰因撰写的挪威新继任法的基督教教义《神权唯一》(*rex iustus*),王权是上帝所赐,被神圣教会派来代表人间。一个国王的责任就在于,依照主教、大主教和唯一能向上帝报告的教皇所解读的教会教义,公正地实行统治。把主教棋子放在棋盘上,近到足以"听到主人的言语"[2]代表着一种完全不同的主教和国王的关系,而最有可能成就这件事的,是斯科尔霍尔特的主教帕尔·荣松。

多莱克在一个非正式场合遇见了年轻的帕尔·荣松,当时他正从冰岛返回家乡。多莱克"回到家乡后,还是那么谦逊,甚至比走之前还要谦逊"[3],《多莱克萨迦》(*Thorlak's Saga*)这样写。这从另一个方面反映了,当他发现自己的妹妹瑞格海德是年轻的(且已婚的)奥迪首领乔恩·劳福特松(Jon Loftsson)的情妇,而且还生下了乔恩的私生子帕尔时,他不能表现出自己的愤怒。多莱克无法面

---

[1] Mark N. Taylor, in *Chess in the Middle Ages and Early Modern World,* ed. Daniel E. O'Sullivan (New York: De Gruyter, 2012), 180.
[2] Murray (1913), 498.
[3] "Þorláks saga biskups, hin elzta," in *Biskupa sögur* (1858), 1: 92.

对乔恩。于是，他进了修道院。1176年，又一届斯科尔霍尔特新主教选举之时，乔恩提名了多莱克。

乔恩·劳福特松是12世纪晚期冰岛最强大的首领。现代读者称他为"无冕之王"[①]，但与他同时代的人也待他如皇帝。众所周知，他的母亲索拉是"光腿"国王马格纳斯的女儿，直到1175年去世她一直与乔恩住在奥迪。1163年，当乔恩出席马格纳斯·埃林松（Magnus Erlingsson）的加冕礼，这位年轻的挪威国王承认了他们的亲戚关系。乔恩非常明智地没有指出（据我们所知），按照老规矩自己和马格纳斯一样有资格成为国王，因为他们同是国王女儿的儿子（意味着双方都不能声称自己拥有完全的王位继承权）。在《当代萨迦》中，乔恩·劳福特松被塑造成一个伟大的和平使者。有一个首领请求乔恩帮助，称他为"这片土地上最高贵的人，所有人都来找他诉讼"[②]。《多莱克萨迦》承认乔恩是一个有教养的人（有一副好嗓子），但是也说他自负且冲动。他"不屈服于任何人，也不会轻易放弃"[③]。

斯科尔霍尔特的新主教多莱克并没有与乔恩争夺"无冕之王"的头衔。他力劝特隆赫姆的大主教埃斯泰因，试图将格里高利宗教改革引入冰岛[④]。在这件事上，他与乔恩屡次发生冲突，并以极大的耐心坚持，很快他得到了圣者的声誉。

二人曾经围绕教会的所有权问题发生过一场纠纷。新教会法规定，无论教堂由谁建造，都归主教所有。但对从转变信仰开始就以家族形式传承教堂的冰岛人来说，这些都是胡扯。多莱克想要执

[①] Hermannsson (1932), 11–12.
[②] "Sturlu Saga," in *Sturlunga saga* (1878), 1: 84.
[③] "Þorláks Saga Biskups, hin ýngri," in *Biskupa Sögur* (1858), I: 282–283, 291–292.
[④] "Þorláks Saga Biskups, hin ýngri," in *Biskupa Sögur* (1858), I: 282–283, 291–292.

行这个规定时,乔恩·劳福特松与他铆上了。大风吹倒了乔恩所拥有的其中一个牧场的教堂。乔恩重建了这座教堂,邀请主教来圣化新教堂。多莱克拒绝了邀请,并指明除非乔恩肯移交所有权。乔恩索性说,一座不神圣的教堂正合他意。多莱克威胁他要将他逐出教会。乔恩回答道:"你想驱逐谁就驱逐谁吧。无论是小教堂还是大教堂,反正我是一点儿都不会放弃我的财产的。"

另一场纠纷围绕着婚姻的神圣性展开(一点儿都不奇怪)。早在 1173 年,大主教埃斯泰因曾给冰岛主教写信,谴责首领们道德沦丧:"有的人停妻再娶,有的人娶妻纳妾,这都将导致罪孽的人生。"[①] 1180 年的一封信点到了乔恩·劳福特松的名字,大主教在国王马格纳斯的加冕典礼上见过他。一份匿名的冰岛语布道证明出问题的并不限于乔恩一人:"在这个国家,欲望是闲聊的话题,就和在挪威酗酒一样普遍。"[②]

"婚姻是神圣的"[③] 是一个全新的概念,在古挪威,直到 1280 年这一条才变成教会的法规。从历史上看,在冰岛,婚姻是为了家族利益而安排的。在一个纠纷可由谈判或争斗解决的社会,婚姻带来的是责任,这一切与爱无关。但是非婚生子女和他们的母亲都并不会觉得羞耻。如果父亲是有权有势的首领,比如乔恩·劳福特松,那么整个大家族都跟着沾光。教会则持不同意见。基督教的婚姻意味着一个男人和一个女人的神圣联盟,双方发誓终生对彼此忠诚。这就与基督和教会的结合相符。任何其他方式的男女关系都是

[①] Tr. Sveinsson (1953), 63–64.
[②] Tr. Sveinsson (1953), 63–64.
[③] Margarete Syrstad Andås, in *The Medieval Cathedral of Trondheim*, ed. Andås, et al. (Turnhout: Brepols, 2007), 66; Jenny Jochens, *Women in Old Norse Society* (Ithaca, NY: Cornell University Press, 1995), 37.

罪恶的。主教多莱克在多个场合明确警告乔恩·劳福特松，如果他再去见自己的妹妹瑞格海德，就将他逐出教会。乔恩拒绝违背自己的意愿，萨迦记述，乔恩和瑞格海德青梅竹马，从小就情愫暗生。他对主教说，"我知道你有权将我驱逐出教会，理由很充分"，但是没人能把他与瑞格海德分开，"除非上帝对我的心传递神谕"[①]，才能舍弃她。多莱克最终成功地拆散了他们，瑞格海德很快便再婚了。然而，那时多莱克却已经极其喜爱他的非婚生外甥帕尔了。

与前任主教、艺术的拥护人克拉恩不同，多莱克对冰岛文化的贡献主要发生在他死后。由于许多奇迹与他有关，他成为了冰岛的守护神[②]。在那个年代，圣徒只跟本地区有关，教皇不参与此事，甚至连特隆赫姆的大主教也不过问，倒是由冰岛教会代替他们来宣布多莱克为圣徒。这事对斯科尔霍尔特的主教辖区的好处是立竿见影的，因为中世纪的圣徒身份是个赚钱的营生。多莱克被尊为圣徒后，冰岛人再也不对英格兰的圣徒托马斯·贝克特许愿了，比如拉夫对猎取海豹的许愿，或者对特隆赫姆的圣奥拉夫的许愿。1198年后，这类许愿以及对海象牙和其他进贡的许诺都去向了斯科尔霍尔特大教堂。写于多莱克死后不久的萨迦说："由于神圣主教多莱克的善举，更多的钱从知道他名字的各个岛屿汇入斯科尔霍尔特的教区，大多数来自挪威，还有很多来自英格兰、瑞典、丹麦、高特兰（Gautland）、哥得兰岛、苏格兰、奥克尼群岛、法罗群岛、凯斯内斯（Caithness）、设得兰群岛和格陵兰，但最多的还是来自冰岛。"[③]

[①] Tr. Sveinsson (1953), 24.

[②] Hans Kuhn, "The Emergence of a Saint's Cult as Witnessed by the *Jarteinabækr Þorláks Byskups*," *Saga-Book* 24 (1994–1997): 240–254; Karlsson (2000), 39.

[③] Tr. Kirsten Wolf, in *Sanctity in the North*, ed. Thomas A. Dubois (Toronto: University of Toronto Press, 2008), 263.

讽刺的是，负责花掉这笔钱的人是帕尔·荣松，他于1195年成为斯科尔霍尔特的主教。他是一个伟大的艺术爱好者，因为他雇了一个木雕艺人、一个金匠、一个画家，还有巧手玛格丽特（全冰岛技艺最高超的象牙雕工），我们将在下一章与他们见面。

掌握九项技能的人

12世纪初，一位年轻的挪威诗人曾吹嘘道："我已经掌握了九项技能。"卡利·考尔松（Kali Kolsson），后来的奥克尼伯爵罗格瓦尔·卡利（Rognvald Kali），将阿方希的"骑马、游泳、射箭、拳击、驯隼、下棋、写诗"等技能称为古挪威人的九项技能：

> 我热衷于国际象棋，
> 我掌握九种技艺，
> 我从未忘记如尼，
> 我对读书和木工有意。
> 我知道如何滑雪，
> 胜任航海和射击。
> 我既会弹竖琴又会诗词赏析。①

卡利用"tafl"来表示国际象棋。学者们一直不能达成共识的问题在于，"tafl"到底指的是"有一个国王棋子的游戏"（hnefatafl），还是"有两个国王棋子的新游戏"（chess）②。朱迪斯·捷奇（Judith

---

① Tr. G. Nordal (2001), 31.
② *Saga of Ref the Sly,* tr. Clark, in *Sagas of Icelanders* (2000), 612–613.

Jesch）是诺丁汉大学维京研究教授，她认为："后者较有可能，因为在 12 世纪的古挪威，对年轻贵族来说，象棋是最新的一种时尚。"① 而卡利正是个弄潮儿。年轻时他曾经由贸易航海路线去到英格兰，返乡途中他在卑尔根做了停留，有人看见他"衣着华丽，操着英语"出现在一个酒席上。他的另一篇诗歌似乎也涉及象棋，用了"hrókr"这个词，既指其古意"恶棍"，又指其新意——象棋里的车。

在卡利的诗被收录进《奥克尼岛民萨迦》的那个年代（1190 年左右），象棋在整个欧洲非常流行；很可能在冰岛也非常知名，虽然第一次明确引用它的是斯诺里·斯蒂德吕松写于 1220—1240 年的《挪威王列传》。《奥克尼岛民萨迦》是斯诺里写"挪威王历史"的资料来源。这本书的作者据说是斯诺里没有血缘的义兄弟——未来的主教帕尔·荣松②。斯诺里和帕尔都生长于奥迪，这里是乔恩·劳福特松在冰岛南部的主要领地，虽然他们并没有同时生活在那里：他们的年龄相差 23 岁。帕尔在 1155 年生于奥克尼群岛，此前他的父亲为解决争端，提出养育敌人年幼的儿子，这个男孩就是斯诺里·斯蒂德吕松。他长大后成为冰岛最富有、最强大的首领，两次担任司法发言人，还是中世纪最有影响力的作家③。他的作品是我们了解北欧神话、维京时代诗歌和古挪威早期历史的主要参考资料。

斯诺里的生平和作品甚至比卡利·考尔松的诗歌还丰富，这使

---

① Judith Jesch, "Earl Rognvaldr of Orkney, a Poet of the Viking Diaspora," *Journal of the North Atlantic* Special Volume 4 (2013): 154–160.
② H. Guðmundsson (1997), 233.
③ Nancy Marie Brown, *Song of the Vikings: Snorri and the Making of Norse Myths* (New York: Palgrave Macmillan, 2012).

我们能够猜测出帕尔所掌握的技能：诗歌、为隐喻神话而写作的行吟宫廷诗、古挪威历史、宗谱萨迦、冰岛法律，以及为赢得诉讼所需的修辞艺术。帕尔也被教授吟唱圣歌和宗教拉丁语。很显然斯诺里没有受到这些培训，因为1190年特隆赫姆的大主教颁布法令宣布首领不再被任命为神父；对于一个首领的儿子来说，拉丁语也就变得没什么必要了。很可能帕尔除了拉丁语外还学过希伯来语和希腊语，据说1125—1175年，在奥迪的学校，有个学者借鉴了这三种语言，创造了一副新的字母表，以及一套拼写冰岛语的规则①。

帕尔·荣松的曾祖父"智者"萨蒙德（Saemund the Wise），于11世纪晚期在国外（可能是巴黎）学成后在奥迪开设了学校②。我们无法知道他是如何获得"智者"这个绰号的。民间传说说他聪明到可以抓住魔鬼，将其封在骨头的骨髓中，放在衣服口袋里携带。③主教基瑟在制定冰岛什一税时曾询问他的意见；"博学的"阿里为了写作《冰岛人之书》④，向萨蒙德咨询挪威的历史；还有一些资料显示萨蒙德写了第一部国王萨迦，但已失传。1194年，在一首庆祝乔恩·劳福特松70岁生日的诗歌中提到了这部萨迦，其中写道："现在我数了数十个统治者，每一个都源自哈拉尔。根据'智者'萨蒙德的言语，我叙述他们的生平。"⑤

帕尔不是这种诗人。根据《主教帕尔萨迦》，他"擅于用心学习，年轻时就已博学多才，对于每件事都很拿手，无论写作还是别

---

① Vigfússon (1878), 1: xl; G. Nordal (2001), 25.
② 古冰岛语中，"智者"萨蒙德和"博学的"阿里拥有同样的绰号——*hinn fróði*；我用了不同的词语指代他们，以便读者阅读。
③ Nnjördur Þ. Njardviík, *The Demon Whistles: Sœmundur the Wise and His Dealings with the Devil* (Reykjavík: Iceland Review, 1995).
④ *Íslendingabók*, ed. Jónsson (1942), 1.
⑤ Tr. Vigfússon (1878), I: xxxvii.

的。……他的声音洪亮,是位极好的音乐家,歌声胜过那个时代所有人"①。如果他是个诗人,那么一定会被记录在册,因为在中世纪的冰岛,诗歌是备受赞誉的。

我们认为帕尔写了两部萨迦,其中一部是现已失传的《斯基奥德恩加萨迦》(*Skjoldunga Saga*),是第一部写丹麦历史的作品②。从17世纪的一个概要中,我们知道这部作品追溯了这个王国从神话时代奥丁神的儿子斯基奥德(Skjold),到10世纪"蓝牙王"哈拉尔的父亲国王老戈姆(Gorm the Old)这段时间的历史。另一部《奥克尼岛民萨迦》现仍存世,但只是修订版③。这部作品的记述也开始于神话时代,从挪威创始人诺尔王子(Prince Nor)的故事讲到他的亲友——半人半神的火神、风暴之神、冰霜之神、雪神和海神的故事。然后从这里直接快进到了9世纪"金发王"哈拉尔——也就是乔恩·劳福特松庆生诗歌里提到的那个哈拉尔。对奥迪的人民来说,这位哈拉尔国王与那个侵扰"塌鼻子"卡提尔的暴君不同,而是他们的祖先——"强大的"厄尔·罗格瓦尔(Earl Rognvald)的朋友和恩人,哈拉尔把挪威的三个行省赐予他,此外还有奥克尼群岛;罗格瓦尔把奥克尼群岛给了自己的兄弟西格德(Sigurd),他是奥克尼伯爵的后代。

《奥克尼岛民萨迦》似乎最初成书于1171年,也就是伯爵哈拉尔·迈德达尔松(Harald Maddadarson)统治时期,帕尔对这位伯爵相当了解。年轻时的帕尔作为伯爵的一员下属,在奥克尼群岛待了

---

① "Páls saga biskups," in *Biskupa sögur* (1858), 1: 127.
② G. Nordal (2001), 312.
③ *Orkneyinga Saga,* in *Íslenzk fornrit 34,* ed. Finnbogi Guðmundsson (Reykjavík: Hið íslenzka fornritafélag, 1965); Hermann Pálsson and Paul Edwards, "Introduction," in *Orkneyinga Saga: The History of the Early of Okney* (New York: Penguin Books, 1981), 10.

很多年，也许有 15 年之久。《主教帕尔萨迦》的作者讲过一点关于帕尔年轻时的事情。即便如此，仍有一些时间上的出入令人心生疑窦。我们得知他"结婚很早"，娶了貌美又贤惠的赫迪斯·卡提尔斯多提尔（Herdis Ketilsdottir）。但是"他们婚后没几年，帕尔就去了国外，成为奥克尼伯爵哈拉尔的家臣。哈拉尔很重用他，之后他去了南边的英格兰，在那接受学校教育"。假设"结婚很早"是指 18 岁或 20 岁结婚，而帕尔是在 1175 年之前离开的冰岛①；他的长子洛夫特生于 1190 年，被认为是他父亲萨迦的作者②。

有一条线索指向帕尔与妻子赫迪斯家族一起生活的 15 年里都做了些什么。他妻子的家族长期从事格陵兰贸易。她的叔祖父赫蒙德（Hermund）是个有地位的商人，曾帮助格陵兰的首位主教解决过一场著名的纠纷。根据《红发埃里克萨迦》，格陵兰大约在 1000 年，与冰岛一样，经过挪威国王奥拉夫·特里格维逊的高压政治，成为基督教地区③。列夫·埃里克松（Leif Eiriksson）是格陵兰的创始人"红发"埃里克之子，他想见识一下外面的世界，于是少年时就驾船去了挪威。他的船被吹离了航线，在赫布里底登陆。逆风消磨掉了一夏天的时间，最后他终于到达挪威，在那里得到国王的重用，并被赋予一个使命——回家乡去转变格陵兰岛人民的信仰。列夫企图逃避此事，"国王说自己从未见过任何人比列夫更适合这个任务——'你是注定要做这件事的人'"。"幸运的"列夫在返乡途中又一次被吹离了航线，并发现了新大陆，古挪威人称之为文

---

① "Páls saga biskups," in *Biskupa sögur* (1858), 1: 127.
② Sveinbjörn Rafnsson, *Páll Jónsson Skálholtsbiskup* (Reykjavík: Sagnfræðistofnun Háskóla Íslands, 1993), 33–34, 129.
③ "Eiríks saga rauða," in *Íslenzk fornrit 4*, ed. Einar Ól. Sveinsson and Matthías Þórðarson (Reykjavík: Hið íslenzka fornritafélag, 1935), 209–212.

兰。当他最终回到格陵兰，他的母亲是他最好的皈依者。她建立了教会。只要"红发"埃里克还保持着异教徒身份，她就拒绝与其共寝，萨迦里说："这让他大为光火。"

一百年后，格陵兰岛民仍然没有主教。短篇萨迦《格陵兰人的传说》(The Greenlanders' Tale)[①]写道，他们请求挪威的国王"耶路撒冷旅行者"西格德（Sigurd the Jerusalem-Farer）指派给他们一个主教。西格德作为一个改革者，无疑会乐于满足他们的请求。尽管如此，他们还是通过派遣装满海象牙、海象皮和活北极熊的船只来示好。国王西格德同意用一头熊换一个主教。他点名了一个叫阿纳尔（Arnald）的教士，任命他为格陵兰的主教。

一群挪威商人惊讶于格陵兰人的奢华礼物，决定陪同主教阿纳尔上任。在海上，两艘船走散了。主教阿纳尔在冰岛登陆，整个冬天都在奥迪与"智者"萨蒙德在一起。第二年夏天当他来到格陵兰，竟无人提及商船的事。后来他们找到了船的残骸，整个商队都遇难了。格陵兰人在主教的祷告中将货物分了。

大约在1133年，商船船长的一个亲戚来到格陵兰，寻找船长的遗产。在接下来发生的争斗中，好几个人被杀死。冰岛人赫蒙德·考德兰松（Hermund Kodransson）是帕尔妻子赫迪斯的叔祖父，他被请来作为调停人，在格陵兰人和挪威人两方之间交涉休战协议。他是一个商人，管理格陵兰的西部聚落。考古学家发现，那儿的每一座农场都有一些人被指定去做将海象牙从海象头上拔下来的工作。

赫蒙德在冰岛的家位于西部的维塔（Hvita）河边。维塔有优良的港口，可供远洋船只在首领们于伯格所置的地产附近停靠，大

[①] "Grænlendinga Þáttr," in *Íslenzk fornrit 4* (1935), 273–292.

约在 1202 年，有一艘从奥克尼来的商船经此登陆。那艘船的船长"海象"托凯尔（Thorkel Walrus）[①]是奥克尼的主教比亚德尼的侄子，也是帕尔·荣松的好友。奥克尼不产海象，托凯尔的绰号源自他所交易的货物。此行，他准备卖掉奥克尼群岛产的面粉和麦芽，如果可能的话，再买点格陵兰的海象牙。然而，自他最后一次远行后，伯格的领导阶层就在悄然发生变化。新首领和港务长是帕尔 24 岁的义兄弟斯诺里·斯蒂德吕松。托凯尔和斯诺里因对面粉的价格发生重大分歧，导致托凯尔杀死了斯诺里的工头儿，逃往奥迪。在那里，帕尔的同父异母兄弟萨蒙德·荣松（Saemund Jonsson）接收了他并保护他不受斯诺里的追杀。萨蒙德也与奥克尼群岛有着紧密的羁绊，20 年前他就与伯爵哈拉尔的女儿订了婚[②]。最终婚礼计划告吹，因为伯爵和萨蒙德父亲乔恩·劳福特松（冰岛的无冕之王）在究竟由哪一方来举办婚礼（以及由哪一方承担航行的不便）问题上未能达成一致。

萨迦中揭露了格陵兰、冰岛和奥克尼群岛之间许多其他联系[③]。"海象"托凯尔来访的 30 年之后，另一艘奥克尼的船只在伯格登陆了，船长是托凯尔的远亲。在同时代的萨迦中，商船能被记录下来无非是出于两个原因：船只沉没了，或者船员闹事了。这两个原因暗示了奥克尼-伯格路线是多年来的最佳航线。

这条海路的冰岛-格陵兰段刚好起始于伯格的北部，在狭长半岛的一端，带有显著的地貌标志：一个高耸的、冰川覆盖的锥体半岛。从此地向西航行四天可到达格陵兰。约 1266 年，一艘属于格

[①] "Íslendinga Saga," in *Sturlunga Saga* (1878), 1: 210–212; H. Guðmundsson (1997), 55–56, 60–61.
[②] Hermannsson (1932), 21.
[③] H. Guðmundsson (1997), 67, 71, 284.

陵兰主教的船似乎在去伯格的途中沉没于这个半岛的南部，沿着海岸线到处散落着海象牙，甚至在17世纪关于残骸的描述中还能找到海象牙的记述。有些地方用染红的如尼文字标出，住在海滩附近的流浪者"认为值得注意的是，也许正是因为这种红色颜料才使得这些文字历久弥新"①。根据1832年大英博物馆马登的报告，有几枚刘易斯棋子也被染成了红色。此后，关于颜色的所有线索都消失了（可能是19世纪使用的清洗方法的缘故），但与之同样悠久的雕刻格陵兰海象牙的技术也被用在了象棋上。

萨迦中暗示，冰岛西部是格陵兰贸易的中心。是不是海象牙垄断贸易使斯诺里·斯蒂德吕松成为13世纪冰岛最富有的首领？这是否就是乔恩·劳福特松的计划？奥迪家族合谋控制象牙贸易的第一步就是帕尔·荣松于1175年的奥克尼群岛之旅。

最后的海盗

奥克尼群岛坐落于两条海路相交的十字路口：一条从挪威到爱尔兰，另一条从苏格兰到冰岛。和冰岛一样，奥克尼在12世纪没有真正的城镇，却有无数安全的港口。他们还有持续的粮食贸易顺差：冰岛人和格陵兰人所追求的东西不是为了烤面包，而是为了酿造麦芽酒②。《奥克尼岛民萨迦》称赞说，伯爵的厅堂以酒桶的数量和容量闻名。

无论帕尔去奥克尼群岛公差的目的究竟是什么，他此行的结果本身就是个奇迹。到达之后不久，帕尔遇见了一个名叫比亚德尼的

---

① Lúdwík Kristjánsson, *Íslenzkir sjávarhættir* (Reykjavík: Bókaútgáfa Menningarsjóðs, 1986), 5: 109; H. Guðmundsson (1997), 56–57.
② Crawford (1987), 135.

诗人并成为终生挚友，此人在 13 年后（1188 年）成为奥克尼的主教。1208 年，帕尔派自己的儿子洛夫特去拜访他。年轻的帕尔和比亚德尼在《奥克尼岛民萨迦》一书的写作上通力合作，帕尔回到冰岛后，在被选为斯科尔霍尔特的主教之前，完成了此书的写作①。这部作品栩栩如生地讲述了海盗勇敢传奇的故事，这完全不像出自神父之手的作品。从书中我们可以领略到众多铁血角色：苏格兰国王麦克白和马尔科姆，约克的海盗国王"血斧王"埃里克，扬起不可思议的乌鸦旗帜的奥克尼伯爵西格德，挪威国王奥拉夫·特里格维逊和"强权"哈拉尔，还有爱尔兰至高无上的王布赖恩·博鲁（Brian Boru）。我们读到无数血腥的斗争，如兄弟相争、朋友反目，包括克朗塔夫之战（1014 年）和斯坦姆福德桥战役（Battle of Stamford Bridge，1066 年）。此外还有许多令人印象深刻的小片段。奥克尼一个傲慢的伯爵杀了苏格兰的国王，把他的头颅砍下来拴在马鞍上作为战利品。在骑马回家的路上，死去的国王实施了报复——尖牙刮伤了伯爵的腿，导致腿部肿胀腐烂，一命呜呼。在另一场景中，奥克尼另一个伯爵逃离失火的厅堂，飞跃阻碍，冲破敌人的包围圈，消失在雾中，却被胳膊底下夹着的汪汪狂叫的宠物狗出卖了踪迹（唉，心软的人哪）。

萨迦中有一个英雄名叫斯韦恩·阿斯雷法森（Svein Asleifarson），有时也被称为"最后的海盗"②。在 1066 年诺曼征服（Norman Conquest）之后一百年间，他仍在施行袭击，而那个年代已被教科书称为"海盗时代的终结"。斯韦恩的住地与比亚德尼的农场近在咫尺，1171 年斯韦恩死的时候，比亚德尼 20 岁，斯韦恩的儿子（不是

---

① H. Guðmundsson (1997), 268–270; G. Nordal (2001), 30.
② John Haywood, *The Penguin Historical Atlas of the Vikings* (New York: Penguin Putnam, 1995), 130.

海盗）与比亚德尼的姐姐结了婚。下面这段文字所描述的斯韦恩最后的海盗生涯，由于种种原因还是颇具可信度的：

> 斯韦恩的习惯是冬天躲在盖尔赛（Gairsay）的家中，自己出钱养着差不多80个手下。他有一个宽敞的饮酒厅，其规模在奥克尼绝无仅有。每年春天斯韦恩都有好多事情要做，有大量种子要播种，还要自己当监工。但是只要春天农活一完成，他就去搞袭击，在赫布里底和爱尔兰掠夺，仲夏时节返回家乡，他管这叫"春袭"。之后待在家里直到收割粮食归仓。然后又去搞袭击，直到冬季的第一个月月末才回来，这次叫"秋袭"。[①]

有一年春天，斯韦恩和他手下的维京人劫到两艘满载精美布匹的英格兰船只。萨迦记载，他们是这样炫耀战利品的："他们把布匹缝在船帆的上面，使帆看起来好像是由这样上好的布匹织就的一样。"[②] 船只到达后，对于那里农场的小孩子来说，这样的细节是相当难忘的。

我们并没有关于比亚德尼的资料，但我们至少知道帕尔不是个海盗。《主教帕尔萨迦》将他描述成一个"俊秀的男人，有着漂亮的眼睛和敏锐的目光、卷曲的金发、纤长的双手、秀气的小脚、鲜亮的肤色、适中的身量，非常彬彬有礼"[③]。萨迦中提到的所有主教都有着"美丽的眼睛"，锐利的眼神总是可以彰显一个贵族的身份，这些都是陈词滥调了。帕尔的肤色和卷发我们现在已无法评判。在20世纪50年代，斯科尔霍尔特大教堂重建

---

① *Orkneyinga Saga,* in *Íslenzk fornrit 34* (1965), 283–285.
② *Orkneyinga Saga,* in *Íslenzk fornrit 34* (1965), 283–285.
③ "Páls saga biskups," in *Biskupa sögur* (1858), 1: 127; Hermannsson (1932), 21.

时，在一座石棺中发现了帕尔的遗骨，证实了以往大部分对他的描述。有一位考古学家形容帕尔的遗骨"纤长"[①]。另一位仔细测量后，将其与其他中世纪古挪威人的遗骸做了比对，发现帕尔确实是中等身材：约 5 英尺 6.5 英寸高（约合 169 厘米）；那个时代的挪威人平均身高为 172 厘米。他的双足确实很小，头骨也小，形状规整，线条优美。他的肩膀宽阔，手臂修长，但小腿短。他坐在马鞍上看起来应该还不错，但如果步行，就似乎不那么利索了。

关于帕尔是"彬彬有礼"的，这里指的可不是"礼貌"。冰岛语"kurteiss"直接来源于法语"courtois"，或"chivalric"（行侠仗义的骑士精神），就像卡利·考尔松提醒我们注意的古挪威人"精通九种技能"中所阐述的那样，《奥克尼岛民萨迦》的作者似乎应当是着迷于骑士精神的。卡利后来成为奥克尼的伯爵罗格瓦尔·卡利，是古挪威英雄中最行侠仗义的一个。1151 年，他出海前往圣地。此次不是官方征战，从他率领的一支由 15 艘装备精良的船只组成的小型舰队（分别来自挪威和奥克尼）来看，很难将其称为朝圣。其中一位船长是挪威贵族"歪脖"埃尔林，是未来的国王马格纳斯·埃林松的父亲。搭乘卡利自己的船只的是奥克尼的主教威廉（William），他虽然假装自己是伯爵的翻译官，却经常向卡利提供战略战术咨询。此外，卡利的船员中还有两名冰岛诗人。

他们从奥克尼群岛向南航行到苏格兰，然后沿着英格兰海岸线跨越诺曼底，萨迦讲道："旅程一路无话，直到他们来到了一个

[①] Guðný Zoëga, interviewed in Sauðárkrókur, Iceland, June 4, 2013; Jón Steffensen, "Bein Páls Biskups Jónsssonar," *Skírnir* (1956): 172–186.

第二章 主 教

叫纳博讷（Narbonne）的港口。"① 从这里我们突然进入了吟游诗人的世界。纳博讷的统治者刚刚过世，他美丽的女儿艾米格德（Ermingerd）邀请维京人在城堡停留。"她手举一只纯金打造的酒杯，穿着最华丽的衣裙，像个少女一样披散着长发，头上覆着黄金饰带。她将伯爵的酒杯斟满，侍女们在旁演奏音乐。伯爵接过酒杯，就势牵过她的手，拉她坐在他的膝头。"至此，这段话与其他萨迦的记载还是呼应的，但卡利并没有如期和她共度春宵并留下继承人。他只朗诵了一首诗，便扬帆而去。

在去耶路撒冷的路上，卡利和他的两个冰岛诗人都在为这貌美又无法企及的女人赋诗。在围攻伊斯兰安达卢斯（al-Andalus）的一个城堡时他们写道："厌倦战争／我们证明自己配得上艾米格德。"② 闯进直布罗陀海峡的狂风中时他们又写道：

> 致我穿着亚麻衣服的女孩儿，
> 我的双唇说出这承诺。
> 现在，面对着这海峡，
> 风暴助我们一臂之力。③

甚至在掠夺一艘非洲商船的战斗中（此役埃尔林身受重伤并获得"歪脖"的绰号），卡利仍用最合适的吟游诗人风格来追忆他的姑娘：

> ……黑武士啊，勇敢的小伙子，
> 我们占领或击杀，

---

① *Orkneyinga Saga,* in *Íslenzk fornrit 34* (1965), 208–210.
② *Orkneyinga Saga,* tr. Hermann Pálsson and Edwards (1981), 171, 172, 176.
③ *Orkneyinga Saga,* tr. Hermann Pálsson and Edwards (1981), 171, 172, 176.

> 刀刃染成深红色……
> 向北，在纳博讷，
> 她会听到我们的消息。①

很可能卡利并不懂艾米格德操的奥克语（langue d'oc），这和他的朋友主教威廉在巴黎学习的法语不同。毫无疑问，古挪威诗歌对艾米格德来说也是对牛弹琴。大约1150年在奥克尼流行的典雅的宫廷之爱是否也同时传到了法兰西北部呢？② 或者说，在30年之后，是《奥克尼岛民萨迦》的作者帕尔和比亚德尼听说过这些吟游诗人？

浏览一下地图，我们就会明了：萨迦和里面所包含的诗歌并不是非常呼应。卡利和他的舰队早就通过了直布罗陀海峡，在见到艾米格德之前就抢劫了安达卢西亚（Andalusian）海岸，纳博讷就位于法兰西南部的地中海沿岸。（卡利从罗马取陆路返回，所以返乡途中并未再实施掠夺。）就在帕尔和比亚德尼将斯韦恩·阿斯雷法森的海盗生涯传奇化之时，当典雅的宫廷之爱遍及古挪威，他们以自身生活的那个时代的风格创作了一组诗歌。下象棋的技能同诗歌艺术一道被收入了"礼仪"这个词的新含义中（通常与诗歌中的美女相伴），更使我们有理由相信，是沉浸于这一传统中的帕尔（或比亚德尼）委托人制造了刘易斯棋。

国王的主教

我们无法断言帕尔在奥克尼群岛住了多久，我们只知道后来

---

① *Orkneyinga Saga,* tr. Hermann Pálsson and Edwards (1981), 171, 172, 176.
② Alison Finlay, "Skalds, Troubadours, and Sagas," *Saga-Book* 24 (1994–1997), 105, 115, 117; Yalom (2004), xxii.

他在英格兰的一所学校里待了一段时间,"学习到了非常多的知识,而其他人在同样的时间内很难完成这样的学业"①,《主教帕尔萨迦》这样写道。他可能循着他的舅舅多莱克的足迹,也曾在林肯求学。应多莱克的要求,他可能早先到过英格兰,寻找特隆赫姆的大主教埃斯泰因,这位大主教在1180年因在挪威王位之争中"站错了队"而逃到了这里。埃斯泰因在贝里圣埃德蒙兹(Bury Saint Edmunds)的修道院避难6个月,然后又花了6个月,在英格兰国王亨利二世的命令下担任林肯的代理主教,直到1183年返回挪威。之后他与国王斯韦雷讲和,致力于建造尼达洛斯大教堂,其与林肯大教堂惊人的相似②。

无论帕尔在英格兰曾漫步到哪里,无论是与大主教埃斯泰因一起还是独自一人,我们发现1190年当他回到冰岛,身为一个首领,他娶了赫迪斯,然后成为一个儿子的父亲。那一年在特隆赫姆,埃斯泰因的继任者大主教埃里克(本身是冰岛人的儿子)颁布法令,宣布冰岛首领不能再被任命为神职人员。帕尔很可能觉得无所谓,因为他并不想担任神职。他的家业很兴旺,又添了三个孩子。在1194年,主教多莱克去世,霍拉尔的布兰德(Brand)主教(帕尔的叔祖父)将帕尔选为斯科尔霍尔特的主教。

帕尔的当选很不寻常,起码在三个方面他都没有资格:是个首领,已婚,本身还是个私生子。但是冰岛的教会从不遵从罗马的规矩③。他的父亲说服他接受这个职位后,帕尔带着"一些珠宝"动身前往挪威,确信他的违规会被忽略④。但是他在特隆赫姆并没有见

---

① "Páls saga biskups," in *Biskupa sögur* (1858), 1: 127; H. Guðmundsson (1997), 273–274.
② Bogdanski (2013), 99.
③ Byock (1988), 156–158.
④ "Páls saga biskups," in *Biskupa sögur* (1858), 1: 129.

到大主教。大主教埃里克因与国王斯韦雷不和而被流放。帕尔向南旅行去见国王，这位国王后来在奥斯陆的北部地区临朝听政。"国王待他亲如儿子、兄弟。"① 萨迦里这样写道。和帕尔一样，斯韦雷（我们将在第四章与他再次相遇）也是个私生子，是"光腿"国王马格纳斯的非婚生后裔。应国王的要求，哈马尔的主教索瑞尔（Thorir）反抗了大主教的命令，任命帕尔为神父。然后国王要求"全国所有的主教"（有些跟随大主教埃里克逃到了丹麦）签署一封信件，支持帕尔晋级到斯科尔霍尔特的教区。带着这样的支援，帕尔继续旅行至伦德，从哥本哈根横跨海湾，于1195年的复活节到达，受到大主教阿布萨隆的热烈欢迎。

与特隆赫姆的大主教埃斯泰因一样，阿布萨隆也来自富裕的贵族家庭。在冰岛主教多莱克任职时期，阿布萨隆和埃斯泰因都在巴黎求学，但是阿布萨隆对教会改革并没有什么兴趣，而多莱克和埃斯泰因则拥护改革。阿布萨隆对于国王和主教之间的适当关系的想法更像是棋盘上的大臣角色，但是在伊斯兰的棋盘上，而不是在12世纪的欧洲棋盘上。阿布萨隆当然会为他的国王而死，但是他不会与第二个主教分享权力。他表现得更像阿拉伯的大臣，他是国王的伙伴，在欧洲棋盘上这个角色被王后棋子所取代②。

在帕尔到来之时，登上丹麦王座的克努特六世是阿布萨隆的养子。阿布萨隆和克努特的父亲瓦尔德马尔从小一起长大，形影不离。当瓦尔德马尔、克努特五世和斯韦恩三世于1157年签署条约，将丹麦分裂为三个王国时，阿布萨隆也在场。三天后，斯韦恩邀请他的两个联合国王在罗斯基勒参加庆祝盛宴时，阿布萨隆也去了。

---

① "Páls saga biskups," in *Biskupa sögur* (1858), 1: 129.
② Anders Leegaard Knudsen, in *Archbishop Absalon of Lund and his World,* ed. Karsten Friis-Jensen and Inge Skovgård-Petersen (Roskilde: Roskilde museums forlag, 2000), 34.

但他还没有进到宴会大厅里,背叛条约的斯韦恩就带领兵将突然出现在手无寸铁的国王面前,而当时瓦尔德马尔正坐在那里下棋,克努特在旁观战。根据13世纪的《柯尼特林卡萨迦》(*Knytlinga Saga*)①,瓦尔德马尔非常想念阿布萨隆,因为他不仅是国王最亲密的朋友,而且是"所有手持武器的男人中最勇敢无畏的"。瓦尔德马尔用斗篷裹着胳膊,挣扎着夺门而出,只有大腿受了点轻伤;克努特却没那么幸运——脑袋开了花。阿布萨隆冲了进去,以为倒地的是瓦尔德马尔,就把他拉到膝盖上。正如后来也为大主教效力的历史学家萨克索在他的《丹麦史》中所描述的场景,阿布萨隆"看到他的血喷涌而出,在危险的打斗中完全不顾自己的安危,用手和胸膛保护他的头部。……后来他从服饰上发现自己抱着的其实是克努特,于是感到欣喜又悲伤"②。叛徒斯韦恩很快就被打败,由此也终结了持续了23年的丹麦内战。

国王瓦尔德马尔为犒赏他的朋友阿布萨隆,任命他为罗斯基勒的主教,并将哥本哈根的城堡和城镇,连同附近16个村庄的土地赠予他。1177年,阿布萨隆成为伦德的大主教,还兼任着在罗斯基勒的职务。国王和主教一起治理国家。他们统治的盛世时期是1168年讨伐异教徒文德人以及洗劫吕根(Rugen)的大型岛屿(现属德国)。阿布萨隆领导此次讨伐,不只用他的"精神之剑"③。萨克索写道:"由于阿布萨隆勇气非凡,兵法知识首屈一指,整个军队行进时他带领先遣部队,返乡途中又通常充当后方掩护,无论是

---

① *Jómsvíkingasaga ok Knýtlinga,* ed. Þorsteinn Helgason, et al. (Copenhagen: H. F. Popp, 1828), 367.

② Saxo Grammaticus, *Danorum Regum heroumque historia, Books X–XVI,* tr. Eric Christiansen (Oxford: BAR, 1980–1981), 408.

③ Neils Lund, in Friis-Jensen and Skovgård-Petersen (2000), 9, 10.

战利品还是荣誉,他都让给最年轻、最有活力的丹麦伙伴。"①

在一次战役中,当国王向阿布萨隆询问建议时,他"已经准备好了计划":"'国王您派遣骑兵登陆,取道河流的狭窄段以保护舰队,舰船一艘接一艘连续行进到相同的地点,每艘船上只配备几个全副武装的划手即可;只要我们人手足够,就可冲散敌人的舰队。'同伴们都笑了起来,问阿布萨隆是否愿意打头阵,他说:'我当然愿意,不然就好像我是在纸上谈兵。'"②

根据教皇亚历山大三世的一封信记述,在波罗的海海岸上对抗的异教徒中,"忏悔的战士"③ 在圣地接受过同样的报偿:宽恕所有的罪孽。一位历史学家指出,这对丹麦的影响表现在使王国统一了④。另一位史学家有略微不同的解读:"真正的问题是国王和阿布萨隆自己的权势——维德(Hvide)家族控制了国家其余的势力。"⑤

阿布萨隆和瓦尔德马尔的雄心并没局限在丹麦。特隆赫姆是新的大主教辖区,诗歌和歌曲中都在传颂,国王英基(Ingi)杀了共同执政的兄弟国王——"大嘴"西格德(1155年)和埃斯泰因(1157年)。1161年,英基又被西格德的儿子所杀,他的支持者逃亡丹麦。这些人之中就有"歪脖"埃尔林,即那位陪伴在奥克尼伯爵身边的吟游诗人。萨克索写道,国王瓦尔德马尔以无上的荣耀迎接埃尔林,因为埃尔林的妻子是他的表亲。瓦尔德马尔同意帮助埃尔林的儿子马格纳斯登上挪威的王座,因为他的母亲与"耶路撒冷

---

① Tr. Eric Christiansen (1980–1981), 479.
② Tr. Eric Christiansen (1980–1981), 524 (adapted).
③ Angelo Forte, Richard Oram, and Frederik Pedersen, *Viking Empires* (Cambridge, UK: Cambridge University Press, 2005), 376.
④ Angelo Forte, Richard Oram, and Frederik Pedersen, *Viking Empires* (Cambridge, UK: Cambridge University Press, 2005), 384.
⑤ Neils Lund, in Friis-Jensen and Skovgård-Petersen (2000), 9, 10.

旅行者"国王西格德有血缘关系。萨克索没有提及让瓦尔德马尔施以援手的代价,但是斯诺里·斯蒂德吕松在《挪威王列传》里明确写道,丹麦将得到维肯,也就是大约现在奥斯陆峡湾所在的区域。

1163 年瓦尔德马尔向北航行到维肯,被尊为国王。1164 年,大主教埃斯泰因在特隆赫姆将时年只有 8 岁的马格纳斯·埃林松加冕为挪威之王。他统治了 10 年,因为他好战的父亲已经打败了所有对手,直到"大嘴"西格德的私生子斯韦雷从藏身的法罗群岛某处来到这里。瓦尔德马尔和他的继任者克努特六世,辅佐马格纳斯直到 1184 年在一场战斗中死亡。

甚至在斯韦雷收复了维肯地区的主权,成为挪威唯一的国王之后,大主教阿布萨隆还在继续抗争,这次动用了他的"精神之剑"。当特隆赫姆的大主教埃里克与国王在大主教可拥有的士兵人数和战船规模问题上发生纠纷时,阿布萨隆拘禁了国王和他的随从。两个大主教写了一封信给教皇,指责国王斯韦雷对抗教会的暴行,呼吁将其逐出教会[①]。《国王斯韦雷萨迦》中写道:"大主教从教皇那里得到了想要的决定:如果国王斯韦雷不服从教皇的所有吩咐和要求,就将被逐出教会。"[②]

1076 年,教皇将英格兰国王亨利四世逐出教会,他特别释放了"所有已宣誓或可以宣誓效忠于他的基督徒",并禁止"任何人还把他尊为国王"。日耳曼贵族威胁说,除非国王与教皇和平相处,否则就要选举新王。在挪威,情况迥然不同。疲于战事多年的国王斯韦雷的人民,无论教徒还是非教徒都站在他这一边。教堂照开,弥撒照唱。死者被埋葬,婴儿受洗礼,婚礼被祝福。国王本人也曾

---

① Rafnsson (1993), 24–27, 118–122.
② *Saga Sverris konúngs*, ed. Carl Christian Rafn and Finnur Magnússon (Copenhagen: H. Popp, 1834), 293.

受过神职教育,在得知自己的王室血统之前,他曾给教皇写过一份冗长的申辩。国王说,大主教埃里克和随他流放的神父,

> 被贪婪、无节制、野心、傲慢和不公正所蒙蔽。……他们指出我们只有死路一条;他们之中的某些人将我们的土地给了被逐出教会的人和被诅咒的人;有些人聚众,持武器和盾牌,剥夺我们的财产和自由,煽动我们和他们自己去屠戮,寄希望于以同样的方式摧毁我们的肉体和灵魂。……现在虽然我们受到来自罗马主教或红衣主教的谴责,然而我们不能将此归咎于教皇,他既不知道这个国家将来的命运,也不了解离他甚远的地方的种种情形。我们的主教和神父都将被谴责,因为他们对我们怀有恨意,充当两面派,对教皇说谎。……虽然教皇已经宣判,但他的谴责并不会触动国王或这个国家里任何一个无辜的人,因为上帝是公正的审判者,神的判断根据的是正义,而不是说谎者和欺骗者的邪恶。①

对国王斯韦雷的驱逐令可能并未生效,因为当选主教的帕尔于1195年的复活节那天到达伦德,怀揣着国王的推荐信②。帕尔没有做长时间停留。他很快就被阿布萨隆任命为斯科尔霍尔特的主教,因为大主教埃里克确实快要失明了。(正如国王斯韦雷不久后评论的那样:"他对我所做的禁令和诅咒反噬了他自己的眼睛。"③)萨

---

① *Sverrissaga: The Saga of King Sverri of Norway,* tr. J. Sephton (London: David Nutt, 1899; facsimile reprint Felinfach, Wales: Llanerch Publishers, 1994), 152, 241.
② "Páls saga biskups," in *Biskupa sögur* (1858), 1: 135; Saxo, tr. P. Fisher, cited in Gísli Sigurðsson, *The Medieval Icelandic Saga and Oral Tradition* (Cambridge, MA: Harvard University Press, 2004), 4–5; H. Guðmundsson (1997), 275.
③ *Saga Sverris konúngs,* ed. Carl Christian Rafn and Finnur Magnússon (Copenhagen: H. Popp, 1834), 293

迦写道，帕尔送给每位大主教一枚金戒指，每一个以他的任职为荣的人都被赐予了礼物。他送给历史学家萨克索的礼物可能是一份手稿，因为在《丹麦史》中，萨克索盛赞冰岛人民，并承认"自己手头的作品中相当一部分是复制了手稿中的故事"。其中一个抄录来的故事好像就是《奥克尼岛民萨迦》。

无疑，在丹麦，当帕尔讨论国王斯韦雷那未被执行的"逐出教会令"时，伦德已遍地都是流亡的挪威人。当然，他的新上司——"失明的"大主教埃里克，其"回避顽固不化的国王"的职责给他留下了深刻的印象。帕尔在受封后回到挪威，并在回到冰岛家乡之前充当了一季国王斯韦雷的顾问。他处理过的一个案子（同追随他的主教一起），是为他的前主人奥克尼伯爵哈拉尔所做的和平协议，伯爵有着竞争挪威王位的背景。

一回到冰岛，帕尔就与他的王室亲戚搭上线，这个亲戚直到1202年离世都还处于被驱逐中。1198年，教皇英诺森三世给冰岛教会人士写了一封信，训诫他们不要与"叛教者、被逐出教会的"斯韦雷同流合污。帕尔无视这封信。主教帕尔完全符合下棋的规则。纵观全斯堪的纳维亚，可能在1150—1200年委托制造刘易斯棋的主教（和大主教）里，帕尔的角色在现实生活中最接近棋盘上的主教棋子。从他开始，主教服从于国王。至于王后，我们接下来就要把她摆上棋盘了。

第三章

王　后

玛丽莲·亚鲁（Marilyn Yalom）在《王后棋子的诞生》（*Birth of the Chess Queen*）中激动地写道，她是"女权的象征，……了不起的战士，藐视一切对她手下军队狭隘的约束行为"①。

但不是在 12 世纪。

在刘易斯棋的时代，即便王后棋子每次只挪一格，且只能向对角方向斜着走，13 世纪的布道还是会说："女人是如此贪婪，除了掠夺和不公什么也不要。"② 王后是棋盘上最弱的棋子，比国王还弱，棋手不知道该拿她怎么办。大多数情况下，他们都让王后棋子挨着国王棋子，准备阻挡车棋的"将军"。中世纪的阿拉伯象棋专著展示了如何更好地运用这枚棋子。在阿拉伯的一副棋里，国王的旁边是大臣，而不是王后（王后被称为"fers"，也就是中世纪文献中常见的女王"regina"）。阿拉伯象棋大师派大臣"深入敌方心脏"③，欧洲象棋大师则将大臣放在大本营附近。后来王后"暴

---

① Marilyn Yalom, *Birth of the Chess Queen* (New York: HarperCollins, 2004), xvii.
② H. J. R. Murray, *A History of Chess* (Oxford: Clarendon Press, 1913), 530.
③ H. J. R. Murray, *A History of Chess* (Oxford: Clarendon Press, 1913), 470.

走"①，即指在现代国际象棋规则中，王后棋子获得了彻底的解放：可向任意方向，走若干步。

与围攻城堡相比，中世纪的象棋是个进程非常缓慢的游戏，所以无聊的玩家发明了各种各样的方法来加速棋局的进程②。有些地区的规则里用骰子来决定由哪个棋子走下一步；有的地区允许兵第一步可以跳两格，或者开始的时候就先布好兵；还有些地区允许国王和王后都可以跳过棋子。第一次暗示王后是"了不起的战士"，是13世纪法国的诗歌将圣母玛利亚比作王后棋子："其他女王只能移动一格，但是这个女王在对手带走她的手下之前就迅速敏锐地侵入，她让对手忙得不可开交，且深深烦恼不知道该往哪里走。女王能从直线'将军'，从某个角度'将军'，……以压倒性优势将对手从一个角落赶到另一个角落。"③诗歌里提到"国王狩猎"，是一种今天仍然使用的象棋战略。然而，值得怀疑的是，在13世纪是否真有人与如此令人生畏的王后对弈。直到1497年，卡斯提尔的伊莎贝拉（Isabella of Castile）统治西班牙和新大陆殖民地时期，一部象棋论著承认王后是棋盘上最强大的棋子。此后，又有很多文献多次提及"王后的棋子"或"疯狂的棋子"④，即我们现代的国际象棋。

如果说是伊莎贝拉激发了"疯狂的"王后这一灵感⑤，那么早在此前500年统治神圣罗马帝国的狄奥凡诺（Theophanu），则是棋盘

---

① Mark N. Taylor, in Daniel E. O'Sullivan, ed. *Chess in the Middle Ages and Early Modern World* (New York: De Gruyter, 2012), 169, 176–177.

② Colleen Schafroth, *The Art of Chess* (New York: Harry N. Abrams, 2002), 76; Richard Eales, *Chess: The History of a Game* (New York: Facts on File, 1985), 69.

③ Mark N. Taylor, in Daniel E. O'Sullivan, ed. *Chess in the Middle Ages and Early Modern World* (New York: De Gruyter, 2012), 169, 176–177.

④ Eales (1985), 72; Taylor (2012), 169.

⑤ Yalom (2004), xxi.

上的王后棋子的原型。作为西方象棋的第一份证明，艾因西德伦的诗篇将一枚王后棋子（而不是大臣棋子）放在国王的旁边；这首诗写于 997 年，即狄奥凡诺死后的第七年，写作地点就在她所建立的修道院。

狄奥凡诺是出自拜占庭的贵族，在那里国王和皇后是平等的[①]。972 年在罗马谈判她的婚姻协定时，她坚持平等待遇，并取得成功。现存巴黎克鲁尼博物馆（Cluny Museum）的一个象牙的书封，就是众多描绘狄奥凡诺和她的丈夫奥托二世（Otto II）同为统治者的证物之一。他们站在基督的两侧，接受祝福。他们头上方的刻字为"皇帝奥托"和"皇帝狄奥凡诺"，而不是"皇后狄奥凡诺"。

狄奥凡诺通晓国王的游戏。她陪同奥托打仗，掌管占领的城市。编年史学家梅泽堡的蒂特玛（Thietmar of Merseburg）曾经写过，狄奥凡诺凭借敏捷的思维在帝国于意大利南部的一次惨败中挽救了奥托。当时奥托与自己的军队在海上失散，他游向路经的一艘船求救，不料船主竟打算将他出卖给他的敌人。奥托急中生智，建议船主不如以自己来交换皇后和帝国的财富。消息传到皇后狄奥凡诺耳中，随后她带着满载财物的骡队来与这艘船会面，但她坚持要求在自己登船之前，她的丈夫应穿上皇家长袍来交换，并派了一个主教和几个骑士捧着皇帝长袍走向前。奥托二世领会了她话中的用意，借换衣服之由，跳入水中。狄奥凡诺救起赤身的皇帝陛下，将他带回城堡。

[①] Yalom (2004), 24–25; Nancy Marie Brown, *The Abacus and the Cross* (New York: Basic Books, 2010), 65, 154-156, 163-164, 172-174; Adelbert Davids, ed., *The Empress Theophano* (Cambridge, UK: Cambridge University Press, 1995), 212; *Ottonian Germany: The Chronicon of Thietmar of Merseburg*, tr. David Warner (Manchester, UK: Manchester University Press, 2001), 144.

狄奥凡诺统治期内的另一段逸事，展现了她作为策略大师的头脑。983 年，奥托二世死后，她操控主教成为她年方三岁的儿子奥托三世的摄政王。从 984 年到她去世的 990 年，狄奥凡诺一直独揽神圣罗马帝国的统治大权。10 世纪是女皇在位的时代，还有另外四位女性可能激发了棋盘上王后棋子的灵感。此外，没人知道王后棋子在不同的国家都是何时流行起来的。现存最早的、直观上最像女性的棋子是一副 1100 年在意大利南部制作的"查理棋子"中的两个王后棋子[①]。她们都被装在塔楼里面，门口有两个看门的侍从。其中一枚是晚期的一位意大利皇后，坐在一把巨大的王座上；另一位来自西班牙，坐在似王座又似塔楼的底座之上，头戴面纱窥视。按年代，接下来的就是那八枚刘易斯王后棋子了。

从棋盘上最弱的棋子到最强的棋子，王后棋子的崛起与三个社会趋势同步。对圣母玛利亚的崇拜在 11 世纪成为潮流。典雅的宫廷之爱执迷于无法得到的女子，这在 12 世纪是种时尚。同时，"神权唯一"的基督教教义改变了王权的概念。王后的地位也受到了影响[②]。王权被重新定义为由夫妻双方共同持有。私生子没有继承权。长子继承制的理念盛行——国王合法的长子凌驾于自己的同父同母弟弟和姐妹，同父异母兄弟，叔伯和表兄弟、堂兄弟之上，拥有绝对继承权，但首要的是，王后必须是正统王位继承人的生母。控制继承权给予王后权力，国王空缺时，由王后掌权。在过去，王后主持整个王室的日常事务，包括吃、穿、住和娱乐，其中一项就是象棋。有两个爱情故事，其中一个写于 1170 年，描写的是英格兰国王亨利二世的宫廷：阿基坦的埃莉诺王后（Queen Eleanor of

---

① Yalom (2004), 31, 36, 56.
② Yalom (2004), xxi–xxii, 91–92.

Aquitaine，已与法兰西国王离婚）喜欢唱歌、跳舞、喝烈酒、用雀鹰狩猎，还喜欢玩骰子游戏、西洋双陆棋和象棋。埃莉诺本身就是"女权的象征"，她曾煽动自己的儿子反抗父亲，她应该不会犹豫将王后棋子提升为棋盘上最强大的一枚棋子——如果她想的话。

女武神瓦尔基里

与主教棋子不同，王后棋子快速盛行起来。中世纪的女王，即便不亲自动手，也会借他人之手发动战争。像狄奥凡诺这样的皇后，会与手下一起上战场。诗歌中写，在古挪威，王后也是要作战的。这些了不起的女战士、女武神瓦尔基里，是战争女神，她们有时是美女，有时是巨人的形象[①]。她们受北欧尊神奥丁神的差遣，将死去的英雄们引至瓦尔哈拉殿堂，将他们泡在蜂蜜酒中；或在战场上浴血奋战，穿着染血的残破战服，击飞敌人的头颅。萨迦还提到"持盾少女"，她们有时骑着飞马，投掷长矛；有时是真实的维京女人，女扮男装作战。今天，"瓦尔基里"一词常用于三种情况：神话中、萨迦中、（猜测）史学中。

以《睿智国王黑德莱克萨迦》中的赫尔薇尔为例[②]。这个萨迦中充满了刀光剑影，还穿插着国际象棋，很可能是写给12世纪早期瑞典王后英吉格德（Ingigerd）的。萨迦的作者并不怎么有天分，他只是把两部诗歌连缀到了一起。其中一部诗歌被认为是最古老的日耳曼英雄诗。另一部《安甘蒂尔的觉醒》（*The Waking of*

[①] Nancy Marie Brown, *Song of the Vikings* (New York: Palgrave Macmillan, 2012), 122, 169.

[②] Andrew Wawn, *The Iceland Journal of Henry Holland, 1810* (London: The Hakluyt Society, 1987), 8; Jenny Jochens, *Old Norse Images of Women* (Philadelphia: University of Pennsylvania Press, 1996), 97–100.

Angantyr），是最早被译成英语的古挪威文献；该作品于1705年问世，给一代又一代哥特小说以灵感。其情节很难效仿。故事发生在4世纪哥特人和匈奴人的战争中，将维京人的历险向前推进了约500年。但瓦尔基里是杰出的，少女赫尔薇尔强大无畏，持佩剑而不是绣花针，做男装打扮，化名赫尔瓦德（男性化的名字），加入维京团队，并成为领袖。她航行至自己的武士父亲死去的海岛，进入他的坟墓，唤醒他的尸体：

坟墓打开，
岛上火焰闪烁，
甚为壮观。
不要留在这里呀，少女！赶快到你的船上去！……
你和其他人不一样。
如果你在夜里去坟冢，
戴着头盔，穿着锁甲，手持长矛，
好战地站在那儿，将于此殿堂中唤醒我们。[①]

"男人们总是以为我是个十足的凡人。"她调侃道，要求她父亲交出那把大名鼎鼎的宝剑。

赫尔薇尔和她那一类人是历史上真实存在的吗？当然，在维京艺术品中，瓦尔基里是十分常见的[②]。她们被雕刻在如尼石刻上，编织在挂毯上，铸成胸针或项链。2012年12月，有个人在丹麦一处泥地遗址学习使用金属探测器，他发现一张小小的脸向上望着他。

[①] Tr. Patricia Terry, *Poems of the Vikings* (New York: Bobbs-Merrill Co., 1969), 252–253.
[②] Judith Jesch, *Women in the Viking Age* (Rochester, NY: Boydell Press, 1991), 124–126.

这是首次发现立体的瓦尔基里小雕像①。这枚拇指大小的女战士像为银质，她手持宝剑和长矛，长发编起来盘成一个环，以便佩戴的人将其拴在项链上（当然，在战斗中头盔更实用）。

历史学家萨克索是客观冷静且尊重历史的，他确信"丹麦女人曾把自己乔装成男人，不遗余力地培养自己的战斗技能"。他甚至点出几个名字，比如拉丝格萨（Lathgertha），"一位身手矫健的女战士，身为女子却生就男人的脾气，几缕头发松散地飘在肩上，她是在战争中冲在最前线的、最英勇的战士中的一员"。但作为一个称职的 12 世纪的神父，萨克索不欣赏这样的女人②。"她们把强健排在魅力之上，"他抱怨道，"注意力集中在斗争上而不是亲吻中，她们尝的是血而不是唇，寻求武器的交锋而不是双臂的拥抱，本该去编织的手却擅长使用武器，渴望的不是卧榻而是杀戮。"

考古学家偶然发现了一座随葬武器的维京女性墓。这些武器通常"被搪塞地解释成'礼物'"，历史学家尼尔·普赖斯（Neil Price）在 2013 年哥本哈根维京展的展品说明中这样写道："然而，为什么不能解释成，当死者还健在的时候，它们只单纯代表的是死者的所有物——死者是带着武器的女性。"③

这些观点引发了一场辩论风暴。骨骼并不总是能被很好地保存下来，所以无法判断性别。考古学家马丁·伦德奎斯特（Martin Rundkvist）指出，我们能分辨出性别：随葬武器的骨骼属男性，

---

① Maev Kennedy, "Flight of the Valkyrie: The Viking Figurine That's Heading for Britain," *The Guardian* (March 4, 2013), http://www.guardian.co.uk/culture/2013/mar/04/viking-valkyrie-figuring-british-museum; Judith Jesch, "Viking Women, Warriors, and Valkyries," *British Museum Blog*, April 19, 2014, http://blog.britishmuseum.org/tag/iceland/.
② Saxo, quoted by Jesch (1991), 176; Jochens (1996), 104.
③ Neil Price, in *Viking*, ed. Gareth Williams, Peter Pentz, and Mattias Wemhoff (Copenhagen: National Museum of Denmark, 2013), 116.

随葬首饰的骨骼属女性。埋葬女性骨骼的墓中随葬完整的一套武器，这是非常罕见的，简直堪比"数据中的噪声"①。历史学家朱迪斯·捷奇同意此观点，认为大部分女战士的墓"存疑"。有些墓葬在百年后被挖掘时，并没有运用现代科技手段。有些是双人合葬墓——一男一女同穴而葬；有些墓葬被"弄混"，较晚的墓葬扰乱了较早的墓葬。古代的墓地通常很凌乱。"很少有随葬武器的女性生前是女战士的情况，"她总结道，"这似乎是所有解释中可能性最小的一个解释。"

刘易斯王后棋子并没有参照瓦尔基里来雕刻。她们手无寸铁，虽然有两个手持角杯，就像艺术品中瓦尔基里常常摆出的姿势一样。她们都坐在精致的宝座上，头戴王冠，身着华贵的长袍，发型是12世纪晚期流行的样式。最明显的特征是她们的姿势：每一位王后都用右手支着脸颊。没人知道这个姿势想要表达什么样的情感。

古罗马剧院的演员以手捧脸，以示悲伤②，盎格鲁－撒克逊艺术家留意到了这个手势。根据11世纪来自坎特伯雷的一份手稿，亚当和夏娃被赶出伊甸园，悲叹自己的命运时，就用手捂着脸。其他做出类似姿势的人被认为是"江郎才尽"的赞美诗作者和"邪恶"化身的女性。然而，这些形象与刘易斯王后棋子之间有着微妙的区别：手稿中人物的手做握杯状，手指分开像爪子，还隐藏眼睛，有时甚至连鼻子和嘴巴都隐去。这些悲叹者不像刘易斯棋的"王后"那样怒视别人，而是缩成一团，好像受到了恫吓。

---

① Martin Rundkvist, "Shield Maidens: True or False?" *Ardvarchaeology*, July 29, 2013, http://scienceblogs.com/ardvarchaeology/2013/07/29/shield-maidens-true-or-false.
② Charles R. Dodwell, *Anglo-Saxon Gestures and the Roman Stage* (Cambridge, UK: Cambridge University Press, 2000), 111–121.

12 世纪的《圣者亚历克西斯生平》(*Life of Saint Alexis*)①描绘了亚力克西斯的处女新娘坚忍地站在门口,手像刘易斯王后棋子那样平压在脸上,因为亚历克西斯抛弃了她,遁入空门。根据基督教的规定,她在他还活着时不能再婚。不过,这种忧伤很难与圣母玛利亚的悲痛相比,在很多 12 世纪的殉难场景中,她同样也用手捧着脸颊。

悲恸、绝望、冥想②、沉着、容忍③——历史学家从刘易斯王后棋子的姿势中看出了这些情绪。而在有的人看来,王后精明、冷酷、专注、果决,甚至精于刁难④。还有的人认为她(们)看起来诧异、吃惊,甚至惊骇⑤。

姿态代表的含义随着时间的推移而演变,这和词义的变化很像⑥。我们不能假定刘易斯王后棋子的雕工有意刻画出我们现在感知的情绪。在现代,用一只手拍脸颊更像是霍默·辛普森的"D'oh!"⑦,而不是圣母玛利亚的忧伤。寻常的诠释取决于我们所

---

① *Chanson of St. Alexis*, quire 5, p. 1, Dombibliothek Hildesheim (HS St. God. 1), Basilica of St. Godehard, Hildesheim; "Alexis Quire: Commentary," in *Saint Albans Psalter Online*, ed. Jane Geddes (Aberdeen, UK: University of Aberdeen, 2003), p. 57, http://www.abdn.ac.uk/stalbanspsalter/english/commentary/page057.html.
② James Robinson, *The Lewis Chessmen* (London: British Museum Press, 2004), 44.
③ Neil Stratford, *The Lewis Chessmen and the Enigma of the Hoard* (London: British Museum Press, 1997), 48.
④ Irving Finkel, *The Lewis Chessmen and What Happened to Them* (London: British Museum Press, 1995; rpt. 2014), 13, 35, 39.
⑤ Michael Taylor, *The Lewis Chessmen* (London: British Museum Press, 1978), 7. 我的博客文章还有更多形容词,参见 "What is the Queen Thinking?" *God of Wednesday*, April 2, 2014, http://nancymariebrown.blogspot.com。
⑥ Annika Hüsing, "Humour in the Game of Kings: The Sideways Glancing Warder of the Lewis Chessmen," *Mirabilia* 18:1 (2014): 108–115.
⑦ Ken Johnson, "Medieval Foes with Whimsy," *New York Times,* November 17, 2011, http://www.nytimes.com/2011/11/18/arts/design/the-game-of-kings-medieval-ivory-chessmen-from-the-isle-of-lewis-at-the-cloisters.html.

看到的八枚刘易斯王后棋子，以及你在怎样的光线下观察她们。但大家达成的共识是刘易斯王后棋子看起来并不开心。她们即便不是女战士，也是战争中的女性。

"冷面"王后甘赫尔德

威吓、冷酷、精明、专注、果决，这些词汇恰当地描绘了北欧中世纪冰岛文学中最声名狼藉的王后，她可能就是刘易斯王后棋子的原型："冷面"甘赫尔德（Gunnhild），也被称为"太后"甘赫尔德，她是国王"血斧王"埃里克的妻子[①]。

埃里克的父亲"金发王"哈拉尔就是统一了挪威的那位国王。埃里克和他的同父异母兄弟们又把挪威分割了，直到埃里克杀掉了所有人，并因此得了"血斧王"这一绰号，他在930—935年独自统治挪威。他只有一个弟弟幸存了下来，因为刚好在英格兰。这就是后来的"善良王"哈康，打败了埃里克并将他驱逐出挪威。哈康在英格兰国王阿瑟尔斯坦的宫廷里长大，后来埃里克被驱逐时也直奔了这里。在阿瑟尔斯坦的支持下，埃里克成为诺森布里亚的国王，建都约克。

真实的甘赫尔德与萨迦中的形象有多相近，我们不敢断言。她

[①] Jochens (1996), 182; "Haralds saga ins Hárfagra," "Haralds saga Gráfeldar," and "Óláfs saga Tryggvasonar," in *Íslenzk fornrit 26*, ed. Bjarni Aðalbjarnarson (Reykjavík: Hið íslenzka fornritafélag, 1941), 135, 149, 155, 162, 200, 204, 226–229; "Egils saga Skalla-Grímssonar," *Íslenzk fornrit 2*, ed. Sigurður Nordal (Reykjavík: Hið Íslenza Fornritafélag, 1933), 123, 180–181; *Okneyinga saga*, *Íslenzk fornrit 34*, ed. Finnbogi Guðmundsson (Reykjavík: Hið Íslenza Fornritafélag, 1965), 19-20 note. "Brennu-Njáls Saga," *Íslenzkt fornrit 12*, ed. Einar Ól. Sveinsson (Reykjavík: Hið íslenzka fornritafélag, 1954), 12–15, 20–21, 24; "Laxdaela Saga," in *Íslenzkt fornrit 5*, ed. Einar Ól. Sveinsson (Reykjavík: Hið íslenzka fornritafélag, 1934), 16, 44, 52, 60.

在至少 10 部萨迦中出现过，有时是一个腹黑的新娘，更多时候是一个彪悍的老寡妇。斯诺里·斯蒂德吕松在《挪威王列传》中将她描写为一个"美丽无双"的女孩。她"睿智而博学"，这暗示了她可能是个女巫。她在"开朗而健谈"的表象下，"狡猾又残忍"。根据一条原始资料，她的父亲是丹麦国王老戈姆。然而实际上，她的父亲顶多是哈罗卡兰德（Halogaland，特隆赫姆北部一行政区）的一个首领，掌控着芬恩（Finn）的毛皮和海象牙贸易。即便如此，埃里克在遥远的北方邂逅了她，当时她在芬马克（Finnmark）学习巫术。她在她的两个导师身上施咒，朝他们身上喷撒魔粉，这样埃里克的手下就无法伤害他们。然后甘赫尔德就跟埃里克私奔了。后来再看，其实甘赫尔德也并不是特别为埃里克所折服。

《埃吉尔萨迦》很可能也是斯诺里所撰写的，书中明确地将甘赫尔德塑造成一个大反派。比如，埃吉尔喝醉了，杀了王后的友人，王后对他穷追猛打，最后并未杀死他。"您对我无能为力／我尊敬的陛下。"埃吉尔在一首诗中吹嘘。① 国王埃里克同意赦免埃吉尔的死罪，王后甘赫尔德奚落道："你怎么这么快就好了伤疤忘了疼。"她暗指埃吉尔是被从挪威驱逐出来的，他不但失去了自己妻子的遗产，还涉嫌谋杀甘赫尔德 10 岁的幼子。在一首诗中，他宣称：

> 坏脾气的甘赫尔德必须付出代价，
> 将我驱逐到这个岛上……
> 我将刀刃插在"血斧王"爱子的身上。②

---

① *Egil's Saga* tr. Hermann Pálsson and Paul Edwards (New York: Penguin Books, 1978), 104, 147.
② Tr. Bernard Scudder, in *The Sagas of Icelanders: A Selection* (New York: Viking, 2000), 102.

在与国王埃里克逃离挪威的很长时间之后,坏脾气的甘赫尔德似乎有充分的理由策划报复埃吉尔。萨迦里说她最后通过巫术将埃吉尔引诱到约克。在前往国王阿瑟尔斯坦宫廷的途中,埃吉尔在她家门口遇到海难。不过,国王埃里克的"健忘"和埃吉尔强大的朋友们又一次给了埃吉尔这个冰岛人一条活路。埃吉尔用一篇赞美诗换得项上人头。"你忘了吗,国王陛下,埃吉尔都干过什么?!"甘赫尔德爆发了。我们仿佛看见她目瞪口呆,用手拍着脸颊的样子。

甘赫尔德在国王埃里克死后更加专注、坚定,而且仍然冷酷、精明,充满威慑力。像"思想者"温一样,"太后"甘赫尔德将整个由她繁衍的家族(以及他们的财产)从令人绝望的境地转移出去。根据《奥克尼岛民萨迦》,埃里克在他的一次夏日惯常袭击中首先去了奥克尼岛,有几个伯爵加入了他的队伍,然后去赫布里底,又招募了更多的战士。他和这些维京人的掠夺遍及爱尔兰、苏格兰,甚至深入英格兰,直到他们远离自己的战船,因被切断联系而被消灭。根据《挪威王列传》,甘赫尔德时年41岁,拖着8个孩子离开诺森布里亚,带走了国王埃里克全部的船只和愿意追随她的士兵;还带走了"巨额的财富,其中一部分是在英格兰敛来的税收,另一部分是掠夺所获"。他们来到奥克尼群岛,甘赫尔德把自己唯一的女儿嫁了出去。之后,甘赫尔德听说了挪威和丹麦的战争,于是实施了下一步战略。"甘赫尔德带着儿子们到达丹麦,她径直来见国王哈拉尔一世,并受到热烈欢迎"。这倒也在意料之中,因为根据12世纪的拉丁语历史资料,甘赫尔德是哈拉尔的姐妹。"国王哈拉尔授权她在这个国家可以拿到相当多的税赋,以此来维持她自己及其随从的体面生活。他把哈拉尔·埃里克松抱坐在膝头,将他收为养子,让他在丹麦宫廷成长。"

哈拉尔·埃里克松在丹麦的支持下,成为国王"灰袍王"哈拉尔，在母亲和兄弟的守护下于960—975年统治挪威。值得注意的是，甘赫尔德的儿子们没有自相残杀。虽然他们冷酷英勇又十分贪婪，"据说把钱藏在地里"，但总是在一起，这与他们的父亲"血斧王"埃里克及其兄弟很不一样。而且他们之中没有同父异母兄弟，显然，"血斧王"埃里克并非浪荡子。他们甚至被称为"甘赫尔德的儿子们"，因为他们非常看重母亲的教导。《挪威王列传》写道："'太后'甘赫尔德和她的儿子们经常讨论国家政务，协商并召开议会。"另一部中世纪编年史将这段时间称为"甘赫尔德时代"[①]。

《恩吉奥萨迦》和《鲑鱼河谷萨迦》都写于1240年之后的冰岛，描绘了"太后"甘赫尔德50多岁的时候还派她的随从去港口探查谁的船进了港。"身材高挑，宽肩细腰"，英俊的冰岛人鲁特（Hrut）来到这里，甘赫尔德邀请他和他的叔叔在此地过冬。他的叔叔说："我知道甘赫尔德的脾气，如果我们不给面子，她会把我们驱逐出去并没收我们的货物；如果我们遂了她的意，她就会兑现承诺过我们的所有尊荣。"

当鲁特出现在国王面前，甘赫尔德对儿子说："要是你的保镖都像这个人似的，想必更有面子。"

"我相信，""灰袍王"哈拉尔对鲁特说，"我母亲希望你能接受头衔。"

鲁特成为国王的部下后，问："我该坐在哪儿？"

国王说："我的母亲来决定。"

她还决定着鲁特在哪里过夜："今晚你将与我待在阁楼里，就我们俩。"

---

① Jóna Guðbjörg Torfadóttir, "Gunnhildur and the Male Whores," Sagas and Societies Conference, Borgarnes, Iceland, 2002, http://publikationen.uni-tuebingen.de/xmlui/handle/10900/46213.

甘赫尔德赏赐给鲁特大批礼物，包括奢华的长袍和两艘载满士兵的战船。当鲁特提出想回冰岛的时候，她直截了当地问他："你在那边有女人了？"

"没有。"鲁特撒了谎，他其实已经结婚了。

老太后有些恼火。"但愿你说的是实话，"她一边说，一边往他的胳膊上扣上一只黄金环，"虽然你可以用你自己的方式同其他女人在一起，但如果我对你有我所相信的那种强大魅力，就会确保你绝不会喜欢那个在你心中的冰岛女人。所以现在我们俩都不开心，因为你不信任我，不肯说出真相。"

鲁特大笑，但是咒语生效了。不久，他的妻子就和他离了婚，抱怨他无法使他们的婚姻圆满。

《鲑鱼河谷萨迦》说，多年以后，甘赫尔德遇见了18岁的冰岛人奥拉夫·皮科克（Olaf Peacock），这个小伙子坚信自己是某一任爱尔兰国王的孙子，但是无法去冰岛求证。甘赫尔德说："我将资助你这次航行，你可以随时风光上路。"她送给他一艘船，还有60名战士做船员。我们最后一次在冰岛萨迦中看到这位坚定的王后是在奥拉夫返航后，作为王室成员得到正式承认："但这盛大的程度却不及当初甘赫尔德送他走时的排场。"

"女人没有权力"

如果说刘易斯棋子是在12世纪晚期制造于冰岛的，那么当这些故事被讲来消遣时，有谁会比"冷面"甘赫尔德更符合王后棋子的原型呢？刘易斯棋子里的王后们既不年轻也不貌美，她们是有阅历的女人，是有权力的女人。

然而，用一个女人的眼光来看，甘赫尔德是中世纪王后的典范。

冰岛家族萨迦的作者绝大部分都是男性，对他们来说，甘赫尔德是个挑战。"甘赫尔德，你对我的刺激比别人的更残忍"。① 《埃吉尔萨迦》记载，国王埃里克抱怨道。在萨迦中到处都可见到"whetter"（刺激）一词的踪影②。有一位读者在一个女人煽动她的丈夫去死（而他并不想死）的故事中，数出51处"刺激"一词。而历史学家詹妮·约亨斯（Jenny Jochens）在《古挪威女人形象》（*Old Norse Images of Women*）中发现这个词要少得多，她注意到该书的主旨中神父那带着墨迹的指纹③。在异教徒时期，报复是公民职责。但在基督教时代，这种行为很是荒谬，除非国家有规定。挪威人花了几个世纪来接受这种方式的改变；冰岛人只有在13世纪中期才用克制代替报复，盖因在首领之间的冲突导致民不聊生之际，加入挪威王国看起来是个不错的计划。对《基督徒萨迦》中苦于粉饰乱战的作者来说，一个女人的刻薄言辞成为引发冲突的完美借口。

用男人的失败谴责女人是中世纪教会的后路之选。女人是圣母或夏娃——一般来说是夏娃，因为她证实了男性逐渐对女性人生的掌控。"亚当被夏娃诱惑而不是夏娃被亚当诱惑，所以男性凌驾于女性之上担任管辖之职是正确的，"大约1100年，沙特尔的伊沃（Ivo of Chartres）这样写道，并补充说，"女人没有权力，女性也不善于领导。"④ 几个教会人士不同意，至少在某种程度上不同意这个观点。1215年，乔巴姆的托马斯（Thomas of Chobham）认为女性应该陶冶内心的圣母情怀，变成"丈夫的传道者，因为没有神父能

---

① Jochens (1996), 181, 183, 196, 201.
② Jochens (1996), 181, 183, 196, 201.
③ 此处暗指基督教对挪威女人的影响致使冲突减少。——译者注
④ Sharon Farmer, "Persuasive Voices: Clerical Images of Medieval Wives," *Speculum* 61 (1986): 517–519.

像妻子那样去软化丈夫的心。……甚至在闺房中，在她们的怀抱中。一个妻子能对她的丈夫妩媚地说话，如果他冷硬不仁，压迫穷人，她应规劝他行善；如果他是个强盗，她就应该谴责这种行为"[1]。

与此同时，教会对婚姻的新界定将王后降为小兵。异教徒的法律保证女儿能从父亲那里继承一笔公平的遗产。结婚时，她的嫁妆属于自己，可以随心处置；如果对婚姻不满意，她可以离婚并带走自己的财产。基督教的法律则规定只有长子具有继承权，女儿被剥夺了继承权。同时，基督徒的婚姻是牢不可破的，女人的嫁妆永久地置于丈夫的手中。

从这一点上看，冰岛人离经叛道地进入了13世纪。长子的继承权被无视了。冰岛的女人可能会受到刻薄的批判，但是她们仍然享受王后的待遇。正如当代萨迦所展示的那样，主教帕尔的侄女索尔维格（Solveig）和她的六个兄弟每人从父亲那里继承了一份等价的遗产（这七兄妹全是私生子）。帕尔的外甥女海尔维格（Hallveig）从父亲和丈夫那里各继承了一份遗产，成为冰岛最富有的女人；她拒绝再婚，但与斯诺里·斯蒂德吕松似乎在相互尊重的基础上结成了自由的性伴侣关系。

冰岛人也对"女人没有权力"这种非难置之不理。在12世纪为数不多的教师中有一位名叫茵古恩（Ingunn），她在霍拉尔大教堂的学校里将拉丁语传授给"任何想学的人"[2]。根据《圣乔恩萨

---

[1] Sharon Farmer, "Persuasive Voices: Clerical Images of Medieval Wives," *Speculum* 61 (1986): 517–519.

[2] "Jóns Saga Biskups, eptir Gunnlaug múnk," in *Biskupa sögur*, Jón Sigurðsson and Guðbrandr Vigfússon (Copenhagen: Hinu Íslenzka Bókmentafélagi, 1858), I: 241; Helga Kress, "What a Woman Speaks," in *Nordisk Kvindelitteraturhistorie,* ed. Elisabeth Møller Jensen (Copenhagen: KVINFO, 1993–1998), http://www.nordicwomensliterature.net/article/what-woman-speaks.

迦》（*Saga of Saint Jon*），她工作时，一边让人为她大声朗读，一边纠正书中的错误。她具体是做什么工作的我们并不清楚，可能是缝纫、下象棋（tefldi），或通过做手工制品来阐述圣者的故事。萨迦记载："她不仅通过自己口述的言语，还通过制作其他手工艺品，让大家了解上帝的荣耀。""缝纫"包括刺绣。"Tefldi"在大多数语境中意为"玩桌面游戏"，有一本字典将它定义为"编格子"，这个词还表示"下象棋"①。不过，她在下象棋的时候还能矫正拉丁文法，这听起来更像是个噱头（而不见得是真的）。而在传播上帝的荣耀方面，下象棋又似乎不适合与缝纫和手工制造相提并论。或许动词"tefla"的词根不是"tafl"（桌面游戏），而是"tafli"（桌子）。在听人读书时，茵古恩做的可能是"缀片儿"，就是将一堆4英寸见方的木片或象牙片连缀成边，然后缝在中世纪斗篷的下摆上。

最终，冰岛女人突破了不能嫁给神父的规矩。改革家几百年来鼓吹反对神父结婚②，1123年和1139年举行的拉特兰会议（Lateran Councils）都禁止神父结婚。如果成为神父前已经结了婚，基于圣职，他必须把妻子和孩子逐出家门，并宣誓独身，教会将是他唯一的新娘。"……触摸过娼妓私处的手还怎么去侍奉基督的身体。"彼得·达米安怒斥道，当他听说有个神父同行下象棋之后，也曾这样一针见血地严词谴责。

溺亡的赫迪斯

禁欲将神父与世界隔离开来，这也成为他们与其他男人相比的

---

① *Tefla*, in Richard Cleasby and Gudbrand Vigfusson. An Icelandic-English Dictionary, 2nd ed. (Oxford: Clarendon Press, 1957; rpt 1969), 627.

② Dyan Elliot, *Fallen Bodies* (Philadelphia: University of Pennsylvania Press, 1999), 104.

优越之处。帕尔·荣松在成为斯科尔霍尔特主教的 20 年前就结了婚，他很明白规则。1198 年，他负责主持了他的舅舅多莱克成为圣徒的典礼。为此，他委托（也可能是亲自）撰写了《圣徒多莱克的祷告词》(*Office for Saint Thorlak*)。帕尔萨迦中说他作为一个音乐家，超凡脱俗。这套优美的格里高利圣咏流传了下来，1993 年曾由六位歌唱家演唱了一遍，整套需要三小时之久。"黑暗逃离/光芒照亮心灵/忠诚的国民舞动"①，圣咏以此拉开序幕。第一首夜曲赞美了多莱克的纯洁：

> 青葱岁月里他拒绝外界诱惑……
> 保持完璧之身，
> 捍卫禁欲……
> 内心盈满天国的甘露，
> 周身闪耀美德的火花。

帕尔发誓独身了吗？可能吧。1195 年，当他受封后回到冰岛，就搬进位于斯科尔霍尔特的主教府邸，把妻子赫迪斯和四个孩子留在了斯卡德（Skard）的老家。然而一年后，赫迪斯就带着孩子们搬到了斯科尔霍尔特，而且还接管了日常家事②。她的理家水平超出了帕尔的期待值。她是否与帕尔同床共枕？我们尚不知，不过他们再没生过孩子。

特隆赫姆的大主教是个务实的人，他早就宣称，与"情妇"同

---

① Tr. Bernard Scudder, "Officium S. Thorlaci," *Voces Thules* (recorded 2006), www.vocesthules.is.
② Helgi Guðmundsson, *Um Haf Innan* (Reykjavík: Háskólaútgáfan, 1997), 33, 80, 129.

居的主教，一旦"他的行为引发丑闻"①，就应该被革职。而赫迪斯却未受到冰岛人民的指责，《主教帕尔萨迦》中称赞她对主教的起居打理有方。萨迦的作者很可能是她的儿子洛夫特，反复说她"skörungskapr"②，这是最难翻译的冰岛词汇之一，标准的古冰岛语-英语字典把这个词解释为"高尚"或"慷慨"，但其含义远不止于此。"Skapr"意为"性情"。"Skörungr"用来形容男性时，意为"领袖"；用于女性时，英语译者将其归纳为类似"兴致高昂"或"内心果敢"这种形容词。萨迦里说道，在赫迪斯的事情上，"她的'skörungskapr'和她的管理是如此出色，以至于她不过才来了几个冬天，这里就有了足够的所需之物，即便再来个120人，驻地也什么都不缺，鼎盛时，内务就有七八十人在打理"。

与此同时，赫迪斯也继续管理着老家斯卡德家里的事务。普通的农妇要负责制作黄油、奶酪、熏肉、腌肉，储存浆果和鸡蛋；耙晾男人们割下来的干草，垛在谷仓后面，覆上草皮；每年得从一百只羊身上剪下羊毛，纺成毛线，织成衣物，让丈夫和孩子穿得考究，额外的纺织品还可用于交换。在固定的、笨重的织布机上纺织，是女人的一项独特的家庭杂务，布料是冰岛经济的基础，而且还是几百年来的主要出口产品，这就突出了女性在社会里的重要性。在斯科尔霍尔特和斯卡德，赫迪斯的身边很可能有许多女性在处理这些琐事，但很明显，她并不推卸自己的分内工作。她的儿子写道，斯卡德"在她活着的时候运营良好，所有女人中她是最热心的，经验也最丰富；她不但恪尽职守，也关心别人的工作"。

---

① Tr. Peter Landau, in *Archbishop Eystein as Legislator*, ed. Tore Iversen (Trondheim: Tapir Academic Press, 2011), 66.
② "Páls saga biskups," in *Biskupa sögur* (1858), I: 131; Nancy Marie Brown, *The Far Traveler* (New York: Harcourt, 2007), 71–75, 146–147, 223–236.

斯卡德坐落在冰与火之间，汹涌的冰川河肖尔索（Thjorsa）划出了西部的边界，隐隐约约被云笼罩的赫克拉（Hekla）火山在东部隆起。这座山的名字意为"戴头巾的山"，但在中世纪，人们叫它"地狱之门"。这座火山之前有过三次喷发：基瑟主教任职时（1104年），克拉恩主教任职时（1158年）以及赫迪斯所在的年代（1206年）。1104年那次喷发摧毁了附近几个农场；另外两次造成"南部暗无天日"[①]、田地和农舍被火山灰覆盖，幸运的是，有毒的氟含量并不高。然而它在14世纪的一次喷发摧毁了斯卡德的东部，大块的火山熔岩掩埋下来，将此处化为焦土。

斯科尔霍尔特距斯卡德15英里[②]，途中要横渡两条河流，对骑马来说不是件容易的事。斯科尔霍尔特距冰岛南海岸30英里，坐落在连绵起伏长满草的小山、泥沼和草地中间一个开阔的低洼地，三面环绕着白雪皑皑的山峰，赫克拉火山是最醒目的一座。冰川河哈维塔（Hvita）在斯科尔霍尔特旷野的南部边界拐了个大弯，与拉克萨河（Laxa，或称鲑鱼河）交汇。在西部，第三条河与这两条河汇聚，将草原冲积成长舌形。冬季，这些河流结冰，成为主要的交通道路；而在夏季，这些河流又成了最大的障碍。不知何故，冰岛人全年都能去斯科尔霍尔特，主教的住地700年来都是冰岛的首都所在。除了主教的府邸，那里还有一间学校和一间图书室、一间

---

① Tr. Elizabeth Ashman Rowe, *Icelandic Annals* personal communication, February 23, 2010.
② Kristján Eldjárn, Håkon Christie, and Jón Steffensen, *Skálholt Fornleifarannsóknir 1954–1958* (Reykjavík: Lögberg, 1988), 21–45; Mjöll Snæsdóttir et al., *Saga Biskupsstólanna* (Reykjavík: Bókaútgáfan Hólar, 2006), 678, 91; Gunnar Karlsson, *The History of Iceland* (Minneapolis: University of Minnesota Press, 2000), 39, 44; Frank Ponzi, *Eighteenth-Century Iceland: A Pictorial Record from the Banks and Stanley Expeditions* (Reykjavík: Almenna bókafélagið, 1980), 55; Óskar Guðmundsson, *Snorri: Ævisaga Snorra Sturlusonar 1179–1241* (Reykjavík: JP Útgáfa, 2009), 48; Bruce Gelsinger, *Icelandic Enterprise* (Columbia: University of South Carolina Press, 1981), 14–15.

铁匠铺，以及厨房、谷仓和多间工坊，北部还有规模最大的木制教堂——主教克拉恩主持建造的长边160英尺的大教堂。

斯科尔霍尔特大教堂坐落于最高的山顶上，那里常年狂风呼啸。帕尔任职时期的一条石头铺设的隧道于20世纪50年代重新开通，这条隧道连通学校和另一座主要建筑。现存最早的一幅画绘于1772年，画中展现一组以草为顶的房屋矗立在教堂旁边。房子下部的门都直朝着山腰敞开。草原上四处分布着小灌木丛，"斯科尔霍尔特"这个名字很可能意为"树木繁茂的小山上的大房子"。这里是个饲养牲畜的好地方。根据17世纪的一本土地登记簿，斯科尔霍尔特拥有3000头牲畜。帕尔任职时期也饲养马和羊，很可能有的野地已被耕开并播种，考古学家已经发现此地在部落时期有生长大麦的迹象。冰岛气候恶劣，岛上只有很少的几个地点适合种植谷物，很显然斯科尔霍尔特是其中一处。附近的河流盛产鱼类，温泉为洗衣、洗澡和煮饭提供充足的沸水。在内陆，主教有权伐木和开发沼铁矿；在海边，主教的人民收集浮木，宰杀搁浅的鲸鱼，管理海岸和附近韦斯特曼群岛的港口，这里盛产鱼类、海鸟、鸟蛋和凫绒。

要管理这一切，再加上斯卡德的农场，就需要一位得力的顾问了。最关键的是，赫迪斯还掌握着主教从什一税中所得的年收入。全冰岛有3120座农场，其中四分之三农场纳税额的四百分之一，会以黄油、奶酪、羊肉、牛肉、鱼、面粉、盐或手编毛织布料的形式流入斯科尔霍尔特。赫迪斯用这些物品和主教领地的产出，去交换教会和家庭都需要的外国货：做蜡烛的蜡、用于圣餐的红酒和小麦、造船和房子的木材、保存木料的松焦油、亚麻及其他高级织物、铁具、滑石器皿或陶器，还有酿啤酒的大麦和啤酒花、酿蜂蜜酒的蜂蜜，更不用说珍贵的海象牙、珠宝、玻璃、白银、黄金和那些制造主教帕尔用来美化大教堂的艺术品所需的金属和用来赠送的礼物。

1207年复活节后不久的一天，40多岁的赫迪斯去斯卡德视察农场。随行的有儿子卡提尔和女儿哈拉（Halla），洛夫特和姐姐索拉（Thora）留在斯科尔霍尔特。赫迪斯到了斯卡德。冰川河泛滥，涉水通过肖尔索河是不可能了。到了计划中要返回斯科尔霍尔特的那天，赫迪斯雇了一艘渡船，让将满16岁的卡提尔和一个名叫比约恩（Bjorn）的神父先过河，运输马具并引导马匹跟在船只后面。赫迪斯的马挣脱了缰绳，被河水冲走。这个凶兆并未引起赫迪斯的重视。

到了第二趟船过河时，狂风大作。渡船触礁倾翻，赫迪斯和女儿哈拉、侄女古德伦（Gudrun）、一个负责斯卡德的执事和一个名叫希格弗斯（Sigfus）的人落入冰冷的激流中。希格弗斯挣扎到了岸边，神父和卡提尔眼睁睁地看着其他人溺亡[①]。特别是女性，完全没有机会生还，因为她们身穿厚重的羊毛长袍和斗篷，遇水后沉得能压垮一匹马。"午夜时分，这消息突然传到主教帕尔的耳中，"他的儿子洛夫特写道，"在别人看来，就好像上帝给他肩上加了一副无法承担的重任。直到葬礼结束，他都不吃不睡，但仍尽全力让大家振作精神。"

"午夜时分……尽全力让大家振作精神"这段哀婉动人的描述表明洛夫特就是萨迦的作者[②]。洛夫特跟随萨迦大师斯诺里·斯蒂德吕松多年，他经常鼓励周围的人写作。斯诺里的侄子斯图拉（Sturla）在同时代的《斯图朗卡萨迦》（*Sturlunga Saga*）里将洛

[①] "Páls saga biskups," in *Biskupa sögur* (1858), I: 137.

[②] Sveinbjörn Rafnsson, *Páll Jónsson Skálholtsbiskup* (Reykjavík: Sagnfræðistofnun Háskóla Íslands, 1993), 36, 129; "Íslendinga saga," in *Sturlunga saga*, ed. Guðbrandr Vigfússon (Oxford: Clarendon Press, 1878), I: 212, 245.

夫特塑造成一个讲故事的人，尽管有点儿八卦："在西边的斯卡德住着洛夫特，他是主教帕尔最英俊的儿子。人们期盼他能成为一个伟大的首领，然而主教的小儿子卡提尔则更具人气。托瓦尔德·吉萨尔松（Thorvald Gissurarson）说，主教的两个儿子表现得完全不同。卡提尔希望大家一切都好，而洛夫特只想要讲述这一切。"卡提尔死于 1215 年，年仅 22 岁。洛夫特却很长寿，晚年进入修道院，死于 1261 年，享年 70 岁。他不仅有撰写萨迦的时间和方法，还有动机。在描写洛夫特和邻居之间的一次争执时，斯图拉写道："来自布列达伯斯塔德（Breidabolstad）的人们写诗歌讽刺洛夫特，编造了关于他的小舞曲，还发明了各种关于他的运动。"在他们恶意的言论中也涉及了帕尔这位既是私生子，又不独身的主教。《主教帕尔萨迦》可能是洛夫特对自己父亲回忆的一种保护。

幻想中的龙纹样

从洛夫特的描述中看出，他的双亲帕尔和赫迪斯是很般配的：她精于生财，他长于散财。帕尔喜欢有美酒、美食的奢华宴会胜于一切[①]；作为一个年长的首领，他总是让他的客人满载华贵的礼物而归。他也往国外送礼物，比如送给格陵兰、挪威和奥克尼群岛的主教，特隆赫姆的大主教，可能还有挪威的国王，总之

---

① "Páls saga biskups," in *Biskupa sögur* (1858), I: 130, 133, 135–136, 140; Einar Ól. Sveinsson, *Age of the Sturlungs* (Ithaca, NY: Cornell University Press, 1953), 115; Einar Ól. Sveinsson, ed., *Páls Saga Biskups* (Skálholt, Iceland: Skálholtsfélagið, 1954), 4–11; "Páls saga biskups," *Íslenzk fornrit 16,* ed. Ásdís Egilsdóttir (Reykjavík: Hið íslenzka fornritafélag, 2002), xxi; Snæsdóttir, et al. (2006), 95.

是与他有关系的人。没有格里高利的改革者,帕尔将布道的交易限制在一些特殊的日子里。他对他同胞们的道德或者谁在教会掌权并没有多大兴趣。他委托人写歌,如《圣者多莱克祈祷词》;还委托人写书,包括圣者多莱克的神迹,圣者的生平,布道的集子,还有名为《杭格瓦卡》的教会年鉴,记述了令人神往的主教伊斯雷夫和北极熊的传奇故事。帕尔不惜代价地美化他的教堂,他把全岛顶尖的艺术家召集在身边,其中有四位名垂青史:铁匠阿曼迪(Amundi),书记阿特利(Atli),神龛工匠索尔斯坦,以及巧手玛格丽特。身为一名精品爱好者,帕尔有途径、有动机,也有品位去委托人制造刘易斯棋。

1194年,帕尔在去接受圣职的航行中,洛夫特说,他带去了"某种稀罕物",但是没有详述。1195年回到故乡,帕尔带回了一组窗子,有不透明的绿色玻璃,就像1189年主教乔恩·斯米瑞尔带回格陵兰的窗子一样,考古发掘现场也发现了这种玻璃碎片。接下来,帕尔从一个名叫科尔的挪威商人那里弄了两口蜂巢状的钟[①]。帕尔的钟可能有两种不同的尺寸,钟鸣和谐,像雷克雅未克附近一座教堂的那对12世纪的钟一样,现在仍然能敲响。帕尔的钟有一口现存斯科尔霍尔特,峰回路转,它又重归教堂。

帕尔委托铁匠阿曼迪造一座钟楼,洛夫特说"他是全岛手艺最高超的木工"。帕尔给他"四棵树,是与钟一同进口来的,每棵树都

[①] Kirsten A. Seaver, *The Last Vikings* (New York: I. B. Tauris, 2010), 83; Thór Magnússon, *A Showcase of Icelandic National Treasures* (Reykjavík: Iceland Review, 1987), 34; Kristján Valur Ingólfsson, interviewed in Skálholt, Iceland, November 8, 2013; Kristján Eldjárn and Hörðir Ágústsson, *Skálholt: Skrúði og áhöld* (Reykjavík: Hið íslenska bókmenntafélag, 1992), 257.

高约20厄尔,直径1厄尔"①,尽管很可能根本用不了这么多。当时冰岛的"厄尔"(ell)②是指一个人从手肘到中指指尖的长度。由于这种测量方式因人而异,十分随意,所以帕尔时代有一条法律(据说是他本人的主意)将厄尔固定为18英寸,并要求所有布商使用"2厄尔"的尺子,即我们通常所说的"码尺"。洛夫特吹嘘道,人们盛传帕尔在阿曼迪的钟楼上花了不止480个"100"。这笔钱远不是一个普通人能承受的,因为80个"100"就可以买一座农场了。每个"100"指的是100厄尔(55码)长的羊毛布料的价值。纺织足够的布料去负担阿曼迪的钟楼,这需要赫迪斯或她最好的织工22周不眠不休地工作,而且是在线已经纺好、织布机也很结实的前提下。

这些奢侈的花费中还不包括阿曼迪的劳务费,他似乎是受人尊敬的主教帕尔的家庭成员,而并非一个云游的手工艺人。死后,他的名字(以及他的职业"铁匠"这类字眼)能伴在逝去的国王和主教名字旁,一同留在冰岛编年史中,这是实至名归的。洛夫特称他为"智者",并请求他见证《主教帕尔萨迦》的真实性。阿曼迪也是主教帕尔悼词的写作者。

总的来说,我们对阿曼迪所处时代欧洲木匠或铁匠的情形知之不多,直到13世纪60年代,中世纪的文献中也没有提到手工业行会③。在维京时代,锤子和钳子被放置在很多男性墓中,这意味着大

---

① Guðrún Nordal, *Tools of Literacy* (Toronto: University of Toronto Press, 2001), 156–158; "Páls saga biskups," in *Biskupa sögur* (1858), I: 132, 146.
② Jenny Jochens, *Women in Old Norse Society* (Ithaca, NY: Cornell University Press, 1995), 158, 139. A modern Icelandic dictionary will give a length of 24 inches for an ell—English dictionaries may even say 45 inches—but the word has been used for various lengths over the centuries. The ell in Pall's day was still the "primitive" ell of 18 inches. See *alin*, Cleasby and Vigfusson (1957), 13.
③ Colum Hourihane, *The Grove Encyclopedia of Medieval Art and Architecture* (Oxford: Oxford University Press, 2012), 2: 96.

多数男人都会点儿锻造的小手艺。但是有两个已发掘出来的10世纪的工具箱，应该属于专业的手艺人[①]。在挪威一个偏僻的山谷里，在比格兰（Bygland）农场出土的墓葬中发现了25件工具，从铁匠的重钳、大锤到金匠精巧的珠宝工具，一应俱全。在瑞典哥得兰岛的马斯特米尔（Mastermyr）发现的工具箱包括150种工具：锛子、铁砧、斧头、钻孔、凿子、钻头、锉刀、圆凿、锤子、刀子、锯子、剪刀、打孔器、钳子、磨石等。这个工匠应该制造铁器和木器，锻造黄金、白银、青铜和锡，雕刻鹿角、骨头和象牙。

据说马斯特米尔的工匠背着工具箱旅行，四处接活。比格兰的那位工匠居住的地区就有丰富的沼铁矿，而且他本人似乎也专门研究兵器，他的随葬品中有七把斧子、四柄宝剑、四只矛头、两张盾牌，这些都可能是他制作的。他是怎么卖掉这些武器的呢？他的客户找得到他所工作的山城吗？

有一种理论认为，国王建立了城镇来引诱这类工匠出山，并防止他们流失。一份发表于1980年的关于早期在伦德发现梳子的研究很有影响力，考古学家推测制作梳子（可延伸到其他手工艺品）包括四个步骤：首先，在家中自制所有的梳子；其次，制造梳子的好手开始旅行，兜售商品；再次，他们接受委托定做梳子；最后，驻扎城镇的工匠满足市场需求，梳子制作标准化。

这是一个容易理解的简单过程，但是梳子曾是家庭自制的证据在哪里呢？2002年一位考古学家提出，从鹿角到梳子这种看似简单的事情需要很多步骤。将这些步骤列出来之后，他发现制作梳子是

[①] Charlotte Blindheim, "Smedgraven fra Bygland i Morgedal," *Viking Tidsskrift for norrøn arkeologi* 26 (1963): 25–79; Anders Winroth, *The Conversion of Scandinavia* (New Haven, CT: Yale University Press, 2012), 72.

"非常细致"① 的手艺，要有特殊的工具、技能和知识。同时，这个过程的另外三个阶段——兜售、委托定制和城市工坊，现在看来是混合在一起的。不过工匠们在各种环境下都能茁壮成长。在海泽比（9世纪建成）、都柏林（10世纪）和特隆赫姆（11世纪）这类城镇进行的考古发掘中，考古学家确实发现了几组完全相同的梳子或胸针。城市手工业者大规模生产商品，供给不知名的买家②。但这些手工业者似乎并没有把整年的时间都花在城镇上，而是在城镇和农村之间来来往往。2008年，一位考古学家指出："平均每隔一年，就会发现带有专门经营工艺品痕迹的新遗址。"尽管难以严格区分新旧遗址，但所有遗址都与既富且贵的人有关。似乎不只国王，连首领也拥有生活在其领地上的工匠。不过这些艺术家还是四处游走的。

根据冰岛的萨迦，有些手工艺人自己就是首领。在12世纪晚期、13世纪早期，一双灵巧的双手是威望的象征，而不像后来沦为地位低下的标志。大约在1205年，一位冰岛首领带着海象牙去了坎特伯雷，《拉夫萨迦》将这位首领描述成一名律师、医师和学者，他在拉丁语学校进修了很长时间，获得接受削发仪式的资格，举止得体，记忆超群，遇事明智。在铁匠活和木匠活上，这位首领堪称"工匠中的伏尔伦德"③——伏尔伦德系《伏尔伦德之歌》（*The Lay of Volund*）中提到的精灵宝石匠和铸剑者，他娶了女武神赫尔薇尔。

这部诗歌和其他古冰岛诗集的诗歌一起发现于一份冰岛语手稿

---

① Johan Callmer, "Wayland," *Uppåkra Studies* 7 (2002): 337–361.
② Dagfinn Skre, in *The Viking World*, ed. Stefan Brink and Neil Price (New York: Routledge, 2008), 90.
③ *Hrafns Saga Sveinbjarnarsonar*, ed. Guðrún P. Helgadóttir (Oxford: Clarendon Press, 1987), 2; Margaret Clunies Ross, *A History of Old Norse Poetry and Poetics* (Cambridge: D. S. Brewer, 2005), 7–8; "The Lay of Volund," tr. Terry (1969), 93–100; Winroth (2012), 64–65.

中，其年代可追溯到 1275 年，不过一般认为会比这更久远，这为研究北方社会的工匠提供了线索。诗人将他们想象为矮人或精灵，他们不是纯粹的人类，而是在冒险中拥有魔力的精灵。《伏尔伦德之歌》对有能力的和无能力的工匠都进行了探究。精灵伏尔伦德被一个贪婪的国王所俘虏，这个国王想要将所有锻造工艺据为己有，他挑断了伏尔伦德的脚筋，防止他逃跑。被凌辱致残的伏尔伦德进行了残酷的复仇，他手刃了国王的几个儿子，将他们的头盖骨做成盛放精美珠宝的容器，然后给自己装上鸟儿的翅膀，逃走了。这个故事的寓意在于，国王极其需要工匠，而工匠不那么需要国王。没有工匠，国王就没有了高档物品来彰显身份。

  教会也依赖工匠以确立自身的地位。就在阿曼迪建造主教帕尔的钟楼同期，挪威各地的木匠建起了高耸的、像宝塔一样的教堂，有"若干屋顶和角楼"[①]，雕刻华丽的以龙为主题的纹样。11 世纪早期，这些木构教堂首次成为时尚[②]。到了 12 世纪，教堂的墙基腐烂，不得不拆除和更换。新的建筑设计结合了地面基石，将潮湿隔绝在墙的最下端。现存 31 座木构教堂都是这种风格。柱子和门上已没有几处雕刻是"原装的"，只有极少数木构教堂（或者说是教堂中的一部分）可根据雕刻的如尼文铭文准确断代[③]。有一则铭文是这样的："夏天，伯爵埃尔林来到尼达洛斯，埃尔林的兄弟们和艾于敦伐木建了这座教堂。"我们在第二章曾提到的这位伯爵"歪脖"埃尔林在 1179 年被杀。

---

① M. Blindheim (1965), 31.

② Martin Blindheim, *Norwegian Romanesque Decorative Sculpture 1090–1210* (London: Alec Tiranti, 1965), 3, 5.

③ M. Blindheim (1965), 49; Erla Bergendahl Hohler, *Norwegian Stave Church Sculpture* (Oslo and Boston: Scandinavian University Press, 1999), II: 39, 45–46.

约 80 座木构教堂的 126 扇大门被保存了下来①。门上雕刻着繁复的藤蔓与枝叶，还有龙、狮、人的头部，有的口中吐出藤蔓。有些图案相当古老，比如乌尔内斯（Urnes）教堂蜿蜒的"兽链"纹饰，维京艺术中的一个阶段就以此命名。在银制胸针和如尼文石刻上，以及在整个斯堪的纳维亚和不列颠群岛的教堂门廊处也发现了这类乌尔内斯式的互咬的野兽形象。通过硬币窖藏和铭文断代，乌尔内斯风格大约始于 1040 年②，并盛行于整个 12 世纪。大门上的其他图案，特别是植物图案，都新颖得仿佛"属于另一个世界"③，木构教堂雕塑专家埃拉·伯根达·霍勒（Erla Bergendahl Hohler）曾惊叹道，这是一个属于罗马式的欧洲石质教堂的世界。

她在 1999 年写道："任何学者关于'一件特定艺术品是如何创建'的观点，都取决于他对艺术家已有的假定，他的出身背景，以及当时的工作方法。"霍勒继续写道，19 世纪的学者认为，木构教堂是普通人的作品，只不过"是他们对'幻想中的龙'的反映"。④ 现在我们认为雕塑是四处游历的专门的手艺人所做。有 46 扇大门用了相同的基本设计，两对龙攻击第三对，呈横一字形，头朝下，在门关合处汇聚。这些非常相似的门并非集中于某个城镇或某个教区，而是散布在挪威各处。两则学术性观点认为艺术家是在现场雕刻的，手边有什么木料就用什么木料，门边框的木板通常在宽度上不能精确匹配，而且木料在雕刻完成后还经常有缩水的现象。

12 世纪的这些四处游历的大门雕刻工人再次挑战了我们认为

---

① Hohler (1999), II: 9, 21, 30–40, 44–46, 73.
② Holger Koefoed, *Viking Art* (Reykjavík: Gudrun, 2006), 21; David M. Wilson, *The Vikings in the Isle of Man* (Aarhus, Denmark: Aarhus University Press, 2008), 334.
③ Hohler (1999), II: 76.
④ Hohler (1999), II: 12.

的中世纪艺术家只活跃于城镇的假设。我们已知其中三位艺术家的名字。两个相邻教堂都刻有如尼铭文"特洛夫造",然而看着两座教堂,一座制造精良,另一座可不怎么样,我们不禁疑惑,这是否真是出自同一位"特洛夫"(Torolf)之手①。"埃温德"(Eyvind)在第三扇大门上签了名。"'柔指'艾因德瑞德"(Eindride)在第四扇大门上留下了唤起回忆的署名。但这些男人完全名不见经传。

两份文献让我们得以一窥12世纪艺术家的生活。《论各种艺术》(*On Divers Arts*)② 约1126年写于德国北部,作者笔名为"西奥菲勒斯"(Theophilus),该书用40个章节讲绘画艺术,31个章节讲玻璃制造技术,100多个章节讲珠宝和金属加工。其中两个较短的章节讲了象牙和骨器制作上的小技巧,包括如何将象牙染红。据说西奥菲勒斯原名"罗杰"(Roger),是个修道士,居住在德国北部黑尔默斯豪森(Helmarhausen)的一间修道院。他在其他方面的名气,来自为帕德伯恩(Paderborn)的主教亨利打造了一个可携带式活动祭台,现仍存于当地教堂。

《论各种艺术》显然是由一名经验丰富的工匠所写,他亲身经历过无数天灾人祸。"只有亲自打造过一口钟的人,"现代的翻译者写道,"才能在制造的每一个步骤上给予我们详细的指导。比如,当模子被填满后,工匠应该在旁边坐下来,通过听里面的声音来判断状况,'如果听到打雷似的轻微低音',应立即检查。"西奥菲勒斯还警告不要在气流附近打金箔,不要空腹服用水银(液态汞)。

---

① M. Blindheim (1965), 49; Erla Bergendahl Hohler, *Norwegian Stave Church Sculpture* (Oslo and Boston: Scandinavian University Press, 1999), II: 39, 45–46.

② Theophilus, *De Diversis Artibus*, tr. C. R. Dodwell (Oxford: Clarendon Press, 1986), xxxiii–x; Heidi C. Gearhart, *Theophilus' On Diverse Arts: The Persona of the Artist and the Production of Art in the Twelfth Century,* Ph.D. Dissertation (University of Michigan, 2010), 34, 38–40, 44, 80, 140, 264–266.

《论各种艺术》不仅是指南，也是结构巧妙的叙述，表达了罗杰的艺术理论。对他来说，精神的成长和技巧的掌握是齐头并进的，艺术创作的过程是美德的实践。书中，罗杰赞同巴黎圣维克多修道院的院长休（Hugh）的观点。在后者1125年关于哲学教育的《论阅读研究》（*Didascalion*）一书中，他将"手工操作的机械艺术"看作"追求神圣智慧的辅助"[①]。这与主教帕尔的"热爱美好"十分吻合，也解释了他在斯科尔霍尔特教堂上花费奢侈的行为。

狮子骑士

　　《主教帕尔萨迦》称阿曼迪为斯科尔霍尔特钟楼制作的木雕是全国最美的。我们可以想象得到那些木雕是何等情形——盘绕着罗马式的藤蔓，布满维京式的巨龙。在12世纪，不只冰岛，连挪威都到处建有木构教堂，然而现在无一幸存。冰岛国家博物馆藏有属于中世纪的柱子（大约20根），以及镶嵌板、椅子和一扇门。它们在质地和保存状态上均不同。它们证明，即便是在一个没有树木的国家，木雕也已成为一种惯常的工艺。

　　瓦尔肖夫斯塔泽（Valthjofsstadhur）教堂的门是博物馆里最著名的藏品[②]。它由进口的松木制成，立起来高约6英尺，原尺寸比现

---

① Gearhart (2010), 54.

② Þjóðminjasafn Íslands, Reykjavík (no. 11009); Ellen Marie Mageröy, *Planteornamentikken í íslandsk treskurd* (Copenhagen: Den Arnamagnæanske Kommission, 1967), 140; Robert E. Cutrer, *The Wilderness of Dragons: The Reception of Dragons in Thirteenth-Century Iceland*, Master's thesis (University of Iceland, 2012), 14, 19; Th. Magnússon (1987), 35; Erla Hohler, in *Viking to Crusader*, ed. Else Roesdahl and David M. Wilson (New York: Rizzoli, 1992), 207; Richard L. Harris, "The Lion-Knight Legend in Iceland and the Valþjófsstaðir Door," *Viator* 1 (1970): 125–145; Björn Magnússon Ólsen, "Valþjófsstaðahurðin," *Árbók hins íslenzka fornleifafélags* (1884): 24–37.

存尺寸还要高出三分之一,因为原本有三个圆形饰物,现在只剩下两个。最下面的圆环是由四条相同的有翅膀的龙互相咬着尾巴组成的。这种蛇形结很早以前就是维京人的招牌式设计。虽然有翅膀的龙是新出现的,但作为混沌与变幻的象征,龙在维京艺术中是主要的动物形象。比如,在9世纪的挪威,葬礼船奥塞贝格号上就雕刻着类似互咬野兽图案。

门上方的圆形饰物则更传统些,受维京风格的影响较少,颇具罗马风格。很奇怪的是,它所描述的主题是关于亚瑟王的故事。这个环的一半,反映的是一位远征的骑士杀掉一条龙,解救了一头狮子。另一半描写了感恩的狮子先是追随骑士,然后蜷曲在他的墓碑前哀悼,墓碑上用如尼文写着:"看,强大的屠龙之王就葬在此处。"

和蛇形结一样,如尼文将门与维京艺术联结起来。骑士的马鞍和头盔也很古老,看起来好像11世纪贝叶挂毯上的刺绣。然而,骑士风筝形的盾牌大约1150年才出现,但他所驰骋的却是一个纯粹的罗马式的世界,国际性的艺术风格是如此与众不同——环状的藤蔓、多肉的植物叶片、狮子,尤其是有翅膀的龙。门上纹饰的主题可追溯到12世纪晚期,其中最著名的是克雷蒂安·德·特鲁瓦(Chretien de Troyes)的《狮子骑士伊凡》(*Yvain, the Knight of the Lion*)。它以法语诗歌形式写于大约1170年,在冰岛也流传甚广。冰岛诗歌《伊文斯萨迦》(*Ivens Saga*)可追溯到国王老哈康在位时期(1217—1263年),但是忠诚的狮子接二连三地出现在六个冰岛骑士故事中,有些可追溯到12世纪。

这些设计的用意旨在将笔名为"菲斯奥罗格斯"(Physiologus)的作者[①]所写的一本拉丁语动物寓言集朴实无华

---

① T. H. White, *The Book of Beasts* (New York: G. P. Putnam's Sons, 1954; rpt. Dover, 1984), 7, 161, 167.

地表现出来。这本《野兽之书》(Book of Beasts)在12、13世纪的英格兰极受欢迎，有40种手抄本。12世纪末，两种翻译版被引进冰岛，尽管只有片段残存，但也是冰岛最早的插画书。根据菲斯奥罗格斯（显然他本人对真正的狮子知之甚少）所说，兽王是基督的象征："雌狮生下幼崽，引领它们步向死亡，将毫无生气的幼崽放置三天，直到雄狮降临，朝幼崽脸上吹气，使之复活。上帝在我们的主耶稣死后的第三天，也是这样使之复活的。"龙是魔鬼："它常常从洞穴来到世间，周身的空气在燃烧，抚养它的地狱魔鬼又将它化为光明的天使，去误导那些贪图荣耀的愚昧者。"

当代萨迦为探索大门的年代和艺术家的身份提供了线索。《拉夫萨迦》提到一名12世纪的男子，名叫马库斯（Markus），他去挪威伐木，带回冰岛东部，在那里他为瓦尔肖夫斯塔泽的首领建造了一座教堂。多年以后，马库斯又去了趟挪威，带回更多的木材，在西部建造了第二座教堂，之后死于1196年。① 是他雕刻的这扇著名的大门吗？

或许吧，但与之最有关系的是兰达琳（Randalin），她是瓦尔肖夫斯塔泽的一个家庭主妇，也是主教帕尔的兄弟萨蒙德·荣松的孙女。《斯图朗卡萨迦》中提到了兰达琳，她结婚的时间大约是在1250年。兰达琳可能是经典的《纳吉奥萨迦》中一个人物的原型。此书大概于1000年动笔，成书却在大约1270年，据说作者是兰达琳的姐夫。萨迦中的人物名为希尔迪甘（Hildigunn），是个有名的"磨刀

---

① "Íslendinga saga," in *Sturlunga saga* (1878), I: 193; "Hrafns saga," in *Sturlunga saga* (1878), II: 280; "Brennu-Njáls Saga," *Íslenzkt fornrit 12* (1954), 238; Barði Guðmundsson, *Höfundur Njálu* (Reykjavík: Menningarsjóður, 1958), cited by Guðmundur G. Þórarinsson, *The Enigma of The Lewis Chessmen,* 3rd ed. (Reykjavík: Gallery Chess, 2014), 33.

第三章 王后

人",曾经怂恿自己的男人去进行血腥的报复。据说她"双手极为灵巧,几乎没有哪个女人能与她相比"①。有些读者据此认为她擅长的是针线活,也有人认为是木雕。当一个类似的词"hagur"(灵活敏捷)用以形容为主教帕尔工作的艺术家玛格丽特的时候,显然就与象牙雕刻有关了。我们只能说,希尔迪甘的故事确实反映出人们对木雕非比寻常的兴趣。书中有一处(与希尔迪甘无关)描写了一个英雄杀死了一条有翅膀的龙,就像瓦尔肖夫斯塔泽教堂的大门上所呈现的那样。

即便真的是瓦尔肖夫斯塔泽的兰达琳雕刻了这扇门,但也未见得这扇门原本就是打算做给这座教堂的,毕竟这座教堂于1361年被烧毁过。18世纪60年代的旅行家注意到,瓦尔肖夫斯塔泽教堂有一个大厅,"装饰的雕刻花纹样貌非凡",不过奇怪的是,大门却很普通,其隔壁的教堂却有一扇极好的大门。主教的记载中有一扇门,应该就是我们所认为的这扇雕刻大门,早在1641年时就在教堂里,1851年被哥本哈根的北方文物皇家博物馆(Royal Museum for Northern Antiquities)拿走(换得一扇崭新的普通门和两个烛台)。1930年,瓦尔肖夫斯塔泽大门在盛大的仪式中被送回冰岛。

圣者的神龛

主教帕尔将原阿曼迪钟楼的基址建成一所献给他舅舅圣多莱克

---

① Anna Sigurðardóttir, *Vinna kvenna á Íslandi i 1100 ár* (Reykjavík: Kvennasögusafn Íslands, 1985), 298.

的小礼拜堂①。他委托了一位名叫阿特利的人在天花板和山墙上绘制壁画，就像12世纪常见的教堂那样。一般都会描绘《圣经》里的场景衬以深蓝色的背景，但也并非总是如此，有时也描绘一些著名的战役。在《主教帕尔萨迦》中，洛夫特将阿特利定位成"文人"，他可能会在斯科尔霍尔特的缮写室里，在圣书上绘制华丽闪光的首字母，这些帕尔下令制作的圣书大部分将被分发到其教区的220个教堂中。阿特利可能在壁画和雕像上用了相同的风格。14世纪遗留下来的冰岛手稿中有一本罗马风格的手绘本，里面有许多细节，如服饰、铠甲、表情、绳结、叶片、狮子、龙，都使我们联想起刘易斯棋的设计风格。这是已知来自古挪威的唯一的中世纪绘本。

这间小礼拜堂的下壁装饰着挂毯，刺绣和编织从头到尾都是由中世纪冰岛的女人们来完成的。洛夫特没有记录这些女人的名字，也没有描述她们作品的主题是什么。尽管有一间那个时代的冰岛教堂，但是里面的挂毯描绘的是查理大帝的生活。

为了在小礼拜堂里展示圣多莱克的遗物，帕尔委托一个名叫索尔斯坦的金匠制造一个奢华的神龛（或称圣物匣），他是"当时水平一流的金属加工手艺人"②。帕尔保证为索尔斯坦提供充足的材料，洛夫特说："他支付了一大笔费用，有黄金、珠宝，还有纯银。……这个艺术品制作得极其精良，无论在外观还是在尺寸上，都凌驾于全冰岛所有圣物匣之上。它的长度超过4.5英尺，而在当时的冰岛没有神龛超过18英寸。"洛夫特视这座神龛为主教帕尔的荣耀，而非圣多莱克的荣耀："看到这个神龛，聪明人谁都不会怀

---

① Ebbe Nyborg, in Roesdahl and Wilson (1992), 212, 214; Björn Þ. Björnsson, *Íslenzka Teiknibókin í Árnasafni* (Reykjavík: Heimskringla, 1954), 125–126; Guðbjörg Kristjánsdóttir, *Íslenska teiknibókin* (Reykjavík: Crymogea, 2013).
② "Páls saga biskups," in *Biskupa sögur* (1858), I: 134; Th. Magnússon (1987), 38.

疑,他得是一位多么伟大的人物,才能用这样的财富来制造这种东西。"

根据中世纪教会的详细目录,冰岛曾经有一百多个圣物匣,现存只有两个,是小小的房子形状的木头盒子,12平方英寸大,镶嵌镀金的条带和昂贵的宝石。类似的圣物匣在挪威发现了四个,在瑞典发现了两个。这些圣物匣很可能都是仿照特隆赫姆的圣奥拉夫神龛制作的,也就是斯诺里·斯蒂德吕松在1219年亲眼所见的那个神龛[1]。他在《挪威王列传》中描述它"装饰着黄金、白银和珍贵的宝石","在可观的尺寸和形状上都极像一口棺木,其下有一拱门,其上有个盖子,形状很像一个在山墙端凸起的屋顶"。其重量至少200磅,会有一支60人组成的队伍抬着它(放神龛的平台上同时还站着大主教)列队游街。

圣奥拉夫的神龛被认为是主教帕尔的亲戚——国王马格纳斯·埃林松于1175年委托人制造的。在宗教改革期间,神龛上的装饰被剥离下来,熔掉并出售。现仍存世的一张18世纪皇家司库的收据副本,记录了从神龛上获得95公斤白银,还有"170枚水晶,大小不等,用白银镶嵌,共计10.9公斤。此外,神龛破碎时还有11枚水晶脱落。另有1枚蓝宝石,用黄金镶嵌……重65克。还有一小片黄金,悬挂在神龛上,重9克"。其中一枚水晶保存了下来,现藏于特隆赫姆科学博物馆(Museum of Sciences in Trondheim)的库房中。神龛被破坏前曾藏于一座城堡中,而这枚

---

[1] Øystein Ekroll, in *The Medieval Cathedral of Trondheim*, ed. Margrete Syrstad Andås, et al. (Turnhout, Belgium: Brepols, 2007), 155–156, 197–198; Snorri Sturluson, "Magnúss saga ins góða," in *Íslenzk fornrit 28,* ed. Bjarni Aðalbjarnarson (Reykjavík: Hið íslenzka fornritafélag, 1951), 20. Snorri ascribes the shrine to King Magnus the Good (1034–1046); Ekroll attributes it to King Magnus Erlingsson.

水晶正是在这座城堡中被发现的。

至于圣多莱克的神龛,我们却连一枚水晶都没发现过。更不清楚它是否在1309年斯科尔霍尔特大教堂的大火中幸存了下来。教堂记录说,在1527年的大火中,曾有两个女人冒着生命危险抢救了一个圣物匣,但这个圣物匣很可能只是用来装圣者之手的小型神龛。圣多莱克的神龛无论如何也不会在宗教改革中逃过一劫。"如果神龛依然光彩夺目地存在,"20世纪50年代发掘斯科尔霍尔特的考古学家克里斯蒂安·埃尔德雅恩(Kristjan Eldjarn)写道,"那将很可能是以主教帕尔为中心兴盛的艺术生产力最美好的见证,同时,也很可能是对斯堪的纳维亚学者中固执地认为在中世纪的冰岛或其他岛屿,成熟的艺术和工艺品不繁荣的那些人最直接的反驳。"①

另外三部萨迦在提到制造神龛的索尔斯坦时,都称他为铁匠或金匠。索尔斯坦来自冰岛北部,在那里他被人生中第一个富有的主顾发现,此人就是首领古德蒙德②。根据当代萨迦,"在那个秋天,古德蒙德走进斯瓦法达(Svarfadar)山谷。斯凯奇(Skeggi)的儿子,一个名叫索尔斯坦的男人住在那里。他是一名神龛工匠,比别人技高一筹。他短时间内就能赚到一大笔钱,但也挥霍得很快,以至于除了食物和衣物之外也就没什么家当了"。古德蒙德将索尔斯坦纳入自己麾下,带他去了新的农场,还给他娶了个妻子来管家。

工匠和他的家庭从古德蒙德传递到了第二个富有的主顾——主教帕尔手中。索尔斯坦造好了神龛几年之后,他与巧手玛格丽特一起,用黄金、白银和象牙来制作祭坛的装饰品。然而在这项工作完

---

① Kristján Eldjárn, in Eldjárn and Ágústsson (1992), 215–225.
② "Guðmundar saga dyra," in *Sturlunga saga* (1878), I: 141.

成之前，主教帕尔就去世了，享年 56 岁。

石　棺

主教生前就安排好自己的葬礼是司空见惯的[①]。死于 1200 年的林肯主教休，留下遗嘱指定某人来清洗自己的遗体以及如何穿戴。神父们需将主教的遗体抬到教堂，上面摆放十字架。他们点燃蜡烛，焚香，"敲响教堂的钟声，伴着庄严的圣歌，将大门和内殿打开"，然后把棺木放在圣坛之下，"覆上昂贵的棺罩，遗体周围摆放蜡烛和火炬"。然后，遗体被放入他生前委托人制造的衬铅的石棺中。此时石棺还没有安放，大主教的遗嘱中有他希望自己安息的大教堂的确切地点。

《圣乔恩萨迦》中关于冰岛的仪式描述得不是很充分，但却很魔幻。死于 1121 年的霍拉尔主教，他的遗体戴着自己的全部主教徽章，躺在圣坛的前面。神父和牧师们唱着《安魂曲》(*Requiem*)，但当他们准备把棺木送往墓地时，发现抬不起来。他们十分困惑地盯着遗体，直到一个教士注意到他们忘记把主教的黄金戒指戴在他的手指上。弥补了这个失误后，遗体就可以被抬起来了，葬礼又可以继续进行了。

和霍拉尔主教一样，帕尔也身佩全副主教徽章。和林肯的主教一样，帕尔也在生前安排好了自己的葬礼。他想长眠在钟楼的小礼拜堂里，为此委托人造了一具石棺，但雕工的名字没有记录在册。

主教帕尔的石棺是冰岛记录中唯一被提到的石棺。这个国家没

[①] William Kay, *Living Stones,* PhD dissertation (University of St. Andrews, 2013), 102; "Jóns saga helga," in *Biskupa sögur,* ed. Guðni Jónsson (Reykjavík: Íslendingasagnaútgáfan, 1948), II: 62.

有用石雕刻的传统，无处不在的黑色玄武岩易碎且难以雕琢。石墙不是用石块做奢侈连边，就是用草皮层层连缀在一起。第一座石质教堂直到18世纪才建造出来。即便是冰岛人也不相信传说中主教帕尔的石棺真的存在，除非亲眼所见。

宗教改革之后，斯科尔霍尔特的地位一落千丈[1]。在整个中世纪，斯科尔霍尔特曾是冰岛最接近城镇等级的地方。现在的首都雷克雅未克彼时还只是个小农场。然而在1789年，一个英国游客描述斯科尔霍尔特"只有12—15座房子，或者毋宁说是茅舍"。当主教（当时已是路德教当道）转移到雷克雅未克时，英国人说"只要（雷克雅未克的）教堂一完工"，斯科尔霍尔特"就将不再重要"。他的预言成真了。雷克雅未克不断壮大，现今其城区和市郊人口已占全国32万人口的三分之二。由于斯科尔霍尔特在历史上曾经的地位，致使雷克雅未克在现代污水管线、住宅区和图书馆等公共设施建设时都没有发现中世纪工坊的遗迹。但在伦德（人口11万）和特隆赫姆（人口17.2万）就发现了这样的遗迹，因为这两处从10世纪之后就一直有人居住。

在20世纪中期，大约是冰岛宣布从丹麦独立出来之时，一个致力于复兴斯科尔霍尔特的联盟成立。其成员集资，在原教堂所在的山顶上建立新的混凝土教堂。组织中一些深谋远虑者首先委托考古人员进行发掘，于1954—1958年实施。"从我们的研究一开始，"考古学家克里斯蒂安·埃尔德雅恩写道，"《主教帕尔萨迦》中流传甚广的词句就出现在我们的脑中。"[2] 发掘季末，他们在巨大的十字

---

[1] John F. West, ed., *The Journals of the Stanley Expedition to the Faroe Islands and Iceland in 1789* (Tórshavn: Føroya fróðakaparfélag, 1970), I: 115; Mjöll Snæsdóttir, interviewed in Reykjavík, May 24, 2013.

[2] Kristján Eldjárn, in Eldjárn et al. (1988), 147.

形中世纪基督教堂的文化层中发现了主教克拉恩 1152 年第一次设定的平面布局（后因多次被火灾摧毁而重建）。主要考古人员走后的某日，有个工人在十字形石教堂的南翼挖掘时触到了石棺。"斯科尔霍尔特的发掘让一切浮出水面，"埃尔德雅恩说，"帕尔·荣松的坟墓是最重要，也是意义最重大的发现。我们不能确定会不会再发掘出这样一个划时代又非凡的冰岛传奇故事。"

离斯科尔霍尔特不远有条河，蹚水过去，在小山上会发现质地较软的红色火山凝灰岩，主教帕尔的石棺就用一整块这样的石头雕刻而成①，简洁优雅，线条圆润，只用从较宽那端伸出来的两个圆柱形的钮状物体装饰。棺盖已被烧毁，可能是缘于 1309 年的浩劫。1954 年的一天，考古人员第一次开棺，政府官员、学者、神职人员和媒体都聚集在山坡上。考古学家做了简要的介绍后，神父唱起了《赞美颂》（*Te Deum*），然后天空突然像开了一个大洞似的大雨如注。在场的参与者，包括后来看电视的观众，对此终生难忘。因为根据《主教帕尔萨迦》，帕尔第一次下葬的时候，就发生过类似的情况：上天在哭泣。

静静地安放在遗骨右肩的是用海象牙雕刻的主教牧杖的杖头。帕尔的手指上没有金戒指或主教徽章的痕迹，只有一根银线。奇怪的是，他的脚边堆积着很多烧过的骨头，其中混杂着铅和玻璃，可能是彩色玻璃窗的残骸和长眠在钟楼基部小礼拜堂的木神龛中其他大人物的遗骨。1309 年教堂烧毁时，帕尔的石棺可能是唯一"幸存者"，在将石棺放入重建的教堂地板之下进一步保护起来之前，其他神圣遗物被重新放于石棺内。帕尔生前在国外访问其他大教堂时得知，石棺是不应埋葬的，因而我们推测，1954 年石棺被发现时，其实它本不应该

---

① Steinkistan Páls biskups Jónsssonar, Skálholtsstaður, Skálholt, Ísland; Jón Steffensen, "Bein Páls biskups Jónsssonar," *Skírnir* (1956): 172–186; Sveinsson (1954), 3–4.

埋在那个地方,而应该放在钟楼地板上明显可见的某处。

2012年,碳元素测年研究打消了一切对该遗骨是否真是帕尔·荣松的质疑,对一块骨骼标本的研究结果表明墓主人生卒于1165—1220年[①]。参与维京人和中世纪营养学的跨国课题的研究者并没有检测帕尔的象牙牧杖的年代。他们只对人类遗骸有兴趣。

牧　杖

如果冰岛人当初没有决定在斯科尔霍尔特建造一个全新的、时髦的教堂(也是首次被考古发掘唤醒的教堂),那么巧手玛格丽特仍然是无人问津的萨迦故事中的小片段。帕尔石棺证明了《主教帕尔萨迦》的真实性。棺内象牙牧杖的发现使我们联想起玛格丽特雕刻的一枚海象牙,萨迦说:"技艺太高超了,在冰岛再没人见过比这更有艺术性的东西了。"对牧杖的描述已不复存在,我们只知道帕尔委托人制造了牧杖,可能在挪威把它送给了索瑞尔(1205年任特隆赫姆的大主教)。但是很多专家倾向于认为主教帕尔石棺中发现的牧杖是玛格丽特所制[②]。

还有人认为,现存哥本哈根丹麦国家博物馆的第二支12世纪的牧杖也为玛格丽特所制[③]。这支牧杖于1926年发现于格陵兰一个

[①] Guðný Zoëga, interviewed in Sauðárkrókur, Iceland, June 4, 2013; Jette Arneborg, interviewed in Copenhagen, November 13, 2013; Jette Arneborg et al., "Human Diet and Subsistence Patterns in Norse Greenland AD c.980–AD c.1450," *Journal of the North Atlantic,* Special Volume 3 (2012): 119–133.

[②] Þjóðminjasafn Íslands, Reykjavík (S 2); Th. Magnússon (1987), 43; Kristján Eldjárn, in Eldjárn et al. (1988), 48; Elizabeth Pierce, "Walrus Hunting and the Ivory Trade in Early Iceland," *Archaeologia Islandica* 7 (2009): 59.

[③] Nationalmuseet, København, Udstilling om Danmarks Middelalder og Renæssance: Nordboerne i Grønland (DNM D11154).

主教的墓葬中。鉴于牧杖上的罗马式花纹设计,考古学家推断墓主人是主教乔恩·斯米瑞尔[①],他在1203年的冬天和帕尔一起待在斯科尔霍尔特,教帕尔参考挪威国王斯韦雷的食谱用红莓酿造圣餐酒。乔恩·斯米瑞尔还贷款建造了嘎达大教堂,这是一座傲人的、用红砂岩打造的长边几百英尺的长方形基督教堂,拥有鸡血石的装饰和绿色的玻璃窗,与格陵兰司空见惯的木－草结构教堂大相径庭。《主教帕尔萨迦》记载,乔恩·斯米瑞尔于春天离开斯科尔霍尔特前往罗马,临别仪式"十分盛大,既收到了昂贵的礼物,又拥有了各种荣誉"。有的人通过这句话,认为乔恩当时被赠予了巧手玛格丽特所制造的牧杖。若果真如此,他必定会将牧杖传给继任者。乔恩于1209年死于格陵兰,最近的碳元素测年研究发现,与牧杖葬在一起的骨骸,其年代应在1223—1290年。

玛格丽特与这两支象牙牧杖之间的关联应该说是很微弱的,但是我们在将某些中世纪艺术品归到某个艺术家名下时,证据经常还不及这多。以《论各种艺术》的作者——修道士黑尔默斯豪森的罗杰为例[②],称他为"修道士"和"艺术家"的文献是13世纪时对12世纪一份原版合约所做的手抄副本。这份合约记录了购买"修道士罗杰"所制造的黄金十字架和装卷轴的圆筒,还有神龛,献给圣基里安(Saints Kilian)和黎伯瑞斯(Liborius)。买家是帕德伯恩的主教亨利。(要问价钱是多少?能买下一座教堂。)现存帕德伯恩的一件器物上就有这两位圣者的画像,并刻有主教亨利的名字。虽然

---

① Pierce (2009), 59; Roesdahl and Wilson (1992), 384; Seaver (2010), 83–84; Jette Arneborg, *Saga Trails* (Copenhagen: National Museum of Denmark, 2006), 51; "Páls saga biskups," in *Biskupa sögur* (1858), I: 135; Jette Arneborg, in *Vikings: The North Atlantic Saga*, ed. William W. Fitzhugh and Elisabeth I. Ward (Washington, DC: Smithsonian Institution Press, 2000), 312.

② Gearhart (2010), 134.

专家认为该器物是个"便携式祭坛"，但他们也一致同意其必定是个特许的"神龛"（特许，就是很可能不是传统式样或原本不允许在神龛上画圣像，但这个画了，想必是特批的）。与便携式祭坛在"风格、结构、装配和装饰"[①]上的相似之处使艺术史学家们相信罗杰带着其他艺术作品跨越德国北部，进入比利时，这些艺术品包括第二尊祭坛、宝石十字架、耶稣受难像、雕刻十字架、书壳、一本大号（唯一的）装饰首字母的《圣经》。罗杰现在有"一堆工作，一条事业线，一群追随者"。以上内容完全由13世纪一份手稿里一则简短的片段推断而来。最终，实用手册《论各种艺术》被归功于他，因为在现存的一份年代可追溯到1150年的维也纳手抄本上，可识别出作者署名是"罗杰"。一名对手抄本进行了比对的学者承认："维也纳手抄本上的'罗杰'可能指的是黑尔默斯豪森的艺术家罗杰，这个观点很大程度上是基于偶然的推测。"

另一个例子是一枚海象牙十字架，现藏于纽约大都会艺术博物馆，"成为修道院艺术博物馆宝库中放在餐桌中央的摆饰"[②]。专家将其誉为"无限的视觉享受"，但在其他方面则很少达成共识。在风格上，他们将其断代在1050—1200年。1989年，在十字架上做了两处取样，碳元素测年提出了一组令人"目瞪口呆"的数据——676—694年。（使用^{14}C对海象牙制品或其他海洋生物的骨骼和牙齿制品进行准确断代已经被北欧格陵兰的研究彻底改革了，这些对十字架的断代很可能没有经过准确校正。）尽管存在这种不确定性，但基于它的"水平"及其与《圣经》有关内容的相似性，一些专家

[①] Gearhart (2010), 141.

[②] The Cloisters Cross (63.12), Metropolitan Museum of Art, New York; Elizabeth C. Parker, and Charles T. Little, *The Cloisters Cross* (New York: Metropolitan Museum of Art, 1994), 13, 17, 19, 36, 37, 38, 213.

认为修道院十字架应归属于英格兰贝里圣埃德蒙兹修道院以及艺术家雨果大师（Master Hugo）。关于雨果大师，我们目前只能通过14世纪之后的文本来了解一二。根据这些记载，他在1125年造了一口钟；5年后，又为教堂造了两扇巨大的青铜大门。"雨果大师用自己的手指雕刻，在其他工作上亦超越常人，在本次杰出的工作中，他甚至超越了自己"。然而他的作品无一幸存。12世纪50年代早期，中世纪的文献说，十字架"无与伦比的雕工出自雨果大师之手"。一些近期出版的专著指出，这些"散碎的词句"，"并不能确认博物馆的十字架就是描述中的那个十字架"。但他们也满怀希望地补充道，虽然缺乏具体尺寸的数据，但是可以被"雕琢"的材料是包括海象牙的。

比起考古学，艺术史是一门更视觉化的学科。科学起到了一定的作用，但并无特殊作用。碳元素断代法可以告诉我们冰岛和格陵兰牧杖的正确年代是否在帕尔时期或乔恩时期。（目前为止只检测了骨骸。）同位素分析可以告诉我们牙是否来自格陵兰的海象。（虽然没人怀疑这点。）但是尚无已知的科学技术可以告诉我们牧杖是否为巧手玛格丽特所雕刻。

如果说确实是玛格丽特制造了它们，那么这两件艺术品能够告诉我们关于刘易斯棋子的一些什么呢？它们是否在"风格、结构、装配和装饰"方面有相似性呢？

格陵兰牧杖的杖头（木棒部分已经腐烂）用海象牙制成，颜色已变暗，看起来又温暖又红润，大约5.5英寸长。外形像一棵曼妙的葡萄树，末端是四片大而卷曲的树叶，与瓦尔肖夫斯塔泽教堂大门上巨大的叶子非常像，而刘易斯棋子中国王、王后、主教棋子宝座背后也有很多小叶子。在风格上，它们流行于13世纪的罗马。

主教帕尔牧杖的棒身部分已腐蚀殆尽，但铁尖留在了石棺中。

根据杖头和铁尖相对于骨骸的摆放位置，可知牧杖总长 4.5 英尺。被压进铁尖的部分证明棒身直径 1 英寸，木料为白蜡树。冰岛不产白蜡树，所以它必定是进口货。

蜜色的海象牙杖头现陈列于雷克雅未克的冰岛国家博物馆，高不到 5 英寸，布满裂纹，基部裂成碎片，形状像一条纤细的长颈龙，回首咬一只小猎物。龙的圆耳朵向前卷曲，眼睛呈泪滴状，鼻子因咆哮而皱起，大前牙刺穿小猎物；猎物扭动着，头向后甩，嘴巴大张，前肢蹲伏，做奋力逃脱状。

这是一个富有张力的、充满暴力的场景，对罗马式时代的主教牧杖来说，这个主题惊人地常见①。挪威乌尔内斯木构教堂里雕刻的主教像，手里拿着的牧杖正是这种大口吞噬的蛇形象。在上端有类似龙形帽的牧杖中，与圣伯纳德有关的牧杖现存于大英博物馆，与圣格里高利有关的牧杖现存于罗马。瓦尔肖夫斯塔泽教堂大门上的龙代表魔鬼。被恐吓的小动物一般是公羊，通常背着十字架。公羊即《羔羊颂》（*Agnus Dei*）里上帝的羔羊的成熟版。有些牧杖上还含有一个小小的幼狮，正如《野兽之书》所解释的那样，其寓意为耶稣复活。

主教帕尔的牧杖上，被攻击的小动物没有卷曲的公羊角，也没有背负十字架，这导致一些观察者将其贴上幼狮的标签，并认为长着长颈在撕咬的动物不是龙，而是一只母狮在给幼狮呼入生气。较小那只动物的背面损毁得太严重，已无法辨认是狮子的尾巴还是羔羊的尾巴。然而，就在佚失的木杆上方凸出的长木条上雕刻着更多

---

① A. M. Cust, *The Ivory Workers of the Middle Ages* (London: George Bell and Sons, 1902), 131–132; Rafnsson (1993), 87, 123; O. M. Dalton, *Catalogue of the Ivory Carvings of the Christian Era in the British Museum* (London: British Museum, 1909), 75; Th. Magnússon (1987), 43.

动物。尽管这些雕刻也腐朽得厉害，但能清楚地看出一只小动物和龙嘴里那只动物是一样的，它有一条长长的狮子尾巴。

于是，主教帕尔牧杖的故事就与瓦尔肖夫斯塔泽教堂大门的故事匹配起来了：代表恶魔的龙攻击代表耶稣的狮子。（这个牧杖里缺失的角色应该就是主教本人。）玛格丽特生活的那个时代，"狮子骑士"主题的流行赋予她灵感将龙的猎物雕刻为一只小狮子，从而取代了传统《羔羊颂》里的公羊。让我们拉近镜头来个特写，会发现她雕刻的龙更吸引人，并不恐怖，反而很可爱。牧杖的整体构造有一种奇异的古怪感，在整套刘易斯棋中，不得不说巴萨卡和骑士毛茸茸的小马驹在感觉上与之很相似。

巧手玛格丽特

我们对巧手玛格丽特的所知全部来自《主教帕尔萨迦》，除此之外再没有其他资料提到过她。洛夫特勉为其难地说起过一点点关于她的事情。我们了解到她住在斯科尔霍尔特，是一名身居要职的神父的妻子。她的高贵地位为自己免去了普通农场女人日复一日的苦差事：挤牛奶、做奶酪、纺纱织布，不过她好像担任着管理的角色，特别是在帕尔的妻子赫迪斯死后，当家的重任正式落到了帕尔年仅 14 岁的女儿索拉身上时。1211 年帕尔本人也去世了，玛格丽特和她的丈夫全权管辖斯科尔霍尔特五年之久，直到 1216 年新的主教上任。

除了牧杖和祭坛的装饰品，玛格丽特可能还制作了一些实用器物，比如勺子、梳子和纺织工具。她很可能在刺绣和小片编织上是把好手，但我们也无从证实。洛夫特对巧手玛格丽特没什么兴趣，他想谈论的只是他的父亲，以及他本人的重要地位。洛夫特似乎总是扮演他父亲的使者，给奥克尼的主教和挪威的国王带去馈赠，只有在这种互惠的交换礼物的场景中，他才会想起玛格丽特来。他对她在象牙制作上的技艺的联想，再加上帕尔偏好将"珍贵的东西"作为"礼物送给海外友人"的作风，是证明玛格丽特制造了刘易斯棋的绝佳线索。这篇短文在译成英语前从未公开过，现引全文如下：

> 当时，主教帕尔的儿子洛夫特去了国外，拜访其他岛屿的贵族[①]——首先是奥克尼的主教比亚德尼，接下来是挪威的国王英基和他的兄弟伯爵哈康，并接受了他们华贵的礼物。而老主教无所事事，整日担心自己的儿子，等待消息，想知道事情进展得是否顺利。最终上帝赐予了他欣喜，这年夏天，洛夫特载誉还乡，带着回赠的贵重礼物。可以这样说，因着父亲的关系，他无论游历到哪里都受到尊崇。
>
> 那年夏天，大主教索瑞尔送给主教帕尔的珍宝从挪威而来：一顶镶金边刺绣的主教法冠，在冰岛本土史无前例，以及一枚价值连城的黄金指环和一副华丽的手套。那个夏天过后，就是主教帕尔在斯科尔霍尔特待的第16个冬天，奥斯陆的主教尼古拉斯从海外给主教帕尔送来了奇珍异宝：一整套贵重的黄金戒指，上面镶着宝石，价值2盎司白银。他还送来了很多香脂[②]，多得根本用不完。虽然每件稀罕物都要花费若干盎司纯银，但对主教帕尔来说，却没什么可称得上是珍贵到自己真正想要的东西。
>
> 同样，主教帕尔也送给海外友人许多礼物，例如矛隼和其他宝物。他送给大主教索瑞尔一支海象牙雕刻的牧杖，雕工甚是精妙，乃至整个冰岛无人曾见过这样的艺术珍品。牧杖由巧手玛格丽

---

① "Páls saga biskups," in *Íslenzkt fornrit 16* (2002), 324–325.
② Lúdwík Kristjánsson, *Íslenzkir sjávarhættir* (Reykjavík: Bókaútgáfa Menningarsjóðs, 1986), 5: 106.

特所制,她在当时是全冰岛技艺最高的雕工。主教帕尔离世时,她和她的丈夫都在斯科尔霍尔特,玛格丽特的丈夫——神父索瑞尔(不是大主教)接管了教廷的事务,玛格丽特完成了主教帕尔所有的心愿。主教帕尔生前委托人制造祭坛的装饰品,并为此储备了一大笔钱,既有黄金又有白银,而玛格丽特又很擅长雕刻海象牙。如果完全按照他的设计做下来,这个祭坛理所当然将成为无上至宝,但身怀绝技的神龛工匠索尔斯坦和玛格丽特在主教死后才完成工作。主教的死引起了民众极大的恐慌,并持续了很久,只有在主教的家人面前才暂时有所收敛。索尔斯坦被推选去设计祭坛的装饰品。

显然洛夫特算不上是一个好的文学家。他的记忆在书页之间游移,仿佛一个老人对陈年旧事混乱的回忆。从字里行间,我们能重构他的思绪。在1208—1210年的旅程中,他被给予的荣誉是显而易见的。虽然他没有描述自己从主教、国王、伯爵那里收到的礼物有多么贵重,但是1210年他被提醒将特隆赫姆的大主教索瑞尔赠送的手套、指环和法冠带给他的父亲,很可能是亲自去递交的。后面的追忆片段来到了1211年,奥斯陆的主教尼古拉斯赠送的礼物:一只金戒指,镶着巨大的宝石,还有很多香脂,将其与油混合,就制成用于洗礼、临终涂油礼和其他基督教仪式上神圣的圣油。

正如古谚语所说,"来而不往非礼也"。洛夫特忆起他的父亲"赠送许多礼物给海外的友人,包括矛隼和其他宝物"。矛隼暗示了其他宝物的质地,这些体型庞大的白色猎隼被视为珍贵的猎鸟,是格陵兰最有价值的出口物之一。格陵兰的另一个关键出口物当然是海象牙,也是洛夫特提到的下面这种宝物的原材料:巧手玛格丽特雕刻的海象牙牧杖。极有可能在索瑞尔被选举为大主教的1205年,主教帕尔委托人制造了这支牧杖。帕尔可能于1208年派18岁的洛夫特将牧杖送到挪威。为表感谢，索瑞尔回赠了法冠、戒指和手套。

洛夫特生长在斯科尔霍尔特，他当然认识巧手玛格丽特。他目睹过这件非凡作品的制作过程，"雕工甚是精妙，乃至整个冰岛（特别是这位年轻的作者）无人曾见过这样的艺术珍品"。在这些毫无头绪的行文中，作者本可以告诉我们更多关于她的事情，然而正相反，在下面这耐人寻味的语句中他轻描淡写地一带而过，"玛格丽特完成了主教帕尔所有的心愿"。除了牧杖和祭坛装饰品，他还有什么心愿？如果洛夫特写下这些，那该多么有意义，"第二件（她雕刻的作品）是一副棋盘游戏棋子，用海象牙精制而成。……这种棋盘游戏在旧规则中只有一枚国王棋子，在新规则中则有两枚"。① 但是他没有。这些话出自《狡猾的莱夫萨迦》，涉及一个虚构的、来自格陵兰的象牙雕工。我们所知的只是该萨迦在写作之时，13世纪（或14世纪）的冰岛曾有个人被认为将一副海象牙做的象棋作为上好的礼物送给了一位国王。

艺术家

主教帕尔有没有让玛格丽特制造刘易斯棋呢？我们无法断言。但无疑她有这个能力。玛格丽特有个绰号，叫"hin Haga"，翻译者曾将其译为"熟练的""手巧的""敏捷的"和"麻利的"，最常见的是"灵巧的"。作为冰岛最好的海象牙雕工（这个岛因与格陵兰的贸易而使海象牙供应充足），玛格丽特善于使用各种锯、锉、粗锉刀、凿、弓钻、小刀、刻刀、三角刻刀和圆凿（就像在马斯特米尔发现的那个工具箱里所放的遗物一样）。从维京时代的手艺人到现代的因

---

① *Saga of Ref the Sly*, tr. Clark, in *Sagas of Icelanders* (2000), 612–613.

纽特艺术家，所有象牙工人都十分熟悉这些工具。实际上，她可能也不需要太多工具①。一位专家说，只要"一把小刀，一把锥子，可能顶多再加一把趁手的钻"就可以雕刻出最精致的中世纪海象牙制品。另一位专家在 20 世纪 60 年代目睹了一位因纽特艺术家雕刻海象牙，他只用了一把普通的扁斧、一把粗锉刀和两把锉。

另外，海象牙那不允许出差错的硬度使得它成为一种只能由熟练成手雕刻的材料。玛格丽特应该受过木工训练，因为木料与海象牙材质最相似，最好顺着纹理雕刻。"把这两种材料的纹理切断是一件极有难度且耗时的事情，因为这会导致纤维'挑出'。"②一位中世纪海象牙雕刻权威这样写道。玛格丽特在哪儿学的雕刻木头呢？这也并非无迹可寻，毕竟她和她丈夫陪伴主教帕尔到国外受封时去过特隆赫姆和伦德。1202 年，当遴选出来的主教霍拉尔航行去国外时，带了 20 个冰岛人随行，其中至少有一名女人。或者玛格丽特跟在别的队伍中曾参与旅行。《当代萨迦》说很多冰岛女人在 12、13 世纪乘船去国外，走访挪威的亲戚，有的甚至去圣岛朝圣。不过，最有可能的是她在国内就很博学了。冰岛国家博物馆收藏的罗马式木雕表明她有丰富的工匠经验。

由于未发现 12 世纪的工具箱实物，所以我们关于玛格丽特的技艺的最佳线索来自《论各种艺术》③。西奥菲勒斯描述了用象牙

---

① John Beckwith, *Ivory Carvings in Early Medieval England* (London: Harvey Miller and Medcalf, 1972),116; Norbert J. Beihoff, *Ivory Sculpture Through the Ages* (Milwaukee: Milwaukee Public Museum, 1961), 18, 27; see also Anthony Cutler, *The Hand of the Master* (Princeton, NJ: Princeton University Press, 1994), 91–99, 114, 119, 133, 135.
② Anthony Cutler, "Prolegomena to the Craft of Ivory Carving in Late Antiquity and the Early Middle Ages," in *Artistes, Artisans, et Production Artistique au Moyen Age*, ed. Xavier Barall i Altet (Paris: Picard, 1987), 2: 443–445.
③ Tr. Dodwell (1986), 165–167.

制作象棋（或其他任何器物）的步骤："先按需削一块尺寸适合的材料，再用粉笔在上面画上标记，接着用铅在材料上画出理想的图案，用锋利的工具刻出轮廓，这样就准备就绪了。下面，用不同的凿子，最大限度地削减不需要的部分，最后再雕刻形象。"至于装饰刀柄，西奥菲勒斯推荐了一种设计，在刘易斯棋中的国王、王后和主教棋子宝座上也能看到："周身精致地刻出小小的花朵和动物，或是鸟，或是龙，都是首尾相连的。"最后一步用木灰或富含硅的问荆草（*Equisetum arvense*）给雕刻品抛光，这是一种冰岛遍地可见的植物。1832年大英博物馆的马登检测棋子，他发现有些棋子是红色的。可能由于19世纪的清洗方法的缘故，着色的痕迹已经褪去，但是西奥菲勒斯指出，可以用茜草将牙染红[1]，中世纪时在冰岛也用这类植物的根茎染羊毛。西奥菲勒斯建议使用由鱼鳔制成的胶水来粘贴小块或打补丁。苏格兰国家博物馆收藏的编号22的王后棋子上的小斑点与这些小小的象牙补丁联系在了一起。西奥菲勒斯也提到这种技术，并指出有必要使用"同一块象牙的碎片"，这样才能确保它们"完美拼接而没人能察觉到"接缝。

  为了制作棋子[2]，玛格丽特考虑到海象牙的弯曲度，椭圆形的横截面，以及上面的磨损或裂纹，首先将材料分割成块。比如一

---

[1] Frederic Madden, "Historical Remarks on the Introduction of the Game of Chess into Europe," *Archaeologia* 24 (1832): 244.

[2] Hourihane (2012), 441; Pete Dandridge, "From Tusk to Treasure," December 6, 2011, and Ross D. E. MacPhee, "The Walrus and its Tusks," November 14, 2011. *Metropolitan Museum of Art, Game of Kings Exhibition Blog,* http://www.metmuseum.org/exhibitions/listings/2011/the-game-of-kings-medieval-ivory-chessmen-from-the-isle-of-lewis/exhibition-blog; Arthur MacGregor, *Bone, Antler, Ivory, and Horn* (London: Croom Helm, 1985), 55, 58; David Caldwell, Mark Hall, and Caroline Wilkinson, "The Lewis Hoard of Gaming Pieces," *Medieval Archaeology* 53 (2009): 187, 189; Danielle Gaborit-Chopin, in Roesdahl and Wilson (1992), 204; Stratford (1997), 4.

支 30 英寸长的海象牙,可以生产 5 枚棋子[①]。最宽的一块,也就是骑在马上的骑士,用了海象牙的根部,然后依次是国王、王后、主教,每一枚都比前一枚窄一些,端部就制成了兵。有时两个细长的块——兵或车——可以用同一段牙雕刻出来。

在冰岛,粉笔和铅不是那么容易得到的,但是正如西奥菲勒斯介绍的那样,玛格丽特仍然在切割之前先在海象牙块上刻出了设计样。这些痕迹大部分在最后抛光时被打磨掉了,但将棋子翻转过来,仍能在底部看到锯子、凿子和锉刀的痕迹。拟一张草图后,玛格丽特拿起一把锯子开始工作。在做骑士棋子的时候,马头和马尾上部的大部分不得不被切掉。接着,玛格丽特拾起一把小刀、凿子或圆凿,将海象牙倾斜起来,在表面刮擦出形状。还有一些地方需要镂空,比如王后棋子的手腕和脖子之间,这就需要用到钻或螺旋钻。雕刻微小的细节时,如头发和马鬃,礼服和长袍的褶皱,或者盾牌和王冠的花纹,就要使用雕刻刀和三角刻刀。这些锋利的工具形状各异,最常见的是 V 字形和 U 字形刀。最后,在给眼睛做瞳孔时(这会使得棋子看起来很可爱),玛格丽特会用一支小小的圆形打孔器。

她要小心,不能切割得太深。虽然在颜色和整体密度上,海象牙和象牙很相似,但是海象牙有粒状的黑色牙核,非常易碎。在海象牙的根部接近颅骨处,或者牙齿已严重磨损时,牙核上只有一层薄薄的光滑的牙釉质。某些情况下,雕刻到核的部分是无法避免的,比如编号 22 的那枚小小的王后棋子,就是用一块会被手艺平庸(或者说不那么成功)的艺术家扔掉的海象牙块加工而成的。但还有一种情况,会故意露出海象牙的黑色内核。一位观察家认为这

[①] Robinson (2004), 60.

种"颗粒"① 可被用来"表现骑士马匹的侧面,或使主教法衣的褶皱看起来更有质感"。

工 坊

任何东西,越放大了看越会发现瑕疵②。苏格兰国家博物馆的大卫·考德威尔和他的合著者——珀斯博物馆和美术馆(Perth Museum and Art Gallery)的马克·豪尔说:"窖藏无疑含有品质相差悬殊的废片。"比起其他失误,刻穿了颗粒状牙核还不算什么。有一枚骑士棋子之所以被损毁是因为"所骑的马的胸前有一道横向的凹槽,很可能是工匠在切割马头的外轮廓时,一不小心割得太深所造成的"。

另外一些失误则提醒考德威尔和豪尔,不止一个雕工在工作。"有两枚棋子没有按计划完成。"他们写道。一枚主教棋子的头发"仅仅粗略勾画出样子,没有像其他棋子那样刻出发丝",骑士不算在内,因为其"头发只在头部的一侧有条纹"。这些棋子已经做了适当的抛光处理,这就排除了它们在被丢弃时仍处于加工状态的可能性。另外,它们的"精心设计和执行"引导考德威尔和豪尔认为它们是"催货压力下工坊的输出品",该工坊有若干名工人,每人都有分工。在这种情况下,"美发师"(负责雕刻头发的工人)就疏忽了。

总而言之,考德威尔和豪尔认为刘易斯棋子代表至少四名艺术家的工作。考德威尔与邓迪大学(University of Dundee)的卡罗

---

① MacGregor (1985), 139.
② Caldwell et al. (2009), 185–187; David Caldwell, Mark Hall, and Caroline Wilkinson, *The Lewis Chessmen Unmasked* (Edinburgh: NMS Enterprises, 2010), 63.

琳·威尔金森通力合作，对 2009 年公开的 59 枚棋子进行了重要的复查后，他们得出了这个结论。威尔金森是一位法医艺术专家[①]，因复原国王理查三世、苏格兰的玛丽女王、约翰·塞巴斯蒂安·巴赫的头部而名声大噪，尤其是她能根据颅骨进行复原，无论颅骨是刚从墓葬中发掘出来的（国王理查）、用青铜铸造的（巴赫），还是取自玛丽女王的箱子里她在各个年龄段的画像。

威尔金森假设"工匠有规律地生产棋子是为了给它们相同的面部特征，这与现代漫画家或节日纪念品的雕工所采用的方法相同"。她应用计算机网格系统描绘棋子的面部，从水平和垂直两个方向评估其比例。然后放大并测量，将眼睛、嘴巴和鼻子分类。她将 59 张脸中的 50 张分为五组，即 A—E 组。全部棋子都拥有"圆睁的双眼"，B 组有"非对称眼"，而 C 组、D 组和 E 组的眼下有褶皱，A—D 组都有下垂的嘴角，D 组还有一例龅牙。鼻子是变化最多样的，有长的、直的、窄的、轮廓分明的，也有球形的；鼻底扁平，"下方是鼻孔"，或圆鼻翼（"鼻孔周围的有肉部分"）和可见的鼻孔，或"上扬的鼻底，扁平的鼻翼，鼻孔可见"，或"圆鼻尖"，或"心形鼻底"——除了惯于单靠颅骨上的洞就能创建三维立体鼻子的艺术家，再没谁能想出更多的术语了（也许整形医生可以与之媲美吧）。

剩下的九枚棋子被分在 X 组，原因是"要么受损太严重、太模糊，要么与其他大相径庭"。所以，在这个假想的象牙工坊里，应该有超过五名的面部雕工。这些工人被分配了不同的工作（比如那位疏忽大意的"美发师"），工坊的规模就扩大了。从尺寸上看，来自两副棋的 59 枚棋子"非常紧密地被分为一组"，而另外的第三

[①] Caldwell et al. (2009), 182–189.

副和第四副棋子则有所不同。但是这四副按尺寸分类的棋子和五个面部雕刻小组几乎没有重叠。考德威尔和他的同事得出这样的结论："由于在公认已经成套的棋子之间并没有什么明确的划分，所以这可能被视为证据，表明大部分棋子是由同一家工坊制造出来，那是一个规模稍大的机构，有四名或更多工匠大师可在同一时间制造象牙棋子。"

也许他们最初的假设"关于艺术家，他的环境，还有那个时代的工作方法"[①]是无效的。也许刘易斯棋子不是由一个工匠制作，而是由一个拥有无数工匠的大型工坊"有规律地制作出棋子"。也许我们无法将刘易斯棋子想象成与梳子一样，是标准化的商品，而是像牧杖那样的，是独一无二的艺术品。毕竟，没有两枚刘易斯棋子是完全一样的。也许"在交货的压力下"，它们可以快速制成，但是慢慢地，经过多年、长期的工作，艺术家的手艺得到了提高。也许她利用的是别的生产任务中废弃下来的象牙边角料。也许这五组棋子的面部反映了当时人们的真实表情，展现了她所见过的所有极端的嘴脸。也许X组里"全然不同"的面部表情是玛格丽特在国外工作时带回来的样品，因为很像刘易斯棋的其他特殊棋子，已经在格陵兰、挪威、瑞典、爱尔兰、英格兰、意大利和法国有所发现。也许不止一个雕工，毕竟巧手玛格丽特和神龛工匠索尔斯坦在制造祭坛的装饰品时曾通力合作过。

考德威尔和他的同事坚信不止一个艺术家参与其中："雕刻D型棋子的工匠可谓是个天才，而雕刻C型棋子的人则技艺有限，缺乏设计感。我们通过观察全部棋子得出了这样的结论。"

C组22号，那枚有道沟槽的小小的王后棋子，与之一起的拼

[①] Hohler (1999), II: 12.

凑的宝座，虽然以不同的眼光看会得出不同的评定，然而这枚王后棋子的确是个杰作。

一位罗马艺术专家指出，刘易斯棋"在心理上被划归为12世纪雕塑中不寻常的等级"[①]。它展示了那个时代大部分艺术品所缺失的"自发性和世俗性的生动"。另一位专家补充道，与其他海象牙制品相比，"刘易斯棋子是完全自然主义风格的，在制作上也体现了非凡的技巧"[②]。它们"虽然简单却不平凡"。大英博物馆的一位策展人总结说："刘易斯棋的浑然一体和自信的风格是举世无双的。确实，棋子的出身，无论是风格还是年代，都还有许多不确定性。这是由于缺乏具有可比性的存世资料。还没有正好能与简单的垂褶、简洁而富表现力的手指、坚强有力的面庞相对应的东西出现。"[③]

像主教帕尔的牧杖一样，刘易斯棋子怪诞又瞩目，不完全符合事实情理。它们是能捕捉面部表情、情绪、某一时刻特性的艺术家的杰作，它们是有着敏锐幽默感和轻松心情的艺术家的作品。它们可能的制造者巧手玛格丽特，为主教帕尔制造了许多礼物送给国外友人，其中就有挪威国王，他现在就摆在我们的棋盘上。

[①] G. Henderson, "Part III: The English Apocalypse," *Journal of the Warburg and Courtauld Institutes* 31 (1968): 103–147.

[②] MacGregor (1985), 139.

[③] Michael Taylor (1978), 9.

第四章

国　王

刘易斯棋的 8 枚国王棋子中，有 2 枚年轻些的没有蓄胡子，只有 1 枚将头发编成四股以上的长辫子。他们和王后棋子一样穿着长袍，戴着王冠；看起来阴郁、乖戾、严肃、厌烦，年轻的还有些机灵劲儿。

每一枚国王棋子的膝盖上都横放着一把剑，就像《埃吉尔萨迦》[①]中的场景。埃吉尔的兄弟在战斗中死去，"埃吉尔坐下来，将盾牌放在脚边。他戴着头盔，将剑横放在膝盖上，把剑从剑鞘中抽出一半，然后又唰的一声插回剑鞘。……国王阿瑟尔斯坦坐在宝座上，他也把宝剑横放在膝盖上。他俩就这样坐了一阵儿"。最后国王支付给埃吉尔两箱白银和一只沉甸甸的臂环，作为对他兄弟死亡的赔偿。

皮克特族的石雕比《埃吉尔萨迦》要古老得多，这些石雕现在就固定在展出刘易斯棋的苏格兰国家博物馆的大门口正上方，其

[①] "Egils saga Skalla-Grímssonar," *Íslenzk fornrit 2*, ed. Sigurður Nordal (Reykjavík: Hið íslenzka fornritafélag, 1933), 143–144.

上描绘了一个类似的场景：一位国王坐在那里准备审判，宝剑就横放在膝盖上。除了基本的王族姿态，刘易斯国王棋子（还有王后和主教棋子）的宝座也引起了学术界的关注。宝座是正方体，三面雕刻着环、旋涡、结和龙、叶、藤、蔓、松塔、狮子、弓、锯齿形花纹、篮纹和花朵。

有些图案使我们想起了主教帕尔的牧杖，这些龙都有着相同的蛇颈、狗的口鼻、脑后圆圆的小熊的耳朵，以及泪滴状的眼睛。

这样的龙在罗马式艺术中随处可见[①]。大英博物馆中编号 78 号的国王棋子，宝座上就刻着一条曲颈有翅膀的龙，头部盘绕一圈，搁在背上。这批藏品中，还有一个与此仿佛双胞胎的图案装饰在一个海象牙制成的口哨盒或羽毛笔盒上；只是龙的翅膀有点差异。还有一些此艺术风格的有翅膀的龙更大，一般雕刻在石头上，在英格兰剑桥郡的伊利（Ely）大教堂门口、特隆赫姆的一间小教堂的残垣上和特隆赫姆主教宅邸博物馆陈列的石刻（于 19 世纪 80 年代晚期大教堂的改造中雕刻）上均可见到。棋子的年代为 1150—1200 年，盒子的年代为 11 世纪晚期，伊利大教堂门口的石雕年代约为 1135 年，特隆赫姆的石雕年代为 12 世纪中期。以上年代均为有一定根据的推测，但没有任何一个得到考古学的佐证。

另有四件类似的象牙雕刻品，它们通常与刘易斯棋里的宝座分在同组，据说它们如果不是来自同一家工坊，就是有着相同的"出

[①] O. M. Dalton, *Catalogue of the Ivory Carvings of the Christian Era in the British Museum* (London: British Museum, 1909), 36; Martin Blindheim, *Norwegian Romanesque Decorative Sculpture 1090–1210* (London: Alec Tiranti, 1965), 7; George Zarnecki, *The Early Sculpture of Ely Cathedral* (London: Alec Tiranti, 1958), 33, 36; Øystein Ekroll, interviewed in Trondheim, November 19 and 20, 2013.

身背景"①。其中有一件有曲颈龙；有两件表现的是狮子潜伏在"肥大"的叶片中，与那几个刘易斯棋子宝座背后的图案相似；有两件上面有松果袋的图案，与国王宝座的图案相同。无法追溯它们在何时何地由何人制作。第一件现存大英博物馆，由海象的长牙雕刻而成，在14世纪被改造成圣物匣，其金属铰链的设计可以证实起初它可能是个椅子腿。第二件和第三件现藏于丹麦国家博物馆，残损严重，已变成了一把15世纪宝剑的剑格和剑首。第四件的身份有点神秘，1715年发现于特隆赫姆附近的修士岛，现藏于丹麦国家博物馆，是一件大型器物的一部分，表面平滑，可能是一位主教的牧杖，杖头卷曲成两个螺旋，好像白羊角或希腊第19个字母"τ"（英文发音tau，中文发音近似"涛"），所以这类牧杖也被称为"τ牧杖"。

弗雷德里克·马登在其1832年关于象棋子的论文中，总结了刘易斯棋子宝座上的"各种涡卷形纹样、动物形象、交叉拱门和花式窗格"，称其"显然是遗迹和手稿中说的12世纪最佳的艺术风格"②。但他模糊了这些遗迹和手稿的出处。

百年之后，在该博物馆的季刊中，一位作者认为，回答"棋子在哪里制造"比回答"棋子在何时制造"要难得多。他引用了若干石刻、木雕和海象牙的例子来证明，这些宝座的艺术风格"出现的范围最北可达赫布里底，最南至少可到东安格利亚（拉丁语中的英

---

① 这四件分别是圣物匣 (British Museum, London, MLA 1959, 12-2.1)、剑格和剑首 (Nationalmuseet København, Inv. 9105)、牧杖 (Nationalmuseet København, Inv. 9101)。Neil Stratford, *The Lewis Chessmen and the Enigma of the Hoard* (London: British Museum Press, 1997), 41–44; Michael Taylor, *The Lewis Chessmen* (London: British Museum Press, 1978), 9–11.

② Frederic Madden, "Historical Remarks on the Introduction of the Game of Chess into Europe," *Archaeologia* 24 (1832): 213.

格兰),最东到达伦德"①。

通过大英博物馆一份 1909 年的象牙制品登记表可得出一个结论:"似乎没有更充分的理由将它们的来源归为古挪威而不是不列颠岛。在 12 世纪之前,不列颠岛和斯堪的纳维亚的关系就非常密切,在艺术上不断交流,装饰上的共性在北海两岸都有发现,因此,通常很难下结论说既定的对象到底属于哪一边。"②

1982 年的《中世纪象牙雕刻简介》认为:"在 11、12 世纪,存在一种无论是在体裁上还是图像上都前所未有的思想交流,所以有时很难确定一个象牙雕刻品究竟来自哪里。艺术家游历广泛,有充裕的机会受到自己所见所闻的深刻影响。"③

1965—1972 年,在一系列有影响力的研究中,挪威艺术史学家马丁·布林德海姆(Martin Blindheim)将特隆赫姆定为最有可能是制造刘易斯棋的工坊的所在地点。然而他这样做反而唤起了人们对尼达洛斯大教堂受到英格兰影响的注意④。虽然挪威教会在 1153 年以前被日耳曼和丹麦所统治,但它认为英格兰才是自己的"母教会",因为国王圣奥拉夫身边都是英格兰主教。在 1031 年确立圣徒礼拜时格瑞姆凯尔是首领⑤,1050 年他突然出现在英格兰。约 1112 年,挪威南部斯塔万格的第一位主教雷诺尔德(Reinald),是来自英格兰温彻斯特本笃会的修道士。12 世纪,许多挪威修道院作为英格兰修道院的

---

① P. E. Lasko, "A Romanesque Ivory Carving," *British Museum Quarterly* 23 (September 1960), 12–15.
② Dalton (1909), 63–64.
③ Paul Williamson, *Introduction to Medieval Ivory Carvings* (London: Her Majesty's Station's Stationary Office, 1982), 15.
④ Blindheim (1965), 5, 11, 14.
⑤ Bruce Dickins, "The Cult of S. Olave in the British Isles," *Saga-Book* 12 (1937–1945): 53–80.

子修道院建立了起来①。12世纪中期，尼达洛斯大教堂开始动工时，挪威还没有石雕传统，不过木雕倒是从维京时代开始就一直应用的。布林德海姆的推测合乎情理，他说："受过木雕训练的人也经常从事石刻工作。或许，他们被送到国外去学习了技能。"②

他们的目的地很可能就是林肯，冰岛的多莱克和帕尔都在这里读过书，特隆赫姆的大主教埃斯泰因还在这里度过了6个月的流放生涯。林肯的主教——"杰出的"亚历山大于1123—1148年在任③，他也是那个时代伟大的教堂建设者之一，林肯大教堂和特隆赫姆大教堂在许多方面都异曲同工。尼达洛斯大教堂有其怪诞之处，布林德海姆认为，新出师的挪威石雕匠们显然"将旧传统与新潮流融合在了一起，而且不太遵循规则"④。

特隆赫姆理论提出，这种混合的"北海风格"之后进入了其他领域。挪威艺术史学家埃拉·伯根达·霍勒在1999年研究木构教堂时，发现挪威木头雕工已经远离12世纪旧的维京风格。一种英格兰风格的"兽链"⑤会使一间木构教堂的门口看起来很优雅，而英格兰的植物则用在另一间教堂的装饰上。霍勒认为，挪威象牙雕工也去了北海学校，包括假设中刘易斯棋子的雕刻者。她检验大英博物馆里编号79的国王棋子宝座上呈现的两只狮子噬葡萄藤和松果的主题图案，形容这种图案是"南方派"英格兰植物映衬下的"极

---

① Bruce Dickins, "The Cult of S. Olave in the British Isles," *Saga-Book* 12 (1937–1945): 53–80.
② Blindheim (1965), 5, 11, 14.
③ Candice Bogdanski, "A 'North Sea School of Architecture'?" *Journal of the North Atlantic*, Special Volume 4 (2013): 77–106.
④ Blindheim (1965), 5, 11, 14.
⑤ Erla Bergendahl Hohler, *Norwegian Stave Church Sculpture* (Oslo: Scandinavian University Press, 1999), II: 60, 63, 82.

其典型的盎格鲁-撒克逊的'吼狮'"。"盎格鲁-撒克逊主题图案是一切的基础,"她解释道,"尽管后来有英格兰的风格和技术叠加于其上,但当地手工艺人会对其进行简化,使其看起来较古旧。"

这类本地简化不必在特隆赫姆进行。1992 年,冰岛艺术史学家贝拉·诺达尔(Bera Nordal)研究了刘易斯棋子上的图案[①],她将这些棋子与石雕、挪威的木构教堂,以及 4 件熟知的海象牙制品(前文说过)相比较,参与对比的还有冰岛国家博物馆藏的鲜为人知的罗马式木雕藏品。在检验了现存可获得的所有木头、海象牙和石制标本后,她认为"关于刘易斯棋是否起源于挪威或冰岛,并没有确凿的答案"。

特隆赫姆王后

诺达尔对冰岛木雕所做的工作取得的成果在刘易斯棋研究中通常被忽视,因为她用冰岛语撰写论文,且发表在一份不起眼的杂志中。而专家们列举了在特隆赫姆工作的两个考古学家——克里斯托弗·麦克利斯(Christopher McLees)和欧伊斯坦·易克罗(Oystein Ekroll)两年前所写的简报,他们用英语将论文发表在久负盛名的杂志《中世纪考古学》(*Medieval Archaeology*)上。对许多人来说,麦克利斯和易克罗夯实了特隆赫姆理论。他们的报告讨论了"一座用象牙雕刻的、非常精美的圣母玛利亚和圣子的小雕像"[②],发现于特隆赫姆的圣奥拉夫教堂的古遗址中,该遗址发现于 19 世纪 80 年代。后来这座雕像遗失了,现仅存三张草图。

[①] Bera Nordal, "Af tanntafli útskurður í röstungstönn," *Árbók Listasafns Íslands* (1990–1992): 31–49.
[②] Christopher McLees and Øystein Ekroll, "A Drawing of a Medieval Ivory Chess Piece from the 12th-Century Church of St. Olav, Trondheim, Norway," *Medieval Archaeology* 34 (1990): 151–154.

考古学家伊恩·里德（Ian Reed）在古老文献中搜寻关于圣奥拉夫教堂的信息，该教堂于1702年拆除，他从发现者的报告中偶然发现了草图和一些细节：圣母玛利亚雕像发现于"砾石中"，已成碎片，并被焚烧过。附近是"一堆损坏并被焚烧过的罗马式石刻碎片，年代可追溯到12世纪最后25年"。里德与麦克利斯和易克罗分享了这些信息。他们认为雕像不是圣母玛利亚，而是一枚刘易斯王后棋子。草图中的雕像戴的是面纱而不是王冠。雕像只残留头部和一只手臂（没有圣子），但这只右手对研究人员已足够：这只手捧着脸。"毫无疑问，"麦克利斯和易克罗写道，"特隆赫姆王后雕像与刘易斯棋子来自同一间工坊。"他们认为，这间工坊肯定"处于一个适宜的、开放的文化环境中"，他们确认特隆赫姆就是这种环境。

游览现在的特隆赫姆①，特别是与写这份报告的作者同行，不难发现，在尼达洛斯大教堂里、主教宅邸博物馆展出的石雕上、隐在小巷里的小教堂的墙壁上、圣奥拉夫教堂的废墟中（该遗迹现保存于新图书馆），都有与刘易斯棋子宝座上的图案相似的花纹。只要稍加翻阅12世纪的英语彩色手抄本，如《圣奥尔本斯圣咏诗》②（*Saint Albans Psalter*），也会发现里面吼叫的狮子、肥厚的叶片、主教的牧杖、褶皱的布料、手指、花朵都与刘易斯棋相匹配。圣奥尔本斯修道院（Saint Albans Abbey）的院长杰弗里（Geoffrey）委托人撰写了《圣亚历克西斯的生平》（*Life of Saint*

---

① Christopher McLees and Øystein Ekroll, interviewed in Trondheim, November 19 and 20, 2013.
② Dombibliothek Hildesheim (HS St. God. I), Basilica of St. Godehard, Hildesheim; Jane Geddes, ed., *Saint Albans Psalter Online*, http://www.abdn.ac.uk/stalbanspsalter/english/index.html.

Alexis，书中被鄙弃的新娘就是用手捧着脸颊）。圣奥尔本斯修道院位于伦敦北部，在 1125—1145 年供女隐士马克亚特的克里斯蒂娜（Christina of Markyate）使用。《亨特里安圣咏诗》[①][*Hunterian Psalter*，原名《约克圣咏诗》（*York Psalter*）] 中也可找到很多相同的花纹，该书写于 1150—1170 年的英格兰，可能在约克或坎特伯雷，甚至是林肯。通常与《亨特里安圣咏诗》搭配的是《哥本哈根圣咏诗》（*Copenhagen Psalter*）[②]，书名也是英语的。这两部圣咏诗被认为同时诞生于同一间缮写室，虽然是由不同的艺术家书写的。2012 年，一位学者认为，是特隆赫姆的大主教埃斯泰因委托人撰写了《哥本哈根圣咏诗》，并将其作为加冕礼物送给年仅 8 岁的国王马格纳斯·埃林松，我们将在后面的章节说到这位国王。

另外两枚棋子也支持特隆赫姆理论[③]。这两枚都是国王棋子，国王端坐在宝座上，宝剑横放在膝盖上。其中一枚用鲸牙雕刻，发现于特隆赫姆 50 英里外一座小岛海滩上的船只残骸中；另一枚是木制的，在建设新城镇图书馆时所得。第一枚无法得到科学的测年结果，第二枚的年代为 13 世纪中晚期。这两枚棋子只有姿态能令人联想到刘易斯棋子，而面部表情、王冠和衣着与之非常不同，宝座也很朴素无华。

---

① Glasgow University Library Special Collections MS Hunter U.3.2. (229), http://special.lib.gla.ac.uk/exhibns/month/may2007.html.

② Det Kongelige Bibliotek, København, MS. Thott 143 2°; Christopher Norton, in *Eystein Erlendsson: Erkebiskop, politiker, og kirkebygger,* ed. Kristin Bjørlykke et al. (Trondheim: Nidaros Domkirkes Restaureringsarbeiders forlag, 2012), 185, 203.

③ Christopher McLees, *Games People Played* (Trondheim: Riksantikvaren Utgravningskontoret for Trondheim, 1990), 194; Christopher McLees, "A Carved Medieval Chess King Found on the Island of Hitra, Near Trondheim, Norway," *Medieval Archaeology* 53 (2009): 315–321.

特隆赫姆的王后棋子公开之时,用鲸牙雕成的国王棋子还没被发现;麦克利斯和易克罗认为木雕国王棋子年代太晚,不做参考。为支持自己的理论,他们列举了"木构教堂大门处'特隆赫姆组合'的特点,该地区罗马式石头教堂装饰性石雕的局部变形……如果这些推断暗示图案为若干海象牙雕刻品所共有,包括在修士岛附近发现的疑似牧杖杖头,那么可以确信,为本地雕刻家所共享的技巧和图案也扩展到了繁复的海象牙雕刻上"。研究者欣然承认:"与棋子相比,几乎没有什么艺术品能够被科学地测出年代。除了石雕,没有什么产品毫无疑问出自特隆赫姆。"

以木构教堂门口处的"特隆赫姆组合"为例[①]。在精心装饰过的教堂毁于一旦时,这些精致的木雕门框和拱门被古物收藏家们保护了下来。特隆赫姆附近很少有这类教堂,它们都散布在挪威。随意抽取三座,瑞萨(Rissa)教堂在向北30英里处,跨过特隆赫姆海峡;瓦加(Vaga)教堂在向南185英里的山上;霍普斯塔德(Hopperstad)教堂在南边300多英里处,比起特隆赫姆,倒是离卑尔根更近。(冰岛两大教堂——霍拉尔和斯科尔霍尔特,二者之间距离250英里。)这些大门入口之所以被归为同一组是因为它们拥有共同类型的图案。通过一系列的推测,目前认为这些图案都附带着"特隆赫姆"这个城市的名字——木雕大师旅行至特隆赫姆,被所见所闻激发灵感,而且城内到处都是令人称羡的有类似图案的特隆赫姆石雕。不过木构教堂专家霍勒也承认,"对特隆赫姆独有的石雕进行断代几乎是不可能的"。没有年代,我们无法断定谁是原创者,谁是模仿者。

至于象牙雕刻,我们熟悉的四件象牙制品中的两件(大英博

---

① Hohler (1999), II: 67, 63, 82, 61, 81.

物馆的海象牙圣物匣和丹麦国家博物馆的τ形牧杖）与"特隆赫姆的环境"有关。但是只有牧杖算是有点儿出处。为什么我们要假设1715年发现于远离特隆赫姆的一座小岛沙滩上的海象牙小物件产自这个城市，却不能推测1831年在刘易斯岛的沙丘石棺中发现的93枚棋子是在这儿附近被制造出来的呢？

简言之，特隆赫姆理论假设在尼达洛斯大教堂工作的石雕技师将英格兰和维京图案相结合，创造了北海风格，后来这种风格被同一批或其他木雕、海象牙雕艺术家复制，其中包括刘易斯棋的制造者。但正如大英博物馆馆长迈克尔·泰勒（Michael Taylor）1978年指出的那样："在利用雕刻工艺分析'牧杖'、海象牙（圣物匣）和棋子的特性时，假定小型雕刻必然晚于大型纪念雕塑可能是不明智的，这与事实上起引导作用的灵感做出的判断背道而驰。"①

毕竟，一枚海象牙制的国王棋子更适合装在艺术家的口袋里，整个刘易斯窖藏很容易就能被一组来自伦德的雕刻家团队带到这里。

伦德骑士②

在特隆赫姆发现的"王后"的头部并不是已知唯一的刘易斯棋子碎片。20世纪80年代在伦德市，从一间专营骨头和鹿角梳子的工坊废墟中复原了一些象牙碎片。碎片是从一枚刘易斯骑士棋子的马前部剥落下来的一小部分，包括两只马前腿和踩在马镫中的骑士的脚。

---

① Taylor (1978), 14.
② Stratford (1997), 44; Claes Wahlöo, in *Viking to Crusader*, ed. Else Roesdahl and David M. Wilson (New York: Rizzoli, 1992), 390.

丹麦国王在 990 年前后建立了伦德①，将其作为以一间教堂和一座铸币厂为中心的皇家城镇。1103 年，此处成为北方大主教的所在地。来自丹麦、瑞典、挪威（包括特隆赫姆在内 5 位主教）、奥克尼群岛、设得兰群岛、法罗群岛、赫布里底群岛、冰岛（2 位主教），以及格陵兰的所有主教都要向伦德大主教报备。他们旅行至此，而不是去汉堡或不莱梅（这两处直到 1153 年还是圣地），当时挪威和北大西洋的 6 个教区被划归为特隆赫姆的新大主教管辖区。有些主教，比如冰岛的帕尔·荣松，也是此后（1190—1202 年）在伦德受封。特隆赫姆的大主教埃里克，其主教、家臣和他们的家属流亡到伦德，煽动叛乱，向"光腿"国王马格纳斯的私生子斯韦雷（通过在伦德撰写《丹麦史》的历史学家萨卡索）进言，让他"谎报出身"② 以攫取王位。

埃里克的主人是大主教阿布萨隆③（我们在第二章认识的杰出的军事战略家），他头戴山形法冠，和刘易斯棋子中主教棋子所戴的一样。根据 13 世纪冰岛语作品《柯尼特林卡萨迦》，阿布萨隆通晓象棋。让我们回想一下那次对弈，国王瓦尔德马尔遭袭的现场，阿布萨隆在没有看清之前一直摇着躺在膝盖上的血泊中的尸体，幸好那不是他的拜把兄弟。但是阿布萨隆可能并没有将两个主教摆上棋盘，正如我们在第二章中所见：主教是能力弱的棋子，从属于国王

---

① Peter Carelli, in *Lübecker Kolloquium zur Stadtarchäologie im Hanseraum I,* ed. M. Gläser (Lübeck, Germany: Verlag Schmidt-Römhild, 1997), 429–440.

② Saxo Grammaticus, *Danorum Regum heroumque historia, Books X–XVI,* tr. Eric Christiansen (Oxford: BAR, 1980–1981), 548, 408.

③ Madden (1832), 255; Niels Lund, in *Archbishop Absalon of Lund and his World,* ed. Karsten Friis-Jensen and Inge Skovgård-Petersen (Roskilde, Denmark: Roskilde museums forlag, 2000), 9; Ólafia Einarsdóttir, in Friis-Jensen and Skovgård-Petersen (2000), 37–38, 66; *Jómsvíkingasaga ok Knýtlinga,* ed. Þorsteinn Helgason et al. (Copenhagen: H. F. Popp, 1828), 367.

和王后，而阿布萨隆是国王的心腹，等同于或基本上与阿拉伯象棋中的大臣地位一样。

　　阿布萨隆也不是大教堂的建造者。伦德的大教堂始建于特隆赫姆之前很多年[①]，1145年开始作为圣地；教堂竣工的时间与阿布萨隆1178年成为大主教的时间差不多。建造教堂的石雕工中很多来自伦巴第（Lombardy），此地位于从欧洲西北部到罗马的朝圣常规路线中的意大利段。一个来自伦德的朝圣者必须邀请一队石头雕工跟随他回家，因为他们会在石雕上用拉丁语凿刻他们的名字，领班石匠人称多纳图斯（Donatus）。专家认为，他们的石雕作品中的"环结、交织和风格化的动物图案反映出伦巴第式的影响"。伦德大教堂的另外一些石雕则反映了来自拜占庭和日耳曼的影响。这三种风格都向周边的市郊村镇蔓延，在洗礼池和门廊都能看到踪迹。一位叫"马汀"（Marten）的艺术家在五处洗礼池署了名，在另外一些地点署名的是"托弗"（Tove），在一处大门入口处署名的是"卡尔"（Carl）；还有一位大师"莫杰斯塔提斯"（Majestatis）以"生动的叙事风格"在六处洗礼池留下了名字，他的作品有着醒目的"瘦长的身形和若有所思的脸"。

　　事实上，伦德似乎与特隆赫姆一样，可能是棋子制造者的工坊所在。这里不只发现了刘易斯棋子碎片，在可确定年代的考古背景下，刘易斯棋子宝座上的许多图案在伦德大教堂中都能见到[②]，比如袋装的松果和多肉的植物。一个明显与刘易斯棋子的关联是国

[①] Zarnecki (1958), 29; Olaf Olsen, in *Viking to Crusader*, ed. Else Roesdahl and David M. Wilson (New York: Rizzoli, 1992), 158; Jan Svanberg, in Roesdahl and Wilson (1992), 211.
[②] Lasko (1960), 14–15.

王的发式①：他们的长发编成四股或更多股辫子，与参孙的发型很像。在大教堂的北入口，参孙的雕像正在撕开双头龙的咽喉。实际上，同类发式在其他地方也有发现，例如大师莫杰斯塔提斯的石雕洗礼池，来自冰岛的木制基督雕像，来自丹麦的橡木质地、覆铜镀金的耶稣受难像，12世纪法语版《斯蒂芬·哈丁的圣经》(*Bible of Stephen Harding*) 中的大卫王，沃克斯圣母院 (Notre-Dame-en-Vaux)、科贝伊圣母院 (Notre-Dame de Corbeil)、布尔日 (Bourges)、圣德尼 (Saint-Denis) 和罗彻斯特 (Saint-Denis) 的大教堂或修道院回廊的各种石雕。

尽管它们都拥有共同的主题，但并不存在与"特隆赫姆理论"相提并论的"伦德理论"。伦德骑士从来都不是《中世纪考古学》中任何一篇文章的关注点，虽然其照片已公开发表。一本1997年的大英博物馆小册子将其与一枚完整的刘易斯骑士棋子比肩做了介绍。图注声称，"无须赘述，这块残片明显来自一枚'刘易斯骑士棋子'"②。不过，作者发现特隆赫姆的王后草图"意义更为重大"。1992年在哥本哈根展出的展览"从维京人到改革者"的策展人同意"还有一些迹象表明海象牙制品是在伦德制造出来的"；他们写道："但是在这种情形下，它们更像是来自挪威的工坊。"

有人说，艺术历史学家偏爱特隆赫姆，因为那里有"海象牙工坊存在的合理证据"③。但是这些证据并不比伦德的证据拥有明显的优势。一般认为，在大主教于1153年任职后，格陵兰缴纳的

---

① Thór Magnússon, *A Showcase of Icelandic National Treasures* (Reykjavík: Iceland Review, 1987), 33; Williams et al. (2013), 192; Janet E. Snyder, *Early Gothic Column-Figure Sculpture in France* (Burlington, VT: Ashgate, 2011), 82; Margarete Andås, interviewed in Trondheim, November 20, 2013, and personal communication, November 21, 2013.
② Stratford (1997), 44; Roesdahl and Wilson (1992), 390.
③ James Robinson, *The Lewis Chessmen* (London: British Museum Press, 2004), 35.

什一税已被运送到特隆赫姆，徒留一座充斥着海象牙的城市。但在1190—1202年，特隆赫姆的大主教和他的随从流亡于伦德，于是格陵兰的什一税（如果有的话）又被派送到那里。

至于象牙制品①，有来自特隆赫姆的圣母像或王后棋子（现佚），一件海象牙织布机零件，一件小型海象雕塑（与格陵兰发现的类似），两根上面贴着如尼文标签"卡提尔所有"的海象牙，13件梨形游戏棋子（有些被染成红色，很像我们之前检验过的刘易斯棋子）。游戏棋子发现于各种建筑物的门外，仿佛它们是被扫地出门的。

来自伦德的除了在梳子工坊发现的刘易斯骑士棋子碎片，还有一个废弃的海象头骨和一些象牙废料②，以及一枚著名的托尔形象的海象牙护身符③。北欧的神被描述为有着"圆瞪的双眼和大张的嘴巴"，呈坐姿，蓄长须。它可能是一枚游戏棋子，而不是护身符，在冰岛语《刺头诗人哈尔弗雷德萨迦》（*Saga of Hallfred the Troublesome-Poet*）中，一个挪威人在传教士国王奥拉夫·特里格维逊面前诽谤一个冰岛人："他可能还在延续他的老习惯，做那些异教徒的秘密崇拜，他的小袋子里藏着一个海象牙的托尔像。"

关于维京时代和中世纪海象牙工坊的考古学证据还出现在都柏林、坎特伯雷、科隆、海泽比、里贝、锡格蒂纳和诺夫哥罗德，以及（就在刘易斯岛南部的）赫布里底的南尤伊斯特岛（Uist）、格

---

① Clifford D. Long, "Excavations in the Medieval city of Trondheim, Norway," *Medieval Archaeology* 19 (1975): 21; Sæbjørg Walaker Nordeide, "Activity in an Urban Community," *Acta Archaeologica* 60 (1989):145; McLees (1990), 43; Oskar Spjuth, *In Quest for the Lost Gamers,* Master's thesis in historical archaeology (Lund University, 2012), 38.
② Else Roesdahl, in *Viking and Norse in the North Atlantic,* ed. Adras Mortensen and Simun V. Arge (Torshavn: Annales Societatis Scientiarum Faeroensis Supplementum 44, 2005), 183, 187–188.
③ *Saga of Hallfred,* tr. Richard Perkins in "The Gateway to Trondheim," *Saga-Book* 25 (1998–2001): 187–192.

陵兰和冰岛①。这类证据不易找到或解读，因为它们通常都出现得很意外。比如，2009年对象牙贸易进行调查②，根据一段14世纪的海象牙，确定了冰岛北部加西尔（Gasir）的港口是一处海象牙工坊遗址："海象牙已经从头骨上取了下来，并为雕工做好了准备工作，这证明在加西尔可能有工匠在现场工作。"③根据现场报告，发掘出的港口"是冰岛一处规模空前的交易场所"，发掘区域面积超过0.25英亩（约合1000平方米）。发掘工作进行了5年，然而象牙这个行业只有近一百年有研究价值。将这段象牙碎片与2001年在雷克雅未克发现的、秘密藏在维京时代长屋内睡榻下的三枚海象牙相结合，研究得出结论，在400多年的时间跨度内，"冰岛人所做的远不只在从格陵兰到斯堪的纳维亚的途中存储海象牙这么少"。

现代考古学是耗时耗力的。在特隆赫姆和伦德的发掘是抢救性发掘。特隆赫姆的遗址现在是座图书馆。在伦德，当相当于圣马汀的四分之一区域④（面积差不多1.25英亩，约合5000平方米）在20世纪80年代被开发时，根据法律规定，考古学家只被允许发掘该面积的4%以及考古文化层的1%，否则会耽误施工。考古学家没有足够的时间和财力去发掘12世纪巧手玛格丽特曾工作过的斯科尔霍尔特，或者系统地探索刘易斯岛上发现棋子的乌伊格。"棋子在哪里被雕刻出来"这一问题的答案恐怕永远无法解答，除非冬天的一阵暴风雪，或者建一个大型购物中心，可能会偶然发掘到象牙雕工的工坊。

---

① Roesdahl (2005), 187–188; Roesdahl, in *Vinland Revisited,* ed. Shannon Lewis-Simpson (St. John's, Newfoundland: Historic Sites Association, 2003), 146.
② Elizabeth Pierce, "Walrus Hunting and the Ivory Trade in Early Iceland," *Archaeologia Islandica* 7 (2009): 59, 61.
③ Adolf Friðriksson et al., *Fornleifastofnun Íslands Annual Report 2006* (Reykjavík: Fornleifastofnun Íslands, 2006), 24.
④ Carelli (1997), 430.

挪威国王

特隆赫姆拥有一个伦德、斯科尔霍尔特和刘易斯岛都没有的罗马式石雕仓库，19 世纪重建大教堂时被发掘出来，还发现了修复大教堂和镇上其他教堂的石雕。虽然没有哪尊石雕能与刘易斯棋子背面的纹饰完全匹配，但它们都展现出北海风格中绚丽的旋涡、叶片和野兽。在风格上对其断代是"几乎不可能的"[1]，但是我们有两种方法可以尝试——利用历史文献，以及标记出刻在石雕上的雕工的名字。这两种方法会告诉我们特隆赫姆的风格变化的时间，这为刘易斯棋子在何时何地被雕刻出来提供了另外一些线索。

特隆赫姆的石雕大约始于 1066 年。该城市由国王奥拉夫·特里格维逊建立于 997 年，于 1015 年被大火夷为平地。国王奥拉夫二世将此地重建，随着他本人于 1031 年被奉为圣者后，此地逐渐成为重要的圣地。冰岛人斯诺里·斯蒂德吕松的《挪威王列传》是我们了解挪威这个时代历史的主要来源，书中颂赞了国王奥拉夫三世，即"爱好和平的"奥拉夫（1068—1093 年在位），他在圣奥拉夫一度被埋葬的地点建立了弗斯特（Forst）石教堂，也是座基督教堂。"国王奥拉夫的神龛被搬到此地，安放在祭坛之上。从此，许多奇迹就发生了。"

"爱好和平的"奥拉夫是个具有改革精神的国王。他设置了放在宴会大厅角落里的火炉来取暖，取代了传统的放在屋子中央的长火炉；为了降低火灾隐患，冬天也像夏天那样在地板四处洒水。他在卑尔根镇创立了集市，斯诺里写道："很快此地就变成了富人的

---

[1] Hohler (1999), II: 82.

居住区，商人从其他岛屿带来货物。"国王还鼓励新时尚，他的侍臣穿着"奇特的马裤，绑带紧紧缠绕在腿部，有时在脚踝用金链子钩住"，上穿"拖尾的长袍，用带子束紧边缘，袖长5厄尔（7.5英尺！）"，"由于又长又紧，他们不得不用带子拉着，一直系到肩膀上"。他们穿着"高鞋子，鞋面用丝绸刺绣，有的还有金线饰边"。"爱好和平的"奥拉夫喜欢被伺候的生活，斟酒人为他斟满酒杯，持蜡烛的人为他点亮餐桌，他有120个保镖，还有60个副手在身边随时听候差遣，此外还有60个仆役。

他很少把时间花在特隆赫姆，反而更喜欢待在田庄里。1093年，他死在他位于奥斯陆峡湾附近维肯的农场里。斯诺里说，他的遗体被运至北边的尼达洛斯，埋葬在他所建立的石教堂旁边。虽然在现代版《挪威王列传》中，相较于他那更令人感兴趣的继任者"强权"哈拉尔的90页传记来说，他的传记只有4页纸而已，但对他也是不吝激赏："他是最受爱戴的国王，挪威在他的统治下变得越来越富庶。"哈拉尔死于1066年企图征服英格兰的斯坦姆福德桥战役。

斯诺里于1220—1241年在冰岛写作了《挪威王列传》。他没有明确指出自己所用资料的出处，也没有在任何章节中写到过"爱好和平的"国王奥拉夫，所以我们无从判断这些资料的准确性。至于他所写的奥拉夫的儿子和继任者——穿短裙的"光腿"国王马格纳斯的历史，只提到了国王的宫廷诗人"残手"比约恩，然而我们能猜测得到，他最好的资料来源之一就是他自己的养父——乔恩·劳福特松。乔恩的妈妈索拉是国王马格纳斯的私生女，她与乔恩生活在奥迪，直到她死于1175年。

斯诺里写道，"光腿"国王马格纳斯"是一个英勇善战、精力充沛的男人"。他的"性格像极了他的祖父哈拉尔，而不像他的父亲"。他在位期间有十年都在征战，大部分时间花在奥克尼群岛、赫布里底、苏格兰和爱尔兰。在一首诗中，斯诺里引用"残手"比约恩的话来形容国王的残暴，说他以精准的地理意识从北部开始，横扫赫布里底：

> 刘易斯一片火海，
> 火光冲天；
> 人们远离此地；
> 房屋里火舌蹿起。
> 王子浴火穿过尤伊斯特；
> 壮汉失去了财富和生命；
> 国王的宝剑被鲜血染成红色。

他洗劫了斯凯（Skye）和提雷（Tirey），然后向南转移到马尔（Mull）。"迅捷的国王给桑迪岛（Sanday）等地带来了战争的圣盾，"诗中写道，"岛上浓烟滚滚。"不仅整个阔提尔（Cantire）陷入战火，最后还蔓延到马恩岛。然后马格纳斯掉头向西来到爱尔兰，1103 年他在那里被杀。他基本不太在乎特隆赫姆。

索拉的同父异母兄弟——西格德和埃斯泰因（还有一个小弟弟死得很早）共执挪威王权，而西格德很快就去了圣地，并因此得到了"耶路撒冷旅行者"的绰号。留下掌权的国王埃斯泰因一世开始着手于一个建设项目。他致力于开发卑尔根[①]，其规模远大于特隆赫姆，地理位置也更居中心。在这里，斯诺里提到，他建造了一座宏

[①] Margarete Syrstad Andås et al., eds., *The Medieval Cathedral of Trondheim* (Turnhout: Brepols, 2007), 10; "Magnússona saga," in *Íslenzk fornrit 28* (1951), 254.

伟的厅堂,"是挪威史上最华丽的木制建筑"。他在卑尔根建造的圣迈克尔教堂(Saint Michael's Church)被誉为"最宏伟的大教堂"。1100年前后①,特隆赫姆还是一个整洁的小镇,沿着尼德河两岸各有一条街道,镇中心是港口,基督教堂(现在是大教堂)在镇西。在基督教堂和河流中间的皇家宫殿的空地上,国王埃斯泰因建造了圣尼古拉斯教堂(Saint Nicholas's Church),这间木制教堂"从上到下都装饰着各种各样的雕刻品和艺术品"。

国王埃斯泰因死于1122年,斯诺里说,"在挪威,从没有哪个人的遗体周围站着这么多如此悲伤的人",埃斯泰因的死使得"耶路撒冷旅行者"西格德成为了唯一的王②,虽然他也受爱戴,却渐渐变得疯狂。斯诺里写道,有一次,国王西格德正在洗澡,"遮篷落下来盖住了浴桶,国王认为是水中的鱼从身边飞掠而过。他受到了刺激,突发一阵狂笑,精神也错乱了,此后这种状况频繁发生"。1130年他死在自己的床上,年仅40岁。

西格德在他生命的最后一段时间里还惦记着教堂的建筑工事,他最喜欢维肯南部地区的科南加赫拉(Konungahella),在那儿建了一座木教堂。他捐出在改革运动中攫取的财富,包括圣十字架(将基督十字架的碎片装在一个巨大的十字架中用于列队游行),以及一种用铜、银、珐琅和珠宝装饰的希腊式的祭坛装饰品。1135年,文德人袭击了科南加赫拉,教堂被烧毁,祭坛装饰品被洗劫一空,但是神父安德烈亚斯(Andreas)保护了圣十字架。斯诺里的这个故事可能来源于乔恩·劳福特松,他就生长在科南加赫拉,安德烈亚斯是他的养父。

根据斯诺里所说,卑尔根的皇家殿堂——圣尼古拉斯教堂和圣

---

① Karl-Fredrik Keller and Øystein Ekroll, *Middelalderbyen Nidaros* (Oslo: Karl-Fredrik Keller, 2008), 14; "Magnússona saga," in *Íslenzk fornrit 28* (1951), 255.
② "Magnússona saga," in *Íslenzk fornrit 28* (1951), 262–263, 276, 288–295, 250.

十字架教堂，全部都是用木头（而不是石头）搭建而成。除了特隆赫姆最初的基督教堂和卑尔根的圣迈克尔"宏伟石头大教堂"，当时挪威最具纪念性的建筑几乎都是木制的。然而斯诺里的《挪威王列传》毕竟是挪威国王的历史，而不是教堂的历史，还有一些事未被他记录在册。1120年后，奥斯陆和斯塔万格的石头大教堂马上开始动工，就在那一年（比冰岛晚了24年），挪威设立了什一税。教会从此再也不依赖国王的恩赐，可以自行制订计划了[①]。

工匠的标记

这些计划包括设立一个大主教之职。厌倦了对伦德俯首帖耳（此前是对汉堡-不莱梅），挪威教会发动了一场战役来争取独立。根据斯诺里所写，"耶路撒冷旅行者"国王西格德打了先锋，他从君士坦丁堡的元老那里获得了圣十字架，条件是"如果能的话"，在他的土地上设立一个大主教之职。

萨克索从一个丹麦人的角度，暗指罗马教廷使节尼古拉斯·布雷克斯皮尔只在鞍囊里揣着披带（大主教的标志）就出现在了特隆赫姆。但这是不可能的。1151年教廷使节离开罗马，在另一个主教的陪同下，来到爱尔兰任命两个大主教。这是"教皇的协调能力，以确立对欧洲外围的控制"[②]。有位学者曾说过，因为当时教皇和神圣罗马帝国的皇帝腓特烈·巴巴罗萨（Frederick Barbarossa）对于由谁来任命主教一事产生了分歧，皇帝威胁说要入侵丹麦。如果他这样做了，伦德可能会再次落入汉堡-不莱梅的掌控之下。教皇不

[①] Blindheim (1965), 2; Olafía Einarsdóttir, in Friis-Jensen and Skovgård-Petersen (2000), 39.
[②] Øystein Ekroll, interviewed in Trondheim, November 19, 2013.

能冒这样的险，他需要一个只效忠于罗马的大主教。

特隆赫姆愿意出一位大主教，如果这意味着能从伦德独立出来的话。仿佛在期待大主教的到来似的，特隆赫姆基督教会的工作在1140年左右就开始了。旧教堂被留下继续使用，建筑师在其周围计划建造一座宏伟的大教堂①。旧的西塔楼将位于新十字形教堂的正中央，由新中殿通往西部，由新耳堂通往北部和南部。根据墙上的铭文，1161年11月26日，南耳堂的小礼拜堂被奉献给特隆赫姆的第二个大主教——埃斯泰因·厄兰德松。

这座小礼拜堂的第一层，和与它对称的北耳堂，都装饰成英格兰风格，令人回想起刘易斯棋子宝座上的图案。但是大主教埃斯泰因更喜欢新的、简洁的西多会风格。在古老的教堂可见的V形图案在12世纪60年代消失了。造型变得更加突出，与以往不同的叶子，比如睡莲的叶子，开始出现在柱子的头上。

然后，大教堂的工事出现了一个短暂的停滞。1174年，年轻的神父斯韦雷从法罗群岛来到挪威。据萨克索说，他"谎报了出身"②，声称自己是国王的儿子，致使挪威陷入战火之中。作为斯韦雷的敌对方的强大后盾——大主教埃斯泰因于1180年逃至英格兰。

他的旅途并非一帆风顺，船在约克郡海岸失事。一份英文文件提到了当时约克对雷德卡的拉尔夫（Ralph of Redcar）强行征收罚款③，据称因为他涉嫌将船只引至礁石处实施抢劫。然而，大主教幸存了下来。1181年8月，有人发现他在贝里圣埃德蒙兹充当临时

---

① Øystein Ekroll, in *Nidaros Cathedral and the Archbishop's Palace*, ed. Ekroll et al. (Trondheim: Nidaros Cathedral Restoration Workshop, 1995), 29–30; Ekroll, in Andås et al. (2007), 150, 174–178, 186, 194–195.

② Saxo, tr. Christiansen (1980–1981), 548.

③ Anne J. Duggen, in *Archbishop Eystein as Legislator*, ed. Tore Iversen (Trondheim: Tapir Academic Press, 2011), 30–31.

的修道院院长，看来埃斯泰因的信任状在拉丁语世界里是很行得通的。在 1182 年 2 月举行的新一任修道院院长选举中，他被任命为林肯的临时主教。没有文献写明 1182 年 8 月埃斯泰因离开林肯后去了哪里，他很有可能参观了坎特伯雷的圣托马斯·贝克特的神龛[①]。当时他也很有可能看到了坎特伯雷制造的象牙雕刻品，与矮胖敦实、四四方方的刘易斯棋子相比，这些雕刻品很随意，线条更流畅，形象柔软纤长，预示着艺术上的新哥特风。

1183 年埃斯泰因结束流亡生涯返回家乡（已与国王斯韦雷和解），然而建造尼达洛斯大教堂的计划发生了变故。罗马式设计已经过时，而高耸的拱顶、明亮的窗户、哥特式建筑的尖拱正风行。特隆赫姆的中殿工作停滞了 70 年。埃斯泰因在圣奥拉夫的墓穴上建造了一座圆形大厅，称其为八角形，目的是为了与耶路撒冷的圣墓相呼应，坎特伯雷的圣托马斯墓的所在地也建造了这样的建筑。

1188 年埃斯泰因死后，大教堂的工事再次停滞，他的继任者与国王斯韦雷交恶，被流放伦德。直到 1202 年国王斯韦雷死后，特隆赫姆大教堂以新风格再度开工。该风格还是反映出了林肯大教堂的风格（1185 年林肯大教堂经历了灾难性的地震，正在重建过程中）。尼达洛斯大教堂的工事也于 1210 年重启，1230 年完工；1248 年打下了西耳室的地基。

这些停滞和重启，还有风格上的变化被刻在了尼达洛斯大教堂的石雕上。在 5000 多件石雕上都有工匠的标记[②]，250 年来有 200

[①] J. Beckwith, *Ivory Carvings in Early Medieval England, 700–1200* (London: Arts Council of Great Britain, 1974), 10; J. Beckwith, *Ivory Carvings in Early Medieval England* (London: Harvey Miller and Medcalf, 1972), 103–107.

[②] Kjersti Kristofferson, in Bjørlykke et al. (2012), 181; Anne Eriksen, "Making Facts from Stones," *Sjuttonhundratal* 7 (2010): 97–122; Andås et al., (2007), 11.

多名石雕工人留下了签名。与伦德的大教堂不同，这些"签名"不是名字，而是几何符号：十字形、正方形、字母、如尼文、工具形、武器等图形。石雕工记录他们的工作，并非为了标榜自己或名垂青史，而是为了拿到报酬，因为刻石雕是计件的工作。据推测，如果工匠的标记变了，说明有新的团队到来，这也为建筑的分期提供了依据。1965年，一项关于这些工匠标记的大规模研究成果被公之于众，在此基础上还做了许多工作。然而，2012年的一项评估发现这位研究者其实患有恐高症，他只记录了工匠在一定高度以下所留的标记，却忽略了大教堂其他大部分区域。

他的关于"何时建造了某个部分"的结论，现在受到质疑，且没有白纸黑字的证据来支持，因为教堂的档案室毁于火灾。经历了1328年、1432年、1531年三次火灾，教堂废墟中仅留下了中殿，唱诗班也解散了。教会没有财力去修复，最后一位罗马天主教大主教将金库都投入对丹麦军队的作战中，以至于后来要征税进行改革。1552年和1568年，新路德教主教拆除了特隆赫姆"过多的"小型教堂，用这些石材重建了大教堂。1708年和1719年火灾卷土重来。1762年，一个挪威古物收藏家公开了《特隆赫姆大教堂简介》(*Description of the Cathedral of Trondheim*)，希望能揭示其"古老的荣光"，毕竟大多数宏伟的教堂都只剩断壁残垣。修复工作于1869年开始，现今仍在继续。2010年一位建筑史学家写道，现在的尼达洛斯大教堂"比起大部分的中世纪大教堂，原有建筑材料少得惊人"。这些放在一起，它就像处于"哥特复兴风格时代"的19世纪建筑师设计的"一个巨大的拼图玩具"[①]。

马丁·布林德海姆认为"在该地区对理解罗马艺术具有核心地

---

① Dag Nilsen, "The Cathedral of Nidaros," *Future Anterior* 7 (Winter 2010): 1–17.

位的"石雕①（以及刘易斯棋子）在 1888 年修复主塔时被发现，这事被拿出来单独说，就好像主塔并不真的属于大教堂似的。最初认为它们是为了镇上那些"多余"的教堂（16 世纪基本都已被拆除）而雕刻的。它们只是塔中的一些构件，所以免受日晒雨淋，得以完整保存下来。保存最好的部分现展出于主教宅邸博物馆，其他的则收藏了起来。现代城镇图书馆的一些石雕也都呈现罗马式的主题纹案，包括一条模模糊糊的有翅膀的龙（经历几个世纪的风吹雨打表面已开裂，变得坑坑洼洼），与大英博物馆编号 78 的刘易斯国王棋子上的龙图案非常相似。

如果刘易斯棋子制造于特隆赫姆，那么这些石雕说明它们雕刻于这个城市的罗马风格过时之前。结束日期可能早在 1161 年，大主教埃斯泰因将更简洁的西多会元素引入大教堂的设计中；或者在 1180 年他流亡英格兰，哥特艺术激发了他的灵感时。然而，如果刘易斯棋子雕刻于 1180—1200 年（或更晚），它们就可能并非制造于特隆赫姆了。

内　战

如果刘易斯棋子雕刻于 12 世纪的最后 20 年，那么棋盘上的两个国王棋子就是斯韦雷（1184—1202 年在位）和马格纳斯五世（1164 年加冕）。马格纳斯五世在位 20 年后死于战争，不到 28 岁；斯韦雷第一次宣誓登基时 24 岁。他们都是了不起的人物，挑战着我们对中世纪王权和挪威王国界限的设想。他们俩都没有在特隆赫姆这个城市上花许多时间，也都没能提供我们设想中的、一名

---

① Blindheim (1965), 7.

象牙雕工所寻求的环境——稳定、富有的宫廷，但也没有哪个国王的历史地位凌驾于他俩之上。

从1130年开始，当"耶路撒冷旅行者"西格德疯狂致死，挪威就卷入了一场持久的内战中，直到1240年才结束。国王没有固定的宫廷，而是根据所谓派系斗争辗转于特隆赫姆、卑尔根、奥斯陆和其他基地。大部分时间里都不止一个国王存在，根据传统，国王的任何一个儿子，无论婚生与否，都可以继承王位，其中两个继承人就来自这个国家最遥远的边疆①。

哈拉尔·吉利（Harald Gilli）在爱尔兰长大。他生活在赫布里底时，遇见了年轻的"九技大师"（即掌握九种技能之人）卡利·考尔松（后来成为奥克尼的伯爵罗格瓦尔·卡利）。在挪威，卡利靠着父亲的遗产过活。主教帕尔在《奥克尼岛民萨迦》中写道：

> 卡利15岁时跟随一群商人西渡来到英格兰。他们带着上乘的货物，朝一个名叫格里姆斯比（Grimsby）的小镇进发。来自奥克尼群岛和苏格兰，甚至远至赫布里底的人们纷纷涌向这里。在这儿，卡利遇见一个自称吉利克里斯特（Gillikrist）的人，他向卡利打听了许多关于挪威的事。二人相谈甚欢，成为好友。他私下告诉卡利，他的真名叫哈拉尔，"光腿"国王马格纳斯是他的父亲，由于他母亲的缘故，使得他部分血统来自赫布里底，部分血统来自爱尔兰。②

---

① Claus Krag, in *The Viking World*, ed. Stefan Brink and Neil Price (New York: Routledge, 2008), 650.
② *Orkneyinga Saga, Íslenzk fornrit 34,* ed. Finnbogi Guðmundsson (Reykjavík: Hið íslenzka fornritafélag, 1965), 130.

在卡利的鼓励下，吉利克里斯特（他开始自称为哈拉尔·吉利）去了挪威。国王西格德得知自己有个同父异母的、有一半爱尔兰血统的兄弟时并没感到太惊讶，因为"光腿"国王马格纳斯曾为一位令他"青春重现"[①]的爱尔兰女孩写过一首情诗。不过，为了证明自己的血统，哈拉尔·吉利必须经受考验，要从炙热的犁上走过。当他的烧伤完全愈合且没有复发后，就被承认为国王西格德的兄弟，虽然"他的古挪威语还不那么流利，说话时常磕磕绊绊，好多人都嘲笑他"（摘自斯诺里·斯蒂德吕松《挪威王列传》）。

国王死后，哈拉尔·吉利和他的侄子马格纳斯协议共执王权，停战四年。斯诺里说，哈拉尔·吉利阳光、慷慨、"不自大"；而马格纳斯四世不仅傲慢，而且贪婪，还是个十足的酒鬼[②]。他身强力壮，"比挪威的其他男人英俊"，但是在斯诺里看来，"多半是因为他父亲受欢迎，他才赢得了人们的爱戴"。

当两个国王都决定在特隆赫姆附近过冬时，战争就爆发了。最终的胜利者哈拉尔·吉利在丹麦找到了现成的盟友，因为马格纳斯四世犯了一个政治过失，他同意娶国王瓦尔德马尔的姐姐，然后又将她送回了丹麦的家乡，这是不妥当的。

在卑尔根的战斗中，哈拉尔·吉利抓获了马格纳斯。为防止马格纳斯再次坐上王位，哈拉尔将他刺瞎，实施了宫刑，还切断了双足。残了的马格纳斯在特隆赫姆附近修士岛上的修道院里避难。

然后哈拉尔·吉利派人叫来斯塔万格的英格兰主教，指控他

[①] Benjamin Hudson, *Viking Pirates and Christian Princes* (Oxford: Oxford University Press, 2005), 195.

[②] "Magnússona saga blinda ok Haralds gilla," in *Íslenzk fornrit 28* (1951), 267, 278.

藏匿王室财产。主教雷纳尔德矢口否认①。哈拉尔·吉利罚了他7.5磅黄金，但主教拒绝支付，于是哈拉尔·吉利判处其绞刑。主教走向绞刑架，"他蹬掉一只靴子，发誓说：'除了这靴子里的东西，我再不知道国王马格纳斯还有什么财宝了。'靴子里只有一枚金戒指"。最后他被绞死了。斯诺里写道"这种行为引来一片谴责之声"。

哈拉尔·吉利还犯了一个大错，他逮捕并囚禁了他的同父异母兄弟——另一个西格德，诨名"假执事"②。这个西格德在奥克尼群岛长大，在苏格兰国王大卫的手下服务了很多年，之后像哈拉尔·吉利一样，也来到挪威，为证明自己是"光腿"国王马格纳斯真正的儿子而接受了考验。1136 年，"假执事"西格德逃跑并谋杀了哈拉尔·吉利。然后他将眼盲了的马格纳斯从修道院里释放了出来，但是二人遭到了挪威贵族的唾弃。马格纳斯试图在丹麦的支持下夺回王位，内战再次爆发③。

挪威历史学家认为，虽然他们之间确属兄弟阋墙，但将这类冲突称为"内战"是不合时宜的。以伊瓦尔·斯克劳坦迪（Ivar Skrauthanki）的经历为例④。1140 年，伊瓦尔（虽然是个冰岛人）成为了特隆赫姆的主教，他的儿子埃里克于 1189 年被选为大主教。1139 年 11 月，在奥斯陆峡湾的一场海战中，伊瓦尔在眼瞎了的马格纳斯的龙船上战斗。斯诺里写道，目睹国王马格纳斯被杀之后，伊瓦尔逃到他兄弟乔恩的船上，而后者是站在敌对方的。乔恩准备了他的赎金，但是没能救他的同伴和另一个同名的人——伊瓦

---

① "Magnússona saga blinda ok Haralds gilla," in *Íslenzk fornrit 28* (1951), 288.
② Saxo, tr. Christiansen (1980–1981), 466, note 354.
③ Sverre Bagge, in Iversen (2011), 13.
④ "Magnússona saga," in *Íslenzk fornrit 28* (1951), 317.

尔·戴塔（Ivar Dynta）。"据说在主教伊瓦尔遭遇的这么多事情中，最糟的是同名的伊瓦尔被引渡上岸，在身首异处之前，他转向众人，祈祷会再和他们见面。"斯诺里非常清楚这则逸事的来源，他写道："后来，博吉尔（Birgir）的女儿、主教乔恩的姐姐——古德里德（Gudrid）告诉埃里克·奥德森（Eirik Oddson），她是听主教伊瓦尔自己这样说的。"1153 年，斯塔万格的乔恩·博吉尔松（Jon Birgisson）成为特隆赫姆的第一位大主教。

挪威的首领们为哈拉尔·吉利的两个儿子取代了瞎眼的马格纳斯成为国王而欢呼。"驼背"英基（Ingi）2 岁加冕，他的同父异母兄弟"大嘴"西格德（因为丑，故得此名）年长几岁[1]。他们承认了第三个同父异母的兄弟埃斯泰因，1142 年接受他共同执政。这三位国王最终分崩离析。西格德长大后变得强壮且善于辞令，但是在斯诺里的笔下，他"凡事都极为刚愎自用，专横霸道"。埃斯泰因"聪慧又明智"，但却是他们之中"最贪婪吝啬"的一个。英基是三人中唯一的合法继承人，至少以刘易斯棋子的标准来看，他最不可能是那个彪悍、令人印象深刻的国王。"他身材矮小，很难独立行走，因为有一条腿是枯槁的，而且还是个驼背。"斯诺里承认，他很爽快，"花钱很慷慨"。但是他受爱戴的秘诀在于"让首领们和自己一起治理国家"。因为他是嫡出，所以教皇的使节尼古拉斯·布雷克斯皮尔也偏爱他，这位使节于 1153 年设立了特隆赫姆大主教，1154 年成为教皇阿德里安四世。

1155 年，"驼背"英基伏击并杀害了"大嘴"西格德；1157 年，他又杀死了埃斯泰因；1161 年，他被西格德的一个儿子杀死。之后内战再次爆发，许多贵族都宣称对王位有同等竞争的权利。

---

[1] "Magnússona saga," in *Íslenzk fornrit 28* (1951), 330–331.

名正言顺的国王

1164年，8岁的马格纳斯·埃林松加冕，为多年的冲突画上了句号，但是很多挪威人并不满意。与此前的挪威国王不同，埃林松并不是国王的儿子，而是公主的儿子。他不是由首领们推举出来，而是由教会加冕的。真正的国王之子，像"宽肩"哈康、"好运的"奥拉夫三世、"娘娘腔"埃斯泰因，都能轻易得到支持。以上这些人都被埃林松战士般的父亲埃尔林击败，他才是挪威真正的统治者，直到1179年过世。

本书第二章提到过这位"歪脖"埃尔林[①]。年轻时，他随奥克尼的伯爵罗格瓦尔·卡利航行到圣地。一路上，卡利都忙于为可爱又高不可攀的女士——纳博讷的艾米格德创作抒情诗歌。根据《奥克尼岛民萨迦》，埃尔林领导了多次维京式的突袭。他是伯爵全部15艘船上数一数二的战术家，占领伊斯兰西班牙的一处城堡就是用的埃尔林的策略："事情朝着埃尔林希望的方向发展，石灰砂浆不能抵御火攻，城堡的围墙倒塌，留出巨大的豁口。"埃尔林用战术还击沉过一艘巨大的非洲商船（或者是大型快速帆船）。非洲人"用燃烧的硫黄和沥青浇他们"，但维京人利用快艇自身的弧度来做掩护，并将龙船紧贴着它的边来进攻、登船。"不出埃尔林所料：大部分非洲人弃了船。"然而，当维京人占领了甲板时，"埃尔林脖子上挨了一刀。……伤口愈合得很不理想，从此他的头只能歪着"，这就是他绰号的来历。

回到家乡，卡利伯爵和他的手下用船只交换了马匹，沿着朝圣

---

① *Orkneyinga Saga, Íslenzk fornrit 34* (1965), 216, 224, 236; "Magnússona saga Erlingssonar," in *Íslenzk fornrit 28* (1951), 396.

路线从罗马继续向北。"这就是那段最出名的旅程,后来所有参与旅行的人都将他视为伟人。"一回到挪威,"歪脖"埃尔林就加入了国王"驼背"英基,而且(不像别人)"到死都没有背弃他"。

国王英基的另一个忠诚的成员是埃斯泰因·厄兰德松,在成为特隆赫姆第二个大主教之前,他是国王的专职教士和司库。斯诺里·斯蒂德吕松在书中写道,1161年,英基势力削弱,埃斯泰因和埃尔林集思广益、群策群力。埃尔林娶了公主克里斯汀(Kristin),她是"耶路撒冷旅行者"西格德的女儿,也是丹麦国王瓦尔德马尔的表妹。英基一派里再没有比他俩生的儿子马格纳斯血统更纯的继承人了。"虽然根据我国的传统,马格纳斯不会被选为国王,"埃尔林告诉大主教埃斯泰因,"但是遵照上帝的旨意,你可以用你的权力加冕于他,这样他就成为王国的神圣国王了。"

另一份文献记录表明,大主教趁此机会极力讨价还价①。从此以后,教会只征收纯银,不收王国的流通货币,因为硬币中还混合了其他金属;如果收硬币的话,就要收两倍。年轻的马格纳斯在加冕典礼上发誓,宣称他本人是圣奥拉夫的拥趸。然后,基于"神权唯一"的理念,大主教又立了一条新继承法:正义、公正的国王,其权力来自他对基督教忠实的信仰。不同于"老传统",新法律规定一段时期内只能有一个国王存在,只允许前任国王的儿子当选国王(长子优先),所有私生子都被取消继承资格。国王由位于特隆赫姆的国家议会选出,其中主教持决定性一票。任何以其他方式称王的人都将被逐出教会,沦为不法之徒。

为了达成协议,"歪脖"埃尔林给予尼达洛斯大教堂一份无价

---

① Sverre Bagge, in Iversen (2011), 13–16; Lars Hermanson, in *Settlement and Lordship in Viking and Early Medieval Scandinavia,* ed. Bjørn Poulsen and Søren Michael Sindbæk (Turnhout, Norway: Brepols, 2011), 71.

的遗产：一枚盛有基督一滴圣血的戒指①。1164年，在卑尔根，教皇的使节给年轻的马格纳斯加冕。出席加冕典礼、被认作血亲的是冰岛的无冕之王乔恩·劳福特松，也就是未来的主教帕尔的父亲。

似乎丹麦眼下也有个年轻的国王正在加冕。加冕不久后，太后克里斯汀去拜访她的表亲，即国王瓦尔德马尔及他的义兄弟伦德大主教阿布萨隆。第二年夏天，"歪脖"埃尔林在丹麦与她联手。根据现有资料，通过出让在挪威南部维肯行省的控制权，埃尔林为他的儿子争取到了丹麦的支持②。其实，在埃尔林忙于四处讨伐时，国王瓦尔德马尔已经攻取了维肯。萨克索声称，瓦尔德马尔打算征服整个挪威，但拖得太久已失去战机。无论真相如何，"歪脖"埃尔林以"伯爵埃尔林"的身份回到家乡，承诺以国王瓦尔德马尔的名义统治维肯。1170年，他又进一步同意抚养新诞生的丹麦王子，如果国王马格纳斯没有嫡子，这个孩子将继承挪威王位。

通过用冰岛语写于大约1237年的《好人古德蒙德萨迦》(*Saga of Gudmund the Good*)，我们来一窥"歪脖"埃尔林在动荡年代中的生活。古德蒙德的父亲阿里（Ari）在某年夏天来到挪威搏个前程。他加入埃尔林的军队，在对抗觊觎王位的"宽肩"哈康的战斗中脱颖而出。第二年春天，他乘着伯爵埃尔林赏赐的一艘新船，回到家乡。在陪伴了蹒跚学步的儿子两年后，阿里觉得生活索然无味。他回到挪威，在伯爵埃尔林身边谋得一份保镖的差事。那年冬天，国王哈拉尔·吉利的孙子组建了一支叛军。在维肯的一个小村庄，叛军打了埃尔林一个措手不及。萨迦写道，埃尔林"像往常一样，天还没亮就起床往教堂去做晨祷，身边跟随着他最信任的手

---

① Margrete Syrstad Andås, in *The Nidaros Office of the Holy Blood,* ed. G. Attinger and A. Han (Trondheim: Nidaros Domkirkes Restaureringsarbeiders forlag, 2004), 189–191.
② Olafía Einarsdóttir, in Friis-Jensen and Skovgård-Petersen (2000), 60–65.

下"。在他祷告的时候,号角声响起。他和他的手下手无寸铁,从教堂里逃出来,凶险地避过敌人。

他们来到栅栏横挡板处,比约恩和伊瓦尔跃了过去,但伯爵做不到,因为他太胖了。比约恩和伊瓦尔返回来救他,阿里跳到伯爵和叛军之间,用自己的身体保护伯爵。他转身直面叛军,用自己的命换伯爵的命。他之前从未受过伤,现在却被射穿喉咙、钉在栅栏上而死。伯爵逃脱了。①

当代历史学家斯韦勒·巴格(Sverre Bagge)注意到,在《挪威王列传》中,斯诺里将伯爵埃尔林手下的纪律性和敏锐的战略,与反叛者"虽勇敢但不守规矩、计划不周"做了比较。他说:"当行动的目的是赢得有特定战略意义的要塞或据点时,比起一支全副武装的军队,倒是一帮忠心舍命支持自己的手下更给力。"②

突然,战局峰回路转。《挪威王列传》结束于1177年,一个新角色登上了舞台。《国王斯韦雷萨迦》重拾历史,"对冲突的描述相当迥异"。这一切再也不是简单的贵族对权力的争夺。国王马格纳斯和国王斯韦雷到死都在争斗。

"我们的人都在哪儿呀?"

萨克索说,当哈拉尔·吉利从爱尔兰来到伦德,伦德城周边满

---

① "Guðmundar Biskups Saga, hin elzta," in *Biskupa sögur* ed. Jón Sigurðsson and Guðbrandr Vigfússon (Copenhagen: Hinu Íslenzka Bókmentafélagi, 1858), I: 413–414.
② Sverre Bagge, *Society and Politics in Snorri Sturluson's* Heimskringla (Berkeley: University of California Press, 1991), 94, 197.

腹牢骚的挪威神父说,"仿佛一场雷雨降临这个繁荣的国家"①。当斯韦雷从法罗群岛来到伦德,政治气候更加糟糕,因为这个所谓"大嘴"西格德的儿子、哈拉尔·吉利的孙子,"被狂暴骚乱、误入歧途的战士所保护,轻信那些庸俗的谗言,在整个挪威进行最野蛮的屠杀和彻底的毁灭"②。

大约同一时期在英格兰写作的霍夫顿的罗杰(Roger of Hovedon)声称,为夺取王位,斯韦雷手刃了 15 个国王及其亲属。为了庆祝加冕,他还"将对手们斩首,加冕盛宴上,在与会者面前摆放这些鲜血淋漓的头颅"③。

冰岛的视角略有不同。1185 年,也就是斯韦雷埋葬了他的对手马格纳斯·埃林松的第二年,冰岛一个修道院的院长卡尔·荣松拜访国王的宫廷。他在斯韦雷身边待了三年,很明显,他的工作是记录国王的口述。根据流传下来的《国王斯韦雷萨迦》的前言,我们可知,"这本书的开头与院长卡尔·荣松所写的一样,当时国王斯韦雷就坐在他旁边,操控他的口舌"④。院长卡尔 1188 年回到冰岛,恢复了在辛盖拉修道院(Thingeyrar Monastery)的职务。他死于 1212 年,也就是斯韦雷死后的第十年。

《国王斯韦雷萨迦》是第一部国王萨迦,它激发了斯诺里·斯蒂德吕松撰写《挪威王列传》的灵感⑤。该书充斥着对 12 世纪晚期政治、军事的描绘,法语版的译者指出,它首先"塑造了一个非凡

---

① Saxo, tr. Ólafia Einarsdóttir, in Friis-Jensen and Skovgård-Petersen (2000), 43.
② Saxo, tr. Christiansen (1980–1981), 548.
③ Björn Weiler, "Matthew Paris in Norway," *Revue Benedictine* 122.1 (2012), 153–181.
④ Jónas Kristjánsson, *Eddas and Sagas* (Reykjavik: Hið íslenska bókmenntafélag, 2007), 151, 153.
⑤ *Saga Sverris konúngs*, ed. Carl Christian Rafn and Finnur Magnússon (Copenhagen: H. Popp, 1834), 5, 7–9, 15–16.

人物的形象"①。修道院院长卡尔显然很钦佩国王斯韦雷。他是一个敏锐的观察家,他眼中的斯韦雷是个善于雄辩、眼光尖锐、精力充沛、天赋异禀、睿智的战术家,最重要的是,他很执着。

然而,他很可能不是国王的儿子。

在整个萨迦中,修道院院长卡尔努力证明斯韦雷是国王的儿子:"本书的内容基于若干人的回忆,都是他们亲眼见过或亲耳听过的。"然而在关键问题上他总是保持沉默。

萨迦开始于法罗群岛的主教奥依(Hroi)和他的兄弟——做梳子的尤纳斯(Unas)。尤纳斯生活在挪威,"娶了一个叫甘赫尔德的古挪威女人"。不久之后她生下一个儿子,取名斯韦雷,"据说是尤纳斯的儿子"。重点就在于"据说"二字。他们不止生了两个儿子,还生了一群女儿。这之后,做梳子的尤纳斯就退出了历史舞台。1155年,也就是"大嘴"国王西格德被杀那年,甘赫尔德将5岁的斯韦雷派去法罗群岛。在那儿,主教奥依将他带大,"让他沉浸在书堆里"。完成教育后,斯韦雷被授予神父之职,但这并不符合他自己的意愿。"他无法进入神父的角色,而且相当不守规矩。"萨迦写道。他有着伟大的梦想,其中一个梦想是圣奥拉夫亲手递给他一把宝剑。他的母亲也梦想着斯韦雷能变得伟大,在去罗马朝圣的路上(那个年代,朝圣对所有阶层的人来说都是很流行的),她做了昧良心的事。她乘船来到法罗群岛,悄悄放出24岁的斯韦雷其实是一个王子的消息。然后斯韦雷出发,前往挪威去声讨国王。

斯韦雷乔装打扮了一番,上了路。他潜入伯爵埃尔林的宫廷,"相当低调,伯爵完全不知道他是谁,心里打的什么算盘"。斯韦雷彻查了远亲关系,发现自己已经没有了助力。那些远亲都已经成为

---

① Torfi H. Tulinius, tr., *La Saga de Sverrir* (Paris: Les Belles Lettres, 2010), 17.

自己的表兄弟"娘娘腔"埃斯泰因的支持者（背负着这样一个不幸的绰号完全是因为他不但年轻俊美，而且身材矮小）。埃斯泰因集结了自己的反叛者群体（乌合之众），他们被戏称为"Birkibeinar"，即"桦树腿"①，因为他们太穷了，没有靴子，只能用桦树皮把小腿缠起来。斯韦雷研究了一下埃斯泰因的计划，他发现他们都很"幼稚"，决定不与他们混在一起。当"娘娘腔"埃斯泰因被杀时，斯韦雷正在思忖自己去罗马朝圣的事情，而"桦树腿们"纷纷恳求他来领导他们。似乎是出于怜悯，斯韦雷竟然同意了。萨迦写道："部队的现状很尴尬，有些人受了重伤，有些人衣不蔽体，几乎全体手无寸铁；而且全是些年轻人，完全没什么周密的计划。"

有读者评论说，如果斯韦雷是个冒名顶替的家伙，那么他也是个"天才的骗子"②，因为他将"桦树腿们"变成了一支颇具杀伤力的武装力量。在一场战争的进攻阶段，"'桦树腿们'密集的盾牌防御毫无破绽；他们让船顺水漂流，不时做做伪装；谁都能看出，他们很擅长这种工作"③。敌人开始疲于应付，当对方丢掷的石块、射来的箭快用尽时，斯韦雷下令攻击："上吧，'桦树腿们'，让他们尝尝你们的厉害。"

通常，斯韦雷自己收集情报。在特隆赫姆第一场战役的时候，"他亲自出去侦察，随身只带了一个叫乔（Jon）的人，偷偷潜入对方军队中。然后确切了解到自己和对手间的差距多么悬殊"——差不多12对1。但是斯韦雷认定，这支大军只是些没什么想象力的镇民。他不在乎这个比例，只是等待，直到敌人认为威胁已经解除

---

① "Magnússona saga Erlingssonar," in *Íslenzk fornrit 28* (1951), 411.
② Þórleifur Hauksson, cited by Tulinius (2010), 23.
③ *Saga Sverris konúngs* (1834), 289, 35, 39, 146, 405–406, 352, 387, 74, 93–94, 446–447, 238, 94–96, 98, 99–100.

而放松警惕时,他才进攻。他的手下"缴获国王圣奥拉夫的旗帜,举着旗帜游街庆祝胜利",而敌人四散逃窜,"像找洞钻的老鼠"。所有请求宽恕的人都认可了斯韦雷。这样,斯韦雷就建立起了自己的军队。

他偷了船,还搞突然袭击并击沉了其他船。他手里有了足够多的船只和战士,"士兵在船只间来来往往,升起桅杆扬起帆"。他还以自己的规范造了其他船只(虽然并不总是适于航海)。他建造堡垒和栅栏,以弹弩武装。他总是未雨绸缪,在冰上打仗前他的手下会给鞋子装上防滑钉,而对手"只有普通的鞋,踩到冰和血都会滑倒",很容易被追捕和击杀。斯韦雷亲自领导每一次行动,修道院院长卡尔写道:"他的工作是给每一个对手都来上一记矛的刺穿,'桦树腿们'则负责善后。他矛上的血沿着柄流下来,握柄的手上沾满鲜血。"在海上战斗时,"国王斯韦雷全天用弩射击",敌方首领"退到战场后方,根本不去前线观战。他们一看到'桦树腿们'占了上风,就拼命划桨,驶离峡湾"。

斯韦雷当然不会常胜,但他从不轻易言败。他用"长长的黑色连帽斗篷"做伪装,在夜里潜行。"这会儿就不要叫我国王了好吗?"在一次遇险后,他揶揄部下道。他奔波于乡下,行程很是艰苦,风雪交加、食物匮乏、催赶疲惫的部队,全都考验着他是否对得起圣奥拉夫的援助,但他以绝对的领导力指挥部队在最出乎意料的时间地点突然出现。"他们的间谍没有发觉我们的动向,"1179年,在到达特隆赫姆后的深夜里,他这样说道,"他们喝得醉生梦死,毫无防备地睡去,有的睡在船上,有的睡在镇上,他们肯定晕头转向。"他用自己雄辩的口才激励"桦树腿们":"我坚信我们即将迎来胜利,因为我有梦想。"他提出了具体的激励方案:"谁要是能杀掉一个男爵,并且证明了此事为真,谁就成为男爵。谁杀掉了国王的手下，他就将成为国王的手下。如果你们为自己清出了一个位置，那么你们之中的每一个人都会成为某个等级的贵族，同时还能获得其他荣誉。这就是我们现在玩儿的游戏。"

斯韦雷时年29岁。修道院院长卡尔说他结实又强壮，虽然身材不是很高，腿还有点儿短，但坐在宝座上的时候看起来非常高贵。他有一张方脸，相貌堂堂，蓄着短胡须。他有一双浅棕色的眼睛，非常漂亮，目光敏锐。"他安静且内省，但却是男人中最雄辩的演说家，足智多谋，条理清晰，嗓音洪亮有力，甚至不需要提高声调就可震慑整个场面。"他很有耐力，能跋涉很久不休息，吃得很简单，"从不会因喝酒而失去理智"。

他的对手，马格纳斯·埃林松，虽然是依着"神权唯一"的原则被加冕，但并未践行深刻的基督教思想。他被描述为"一个大酒鬼和花花公子。爱好竞技，在敏捷度上比所有人都技高一筹"。他很慷慨大方，又幽默风趣。卡尔指出，这些素质使得他在年轻人中颇具人气。比斯韦雷小6岁的马格纳斯又高又壮，肩宽腰窄，手脚秀美，整个一美男子，只有嘴巴"不太好看"。他是个穿戴讲究的花瓶，虽然"擅长械斗"，却没什么谋略。

真正的领袖是他的父亲——"歪脖"埃尔林，是斯韦雷在1179年到达特隆赫姆的那个夜晚最想打败的人。他最终成功了。骤然响起的战争的号角，唤醒了埃林松烂醉如泥大睡不醒的部队，埃尔林的船长劝他出逃。"我不知道怎么办，伊瓦尔，但这个主意听上去很不错，"埃尔林同意了，"然而我无法容忍那个魔鬼的神父斯韦雷将要取代我儿子的位置。"他武装了自己，纠集了所能找到的人手，行进至大教堂，在那见到了他的儿子，也就是国王本人。卡尔写道："埃尔林身着一件红色棉麻粗布料的大外套，戴着一顶丝绸软帽，外套外面罩着用板甲缀成的铠甲，胸前系不上。他抽出宝剑，一边在空中挥舞一边说：'今天就让你们再见识见识我这个老头子的宝剑的厉害。'他命令他的号手使劲儿吹号。但是当他们走出教堂，埃尔林左右张望，问：'我们的人都在哪儿呀？'"

埃尔林被一支戟刺中胃部倒地。"当国王埃尔林松赶到他身边，埃尔林已经说不出话了。国王说：'我们将在极乐世界再会，父亲！'埃尔林嘴唇颤抖着，死去了。随着他的倒下，曾经战斗在他身边的人都作鸟兽散。"国王埃尔林松窜过城镇，跨过河流，逃跑了。斯韦雷将埃尔林的遗体埋葬在尼达洛斯大教堂的南边。他在墓碑前发表了演说，其中说道："今天，我们站在这座坟墓前，墓里有这样一位高尚的人，在他的葬礼上，保持沉默是不合适的。"然后他做了一番评述："诚如所见，时代巨变，发生了不可思议的转折，站在这里的这个男人现在有三个身份——国王、伯爵、大主教。这个男人，就是我。"因为这些言论，教会的成员对他颇有微词。

只有一个国王的古老游戏[①]

时代在改变，游戏亦如此。在《狡猾的莱夫萨迦》中，格陵兰居民希望赢得国王的青睐，就送了他一副海象牙雕刻的棋子，这副棋子"既适用于老版的、只有一个国王的游戏，也适用于新版的、有两个国王的游戏"。一并送给他的可能还有一个可以两面使用的棋盘[②]。以上这些在考古发掘中都有发现，20世纪甚至在特隆赫姆还发现了两枚棋子，虽然不是为这两种游戏制造的。故事里的古老游戏是指"桌棋"，即游戏中只有一个国王，还有一支防御小团队，

[①] *Saga of Ref the Sly*, tr. George Clark, in *Sagas of Icelanders* (2000), 612.
[②] Caldwell et al. (2009), 180; Spjuth (2012), 18.

他们被造反的暴徒围攻，对峙形式是二对一。而新版的游戏是国际象棋，即国王与国王对峙。

《狡猾的莱夫萨迦》的写作时间比斯韦雷在位的时间要晚得多，故事中的国王是"强权"哈拉尔（死于 1066 年）。通过阅读国王斯韦雷的战斗策略来想象他玩桌棋的情形，在他的对手掀翻棋盘之前，他不得不学习象棋的新规则。

"Hnefi"字面的意思是"拳头"，但在棋局中指代国王棋子。"tafl"一词源自拉丁语"tabula"，意为棋盘或桌面。这些名词，以及第一次棋艺活动，都是由罗马士兵带入北方地区的。桌棋演变自罗马游戏"ludus latrunculorum"（"小士兵游戏"），带着古挪威特有的纠结：两边并非势均力敌。就像国王斯韦雷的国王棋子赢了游戏，靠的不是蛮力，而是智慧。

冰岛萨迦中多次提到桌棋，大量遗物遍布北方，年代可追溯到 13 世纪的维京时代，可辨认出其系桌棋和棋盘[①]。比如，冰岛国家博物馆展出了 1860 年在冰岛发现的一副鼎鼎有名的棋子。这副棋子发现于一座 10 世纪的墓中，是 24 枚海象牙或鲸齿制成的棋子，其中"国王"是坐着抚摸胡子的姿态。虽然饱经风霜，但风格特征使很多专家联想到刘易斯棋子。还有些人认为刘易斯窖藏发现的棋子，即八角形的或圆盘形的卒、战士形象的车，甚至国王棋子，都曾用于下桌棋。没有中世纪的桌棋规则手册流传下来。直到 1913 年，没人知道怎么玩这个游戏。后来 H. J. 默里（H. J. Murray），在

[①] Mark A. Hall and Katherine Forsyth, "Roman Rules?" *Antiquity* 85 (2011): 1325–1338; Th. Magnússon (1987), 31; Lúdwík Kristjánsson, *Íslenzkir sjávarhættir* (Reykjavík: Bókaútgáfa Menningarsjóðs, 1986), 5: 101; Pierce (2009), 60; B. Nordal (1992), 46; McLees (1990), 58; David Caldwell, Mrak Hall, and Caroline Wilkinson, *The Lewis Chessmen Unmasked* (Edinburgh: NMS Enterprises, 2010), 71.

他的《棋子的历史》一书中,将桌棋与萨米(Sami)桌面游戏联系到了一起,瑞典植物学家卡尔·林奈(Carl Linnaeus)1732年在拉普兰(Lapland)旅行时曾在日记中提到过这种游戏。林奈称之为"tablut"(古典象棋)①。根据他的描述和考古遗址中发现的棋盘,游戏玩家们再现了桌棋,但在规则上还没有达成一致。

与象棋的相同之处在于,桌棋也是在棋盘格上玩的游戏,只是略有差异。首先尺寸上就不同,7×7格到19×19格的棋盘都有发现,而且格子围绕明显的中心格排列,国王棋子就放在这个格子里。至少有8枚棋子保护国王棋子,保护棋子的多少取决于棋盘的大小。棋子的移动方式与象棋中车的下法相同,可以横向或纵向走任意步。如果前后被对方棋子夹击,则算被俘。如果国王被困,这一方则输掉比赛;如果国王逃至棋盘的边界,则这一方赢得比赛。

与象棋的不同之处在于,桌棋是一项不对等的游戏,双方都有自己的目的。"根据游戏理论,"桌棋专家斯登·海尔姆弗里德(Sten Helmfrid)写道,"这类游戏一直都是失衡的,除非游戏的正确结局是平手。当两个高水平的对手相遇,一方将最终发现结果是自己下得越来越得心应手并总是能赢棋。失衡的程度,可以通过改变规则来调整。"② 如果遵守规则,国王到达棋盘边界处任何一个小方格里即取胜的话,那么无论开局时怎么(合情合理)排兵布阵,国王一方都占了优势。如果将国王取胜的格子限制在棋盘的四个角上,那么攻击一方就占了优势。为了双方实力更均衡,使游戏更富挑战性,可能还有些我们所不知道的规则,很可能还用到了骰子。

---

① H. J. R. Murray, *A History of Chess* (Oxford: Clarendon Press, 1913), 444–449.
② Sten Helmfrid, "Hnefatafl, the Strategic Board Game of the Vikings", published online 2005, http://hem.bredband.net/b512479/.

有些专家认为国王是"手无寸铁"的,无法提供援助去追捕攻击者。这与国王斯韦雷的战术不相符,测试游戏表明"手无寸铁"的国王喜欢当进攻方。海尔姆弗里德说,总之,为了在桌棋中取胜,"国王必须做出明智的牺牲,建立通向外界的途径,过程中无须削弱太多己方的力量"。这正是国王斯韦雷的战斗理念。

一天晚上在加塔兰(Jamtaland),"歪脖"埃尔林临死前,斯韦雷醒来发现自己的行踪暴露了[①]。招待他的男爵出卖了他,由1200个乡民组成的队伍,兵分三路,瞬间将房子团团围住。斯韦雷唤醒自己的百人队伍,手持武器,偷偷往外溜。途中与敌军主将不期而遇,斯韦雷"听到敌方讲加塔兰话(当地方言)",就让属下"也用加塔兰话互相煽动",这样迅速地通过了敌人的守备。在远远的岛的另一端,他们又一次遭遇了加塔兰的军队。"这次我们先动手。""桦树腿们"高喊着战斗口号,冲进加塔兰的阵营。卡尔写道:"那一夜,伸手不见五指,旁边人的脸都认不清。艰苦的战斗后,'桦树腿们'悄悄溜过乡民团队,出了岛。乡民们没有意识到他们跑了,自己人和自己人打斗了很久,直到天亮时才知道一直在互相残杀,这时'桦树腿们'再次猛烈进攻,一举打得乡民逃之不及。"

在伯爵埃尔林死后(1179年),斯韦雷的对手却翻上了台面。在桌棋中,除了孤身的国王棋子,防守方和进攻方都是一样的。国际象棋引入了不同权重的棋子。除了桌棋中就有的车棋子,国际象棋中又加入了兵、骑士、主教,还有一个王后,以及第二个国王,即对方的国王。游戏此时变得对称了,两方都有了相同的目标。

在挪威,12世纪的最后几十年,国王斯韦雷进行了一系列无

[①] *Saga Sverris konúngs* (1834), 67–68.

休止的征战，仿佛是现实世界里的国际象棋比赛①。他每打败一个国王（马格纳斯·埃林松死于 1184 年的一场海战），就马上有另一个贪图王位者坐上这个位置。这个新游戏里重要的棋子就是主教，教会有能力赢得战争。

1164 年，特隆赫姆的大主教埃斯泰因给马格纳斯·埃林松加冕，站在他这一边；虽然埃斯泰因是大教堂的建造者和制度建立者，却不是个战士。在大主教 1180 年逃亡到英格兰之后，国王马格纳斯身边的大主教位置被斯塔万格的主教埃里克所取代，而他可不仅仅是个斗士。1188 年大主教埃斯泰因死后，埃里克被选为继任者，当时说一不二的国王斯韦雷却表示反对。埃里克前往罗马，从教皇那里接受披带，这是他官职的象征。接着，他原来在斯塔万格的主教之位必须有新人补上。神职人员推选了"国王的兄弟"尼古拉斯，他是被杀的国王马格纳斯的同父异母兄弟。这一次国王斯韦雷又表示反对，所以"国王的兄弟"尼古拉斯将另一枚新棋子带入了棋局中，他向斯韦雷的王后申诉，王后与尼古拉斯有远亲关系，他们都是瑞典国王的曾孙。斯韦雷默许了王后的请求，虽然他终将后悔，特别是在尼古拉斯搬到奥斯陆更富有的主教辖区之后，那里虽地处挪威，却属于丹麦。

卡尔在《国王斯韦雷萨迦》中写道，很快，国王和大主教格格不入。卡尔虽然想一碗水端平，但他毕竟是个教徒。这本书不是写于埃里克任大主教之职时（1189—1202 年），就是写于他的继任者大主教索瑞尔任职时期，索瑞尔是大主教埃斯泰因的学生。然而卡尔的倾向还是表现了出来。

---

① *Saga Sverris konúngs* (1834), 259, 268–270, 277–280, 359–361, 440–446; Sveinbjörn Rafnsson, *Páll Jónsson Skálholtsbiskup* (Reykjavík: Sagnfræðistofnun Háskóla Íslands, 1993), 27.

第一次争执由教会罚金引起。埃斯泰因曾敛收纯银，而不收硬币，有效增加了一倍收入。国王斯韦雷说："他们达成了一个协议，大主教加冕伯爵埃尔林的儿子为王，而伯爵埃尔林允许大主教改变税收法。"国王斯韦雷要求恢复旧制度，要求教会和国王都以硬币的形式收取税金和罚金。大主教埃里克拒绝了这一要求，指责国王企图打劫教会。

第二次矛盾源于教堂的建造。斯韦雷拿出了国王圣奥拉夫的法律依据，一本名为《灰鹅》(*Grey Goose*) 的法律书上记录：上述表明，任何人都可以建造教堂，雇神父。"大主教则拿出一本自己领导编写的名为《金羽毛》(*Gold Feather*) 的书，连同上帝的罗马法律 (God's Roman law)，还有一封有教皇印章的信"，根据这些，大主教宣称对所有教堂和神父拥有控制权，无论这教堂是由谁出资兴建的。

第三次争吵涉及大主教可以拥有的军队规模和船只大小。法律规定一个大主教可以有 30 个手下，他的船只允许载 12 枚盾牌。大主教埃里克的侍卫有 90 人，船只大到足够载 20 枚盾牌。国王说：

> "桦树腿们"清楚地记得，在哈塔玛哈尔 (Hattarhamar)，大主教派船来攻击我们，我们以为是和以前一样的船，没想到却配备着极为强大的人手和装备。在卑尔根也是如此，当我们追赶舰队的时候，大主教的船和他的部下比国王的部队更热衷于武装自己，与我们作战。在我看来，大主教如果要对上帝表示出更多的虔诚，就不应该让自己的侍卫超出规定，毕竟根本没人会攻击他和教会。他更应该把花在侍卫上的钱用来送人去采石场，搬运石头，雕刻，然后再建造大教堂。

1190 年，埃里克带着他的手下、船只、盾牌，以及所有能带走的钱和贵重物品，向南航行到了伦德，在那里，大主教阿布萨隆欢迎了他。他在那儿待了 12 年，密谋推翻国王斯韦雷。诚如所见，在阿布萨隆的支持下，埃里克向教皇呼吁，将挪威国王逐出教会，直到他满足大主教"想要的一切"。国王斯韦雷给教皇派去的信使死于从罗马返乡的途中，斯韦雷坚信他们是被毒害的。

丹麦国王瓦尔德马尔应大主教的要求，给镇压挪威叛乱的船只和战士提供补给，包括国王斯韦雷 1194 年曾痛击过的来自奥克尼群岛的军队。当斯韦雷在卑尔根召集主教要给奥克尼的伯爵哈拉尔定叛国罪时，冰岛主教帕尔一直在旁。《国王斯韦雷萨迦》中有关这一部分的记述，最有可能的资料来源就是帕尔，哈拉尔是帕尔年轻时就宣誓效忠过的伯爵，站在伯爵一方的是帕尔的朋友——主教比亚德尼，也是《奥克尼岛民萨迦》的合著者。伯爵和比亚德尼请求宽恕，斯韦雷应允了。不过他还是摊派给奥克尼群岛高额的罚金，并由皇家直接管辖设得兰群岛。然后他指控实施援助的奥斯陆主教尼古拉斯犯有叛国罪。不久之后，尼古拉斯也逃亡去了伦德。在那里，他与大主教和平共处，成为与斯韦雷最针锋相对的敌人。

主教尼古拉斯领导另一支军队从丹麦攻打过来。他的部队自称为"Bagals"（巴匀斯），意为主教的牧杖。1198 年，他们将卑尔根付之一炬。这并非偶然，他们在城中三个地方放火，然后"将小艇驻扎在海湾以外，往火焰里射箭，试图灭火抢救房屋的人都成了目标"。主教尼古拉斯"乘坐一艘小船，向镇上投掷火把。他甚至指示手下该在哪里点火、朝哪里射箭，因此人们对他深恶痛绝。这场大火破坏力之大、危害之严重，以致好多富人都倾家荡产。卑尔根的人们常常回忆起这场浩劫，并以此为由反对主教尼古拉斯。圣母教堂和另外五个教堂都毁于一旦"。

最终，连修道院院长卡尔都渐渐厌倦了战争，他这样写道："当然，有无数次进攻、射击、登船可以描写，但也不是什么都应该写进一本书里的。"

战争在维肯接近尾声，丹麦国王瓦尔德马尔又一次被索赔。国王斯韦雷将敌军将领困于滕斯伯格（Tunsberg）的要塞，围困了一个冬天，叛军被逼得只能吃海象皮制的绳子。当然攻击方也没好到哪儿去，这时斯韦雷放话出去说将给叛军一次机会。叛军们一瘸一拐地从要塞里出来，死的多活的少。在回卑尔根的路上，叛军将领与斯韦雷共用王室的船舱，接受同样的护理，因为国王斯韦雷也害了病。他苟延残喘到了春天，最后死于1202年3月9日，死前仍被逐出教会。

"国王头衔只给我带来了战争、折磨和苦差事，而非闲逸的生活。"斯韦雷叹了口气，这副样子活像刘易斯国王棋子，冷酷又疲惫地坐在宝座上。

"好人"古德蒙德的航程[①]

一年春天，在冰岛北部，首领和神父选举出了新一届霍拉尔的主教——"好人"古德蒙德。结果他竟然是个顽固的、毫不妥协的改革者，与他同时代的人将他比作圣托马斯·贝克特，现代历史学家称他为不顾一切的狂热派。有人说，他坚持的政教分离正是导致

[①] Eiríkr Magnússon, "The Last of the Icelandic Commonwealth, Part I," *Sagabook* 5 (1906–1907): 324; W. P. Ker, "The Life of Bishop Gudmund Arason," *Saga-Book* 5 (1906–1907): 92; "Guðmundar saga góða," in *Sturlunga saga*, ed. Guðbrandr Vigfússon (Oxford: Clarendon Press, 1878), I: 122–125; *Hrafns saga Sveinbjarnarsonar*, ed. Guðrún P. Helgadóttir (Oxford: Clarendon Press, 1987), 19–22.

冰岛在 1262 年失去独立性的催化剂。

然而，在 1202 年，"好人"古德蒙德还只是一个首领的教堂里的神父。他的父亲阿里因为以性命挽救了"歪脖"埃尔林而名垂青史。古德蒙德作为一个私生子，除了父亲的荣耀，其他什么也没有，所以就进了教会。他有一副动人的歌喉，因云游四方、歌颂山水而闻名。平民百姓都爱戴他。41 岁的古德蒙德不想成为主教，他给斯科尔霍尔特的主教帕尔写了一封信，流露出自己的不情愿，并征询帕尔的意见。帕尔转而去咨询自己的兄弟，奥迪的萨蒙德。据《好人古德蒙德萨迦》记载，萨蒙德回应道，"你知道的，兄弟，那个古德蒙德，主教的候选人，并不算是我们的朋友"，但是"很多人称赞他"，他慷慨，品德高尚，而且贞洁，对于一个神父来说，最后这点变得日益重要。"这一点要考虑在内，"萨蒙德补充道，"北方佬们选择他的时候没有问过我们的意见，现在让他们为自己的抉择负责吧。"

帕尔给古德蒙德的回信中写道："上帝已经选择了你，我们尊重这个选择，你是由上帝和凡人的律法真诚做出的选择，在这个国家这就是最终的决定。"因此，古德蒙德在那个夏天前往特隆赫姆受封。帕尔说："最重要的是，我们必须尽快见面，在大主教之前我将带来许多紧迫的任务，为此我要求你在出国前来与我会面。"古德蒙德满怀忠诚地跑去斯科尔霍尔特见帕尔，走时"还带上了帕尔捎给大主教的信"。帕尔还会让古德蒙德在行李中塞进什么呢？可能是主教捎给他的亲戚国王斯韦雷的一份礼物？我们只能推测，但是根据《狡猾的莱夫萨迦》，我们知道，一副象牙棋子是送给国王的合适的礼物。

古德蒙德让他的朋友拉夫·斯文琼松（Hrafn Sveinbjornsson）陪伴自己去挪威。拉夫是冰岛萨迦中提到的唯一有权从事海象狩猎的首领，他曾旅行至坎特伯雷，呈献给圣托马斯两枚海象牙，兑现了诺言，死得像一名圣洁的殉道者。《拉夫萨迦》记录了他和古德蒙德的旅程，《好人古德蒙德萨迦》中也两次描述了此事。

他们搭乘一艘挪威商船，与他们一道的还有另外 20 个冰岛人，我们已知船上至少有一名女性。7 月 14 日，他们从冰岛北边的加西尔港出发，但是风向很不理想。他们挣扎着向东行进，却被吹往西方，他们漂流，因无风而停滞不前，遭遇风暴，被驱入大海。

他们决定绕着冰岛行进，航程大约行至一半时，"他们遭遇东北风，被风推着穿越大海，驶入南方，他们认出这里是赫布里底群岛，在这又发现了一些被称为赫提尔（Hirtir）的岛屿"。现在这些岛屿名为圣吉尔达（Saint Kilda），其中最大的一座被称为赫尔达（Hirta），该列岛坐落在刘易斯岛以西 40 英里处，此地可见晴朗的天空。他们之所以能立即辨认出来，是因为此地有着陡峭的悬崖和堆叠的岩石，最高处在海平面以上 1400 英尺，这个岛没有以圣者的名字命名（当时还没有圣吉尔达），而是以一个古挪威词汇来命名，意为"甘甜的井水"。故事的一个版本说，古德蒙德在赫尔达登陆，得知了国王斯韦雷辞世的消息；另一个版本说他到达挪威后才听说的这个消息。

离开圣吉尔达，古德蒙德和他的成员继续航行，又一次遭遇了逆风。"他们被风吹向南方，穿过爱尔兰海，甚至经过了爱尔兰的南部，在暴风雨的天气里，他们能听到浪在周围轰然猛击。"古德蒙德听见所有人在忏悔。为避免海难，他承诺教会所有的要求：每人收取 113 克蜡，每个麻袋收取一厄尔布料，派一个人去罗马朝圣。"最后，他们活着回到苏格兰，在离斯托尔（Stoer）不远处待了几个夜晚。"当他们试图穿过拉斯角（Cape Wrath，苏格兰的西北角）时，船上的诗人写了一首诗，是这样开头的："泛着泡沫的

海澎湃 / 离开拉斯角现在南风怒吹 / 高耸的海浪比以往更加汹涌。"①

古德蒙德的船被往回吹，向南穿过赫布里底群岛，他恳求拉夫掌舵。萨迦写道："神父托马斯·索拉林松（Tomas Thorarinsson）记得，在航行时，那晚他说了三次，前方除了陆地什么也看不见，没人说得清那里是否可以通行。"另一位诗人在诗中写道："帆上满是冰霜，冰冷的海浪咆哮。"② 还有一位诗人写道："海浪直冲夜空中的星辰。"③

黎明时分，拉夫操纵船进入一个港口，这个港口由一个长长的嘴状沙洲形成，位于赫布里底群岛内的桑迪岛和卡纳岛（Canna）两个小岛之间，在斯凯岛的南边一点点。"对遇到风暴的渔民来说，这里是赫布里底群岛最好的一个港口。"④ 苏格兰历史学家罗斯玛丽·鲍尔（Rosemary Power）说。

就在这个安全的港口，"好人"古德蒙德的旅程与刘易斯棋的故事有了交集，因为在桑迪岛，这位主教候选人遇见了群岛的国王。

群岛之王

从 1832 年弗雷德里克·马登开始，学者们就开始利用"好人"古德蒙德的旅程来推测棋子是通过以下途径到达刘易斯岛的："冰

---

① Tr. Anne Tjomsland, *Hrafns Saga Sveinbjarnarsonar* (Ithaca: Cornell University Press, 1951), 27–29.

② Tr. Anne Tjomsland, *Hrafns Saga Sveinbjarnarsonar* (Ithaca: Cornell University Press, 1951), 27–29.

③ Tr. Anne Tjomsland, *Hrafns Saga Sveinbjarnarsonar* (Ithaca: Cornell University Press, 1951), 27–29.

④ Rosemary Power, "Norse-Gaelic Contacts," *Journal of the North Atlantic* Special Volume 4 (2013):19–25.

岛商人为了交易，将这些物品带到赫布里底或爱尔兰。运送的船只失事，这些小物件被海浪冲上岸边，埋在了沙滩之下。"①

另外一些萨迦证实了北大西洋的狂风、巨浪和海难频发的可能性。比如，在一次从冰岛到挪威的航行中，一艘船在奥克尼群岛失事得很是壮观："他们长期在海上，天气十分恶劣，船被吹得完全掉了个头。这一天冲上甲板的海浪是平常的三倍。弗洛西（Flosi）说他们困在接近陆地的浅滩。但是雾太浓了，暴风雨升级成了暴风雪，他们什么也看不见，直到那一晚船被推上陆地。所有人都得救了，但是船被撞成了碎片，货物也都丢了。"②

要不是因为意外，这些棋子本不会在刘易斯结束旅程。在发现窖藏的刘易斯岛，部分地名是古挪威语的（虽然现在用盖尔语拼写），其中两个很特别，分别意为"冰岛人的海湾"和"商人之地"③。刘易斯西部几个世纪以来无疑都是冰岛贸易路线上一处落脚点。有段时间，这里还是群岛之王的家的所在地。

写于13世纪的《马恩岛和群岛列王编年史》（*Chronicles of the Kings of Man and the Isles*）将这个王国的成立日期确定在1079年，解体时间为1260年。以马恩岛为基地，这个王国包括赫布里底（奥克尼的伯爵没有认领这里）和苏格兰本土的一部分（同样，苏格兰国王看重的是其他地方）。群岛的国王们，并非真正的国王，和奥克尼的伯爵一样，他们承认挪威的国王才是最高统治者。从1153年起，他们还认可特隆赫姆的大主教监督群岛教会的权力。不过，除了挪威"光腿"国王马格纳斯在岛上掠夺的时间（1093—

---

① Madden (1832), 289–290.
② "Brennu-Njáls saga," *Íslenzkt fornrit 12*, ed. Einar Ól. Sveinsson (Reykjavík: Hið íslenzka fornritafélag, 1954), 438.
③ Helgi Guðmundsson, *Um Haf Innan* (Reykjavík: Háskólaútgáfan, 1997), 56–57.

1103年，期间他因穿短裙而得到这个诨名，并生下了未来的国王哈拉尔·吉利），其他时间群岛的国王都施行独立统治。

1187年，群岛的国王戈代德（Godred）在弥留之际，选了他的儿子奥拉夫作为继承人[1]。彼时奥拉夫还是个孩子，根据编年史，马恩岛人更拥护奥拉夫同父异母的兄长雷金纳德（Reginald）。奥拉夫成年之际，雷金纳德把刘易斯岛作为领地分给了他。奥拉夫对刘易斯岛并不满意，但并非因为此地贫瘠或交通不便。12世纪，刘易斯岛已成为行政中心，拥有王国八分之一的国土[2]。在外赫布里底群岛工作的考古学家得出结论，"他们并非边缘人"，在国际关系上有着频繁的社交[3]。他们的"边缘性"只存在于我们的想象中。奥拉夫不满意刘易斯岛纯粹是因为这里太小了，毕竟他的父亲原本是打算把整个王国都传给他的。

1207年，奥拉夫向南来到马恩岛申诉，可能还带了军队，雷金纳德派他去找苏格兰的国王威廉。威廉应雷金纳德的要求，马上将奥拉夫囚禁了起来。1214年国王威廉去世，奥拉夫被释放。他继续去西班牙的孔波斯特拉（Compostela）朝圣，然后带着他的兄弟为他选的妻子，返回了刘易斯岛。奥拉夫与群岛的主教合谋，设法以现在的妻子去交换苏格兰强大的罗斯（Ross）伯爵的女儿，因为她的出身更高贵。1223年，奥拉夫强迫雷金纳德分裂了王国，然后于1226年接替了他的位置。

1202年夏天，像"好人"古德蒙德一样，奥拉夫也被暴风雨

---

[1] Caldwell et al. (2010), 46–51; Rosemary Power, "Meeting in Norway," *Saga-Book* 29 (2005): 10.

[2] Hudson (2005), 201.

[3] Mike Parker Pearson, ed. *From Machair to Mountains* (Edinburgh: Oxbow Books, 2012), unpaged Kindle edition.

驱到桑迪岛。根据《好人古德蒙德萨迦》，古德蒙德上了岸，举行弥撒。奥拉夫也参与了，之后邀请古德蒙德用餐。古德蒙德第二天早上返回船上，继续朝特隆赫姆航行，这回终于顺风了。

《拉夫萨迦》记载，来访有点混乱。这部萨迦据说由拉夫的朋友伯格或是神父托马斯所写，他俩都参与了拉夫和古德蒙德的旅程①。当古德蒙德与国王进餐时，《拉夫萨迦》写道，国王的长官登上古德蒙德的船，"要求对方根据赫布里底法律支付登陆的费用，并计算出相当于 2000 份土布，因为船上载了 20 个冰岛人"。古德蒙德拒绝支付，"因为他们预测接下来在挪威还得花这么多钱"。

"赫布里底法律"在这里指的就是挪威的法律，到了挪威管辖之下的群岛，这法律就变成：当冰岛人的商船进入挪威领土时，长官理应获得登陆税费。是否有权这样做是存在争议的，一些现代的读者将其视为一个经典骗局②。冰岛人也质疑其合法性，所以奥拉夫继续施压，晚宴邀请演变成了绑架。古德蒙德从桌边站起身，准备返回自己的船上，奥拉夫的手下拦住了他的去路。"国王说了，你们必须支付费用，否则，他不得不扣押你们。"这番话传回船上，古德蒙德的手下全副武装，在海岸上列成战斗队形。这时，主张和平的拉夫开口了。"拉夫说，这是在预料之中。他建议给国王点儿东西，以示尊重。"这东西可能是一副棋子吗？如果主教帕尔委托给"好人"古德蒙德的是刘易斯棋子，并下令将棋子带给他的亲戚国王斯韦雷，那么拉夫当然是知道这些的。既然国王斯韦雷已经离世，古德蒙德又陷入了困境，这些棋子可能就有了更能派上用场的地方。

---

① Guðbrandr Vigfússon, ed. *Sturlunga Saga* (1878), cxv; Guðrún P. Helgadóttir, ed. *Hrafns saga Sveinbjarnarsonar* (1987), lxxxix.

② Power (2013), 22.

1832年，马登总结出在刘易斯窖藏中，"棋子的数量不允许我们将其视为礼物"①。但是中世纪爱尔兰语的《权力之书》(Lebor na Cert)记载，适合送给一位国王的礼物候选单上包括武器、珠宝、奴隶女孩、猎狗、船只，以及"成套的游戏棋子"，通常是很多副棋子，可供很多人同时玩②。13世纪的《群岛之王，安格斯·莫尔·麦克唐纳的诗歌》(Poem of Angus Mor MacDonald)③明确指出这些成套的棋子成为了珍贵的传家宝。关于安格斯的父亲，诗歌这样说："他将他所有的财富都留给了你——每一枚胸甲，他的帽子，他的藏品，他的长剑，他那副棕色的棋子。"

天气一变，奥拉夫可能离开了桑迪岛，回到刘易斯岛的家。他在1207年或1223年离开刘易斯岛去挑战他的同父异母兄弟的时候，可能将棋子埋在这里保管。真相已永远不可知了。

实际上，整个故事只不过是异想天开。我们不敢断言主教帕尔是为挪威国王斯韦雷制造了刘易斯棋子，我们也不敢断言"好人"古德蒙德在旅途中带着这些棋子，我们更不敢断言是群岛之王奥拉夫把棋子带回了刘易斯岛的家。

关于刘易斯棋子如何到达刘易斯岛的每种解释都是异想天开的，其中一些因为被传了太多年甚至终成为事实。2002年《象棋的艺术》(The Art of Chess)自信地说："12世纪晚期，一个商人将四套棋子和其余的交易品贮藏在苏格兰外赫布里底群岛的刘易斯岛上的一个洞中。他永远不会回来取走他的东西了。"④ 这个商人没有

---

① Madden (1832), 290.
② Caldwell et al. (2009), 168, 176–177.
③ Tr. Thomas Clancy, in *A History of Everyday Life in Medieval Scotland, 1000 to 1600*, ed. Edward J. Cowan and Lizanne Henderson (Edinburgh: Edinburgh University Press, 2011), 150; Caldwell et al. (2009), 155.
④ Colleen Schafroth, *The Art of Chess* (New York: Harry N. Abrams, 2002), 50.

出现在任何中世纪萨迦或编年史中。比起主教帕尔、"好人"古德蒙德、群岛之王奥拉夫或者大师级的艺术家巧手玛格丽特，这个商人倒更像个虚构的人物。

如果主教帕尔是在大约1200年命令玛格丽特制作了刘易斯棋子，除了"好人"古德蒙德之外，很多人都可能会从冰岛把它们带走。格陵兰的主教乔恩·斯米瑞尔于1203年从冰岛旅行至挪威，在斯科尔霍尔特与帕尔一起消磨了整个冬季。他接下来去了罗马，呈递了帕尔对国王斯韦雷的致歉。五年后的1208年，帕尔的儿子洛夫特旅行至奥克尼群岛和挪威，赠予礼物，接受回礼。

同样，除了国王斯韦雷，帕尔还送过许多人象棋。1020年，斯韦雷的私生子国王哈康在20岁的时候继位，22岁就死了（很可能是被毒死的）。洛夫特拜访过的斯韦雷的侄子英基和哈康，于1204—1217年在位。奥克尼的伯爵哈拉尔死于1206年，将王国留给了三个儿子，洛夫特可能也见过他们。

大主教索瑞尔于1205年在特隆赫姆受封。《主教帕尔萨迦》写道，在他看来，玛格丽特制作的一根牧杖，"技艺精湛，在冰岛从没有人见过这样的艺术品"。格陵兰主教墓中发现的牧杖可能也是她制作的。比起战争题材的游戏，牧杖对于一个神职人员来说似乎是更为合适的礼物，但是正如我们所见，主教帕尔认识并有联系的数个神职人员都是军队的领袖。其中有一人尤为特别。国王斯韦雷死后，最与他针锋相对的敌人，国王的兄弟尼古拉斯、现任奥斯陆主教，送给帕尔一枚沉甸甸的金指环，上面镶嵌着贵重的宝石，一同送来的还有大量罕见的香脂。在古挪威的世界，赠予礼物要表达一种态度：礼尚往来。那么主教帕尔回赠了什么礼物呢？由于变幻莫测的风、浪、战火，这些东西的最终归宿会在哪里呢？

通过将国王棋子摆上棋盘，刘易斯棋诞生的社会背景逐渐清晰起来。这是一个与海路密切相连的世界。在这个世界里，冰岛和刘易斯岛并不处于边缘，而是位于中心；在这个世界里，一个充满斗志的国王的私生子（哈拉尔·吉利，生于爱尔兰）或者一个因言行失检而被逐出教会的人（斯韦雷，成长于法罗群岛）都可以成为挪威的统治者，建立一个王国；在这个世界里，国王和主教的角色在北方新基督教王国中不断变化；这是一个谁都不知道游戏规则是什么的世界。

第五章
骑　士

"骑士"是最后一枚站上棋盘的棋子,因为我们印象中的"身着闪亮盔甲"的骑士,在 12 世纪的北方世界还不为人知。国王斯韦雷一生征战于海上,而非陆地。对他的战士来说,马匹是到达战场的出租车,而不是战车①。战马或军马,可以驮一个身着 60 磅重铠甲的骑士,骑士手里还有一支重 40 磅的长矛,马匹本身还要配备全套重甲(目前未见实物遗存)。

在 11 世纪的意大利,一个诺曼骑士骑了一匹马,马太矮小了,马镫都拖到了地上。根据 1075 年为庆祝诺曼征服英格兰而织就的贝叶挂毯可知,法兰西和英格兰的马匹也不高。十字军战士的马匹平均 13 个手高,或马肩胛骨处高约 52 英寸,仅相当于一匹小马的尺寸。1200 年,在骑士时代的黎明时期(英语中的骑士"chivalry"源自法语中的马"cheval"),北欧的普通马仍"小得没什么用处"②。16

---

① R. H. C. Davis, *The Medieval Warhorse* (London: Thames and Hudson, 1989), 21, 23, 30, 34, 41, 43, 61, 85; Anthony Dent, *The Horse Through Fifty Centuries of Civilization* (New York: Holt, Rinehart, and Winston, 1974), 9, 23–26.
② Davis (1989), 30.

个手高甚至更高（肩胛骨处高约 64 英寸）的"高头大马"直到 13 世纪晚期才出现，是从中亚、西班牙或北非进口的种马，与本地最大的母马交配，马驹被牵至有富含钙的石灰土的淡水沼泽放牧，并在饮食中进一步补充燕麦。在选择性繁殖的管理制度固定之前，骑士的坐骑类似于现在的冰岛马；冰岛马自 12 世纪以来一直保持血统纯正，它们虽然身量娇小，但是强壮敏捷，驮运身材高大的人类毫不困难，脚镫刚好垂在马肚子下面晃来晃去。冰岛人自己也承认这看起来很滑稽。有一幅明信片上的流行卡通画，画的是一个冰岛人骑着马，还穿着溜冰鞋。

棋子的坐骑外表很容易让人"误以为"[1] 这是一匹"敦实、温顺的小马"[2]，专家认为，这表现出了雕工们的幽默感。但是"矮壮"和"温顺"与文化基因没有关系，众所周知，都是什么样的人骑在冰岛马的背上。此外，棋子做得结实是有功能的。骑士棋子必须易于抓握，重量适中，还要坚固，当棋子被落下、被吃掉，甚至棋盘被激动地掀翻时，不会有突起的部分被碰掉。同时还运用了艺术效果，马匹的躯干与头部不成比例，头大身子小，骑士的双脚和头部相比也是小小的。此外，在海象牙上雕刻时，必须先从一块椭圆形的材料上修整出一个长方形（马）来对应它在棋盘上的空间。

马匹的身形不是简单靠几幅漫画就可以证明，还要将其与当时其他骑士形象进行比较。在冰岛的瓦尔肖夫斯塔泽，教堂门上的骑士马匹都雕刻在木头上[3]，由于没有太多的限制，线条远比骑士棋子

---

[1] David Caldwell, Mark Hall, and Caroline Wilkinson, *The Lewis Chessmen Unmasked* (Edinburgh: NMS Enterprises, 2010), 33.
[2] Michael Taylor, *The Lewis Chessmen* (London: British Museum Press, 1978), 7.
[3] Þjóðminjasafn Íslands, Reykjavík (no. 11009); Thór Magnússon, *A Showcase of Icelandic National Treasures* (Reykjavík: Iceland Review, 1987), 35.

更流畅优雅。但这些马还是很矮，13 世纪早期法国利摩日（Limoges）的瓷马①，以及挪威南部的巴尔迪绍尔（Baldishol）教堂的一幅挂毯上的马②，也都这么矮。1170 年以前的一本英文手稿《亨特里安圣咏诗》（*Hunterian Psalter*）③ 中有一匹马，与刘易斯骑士棋子的坐骑高度吻合。在各种例子中，骑手的双脚都是悬空，垂在马肚子下面的。

不管怎样，通过马匹确实可以窥见雕工的幽默感。比如主教帕尔牧杖上的龙，或刘易斯棋中的巴萨卡，会使我们产生一些古怪的错觉，仿佛它们从又长又蓬松的额发下面悄悄地注视着你。有些甚至好像在斜睨着你，似乎在说："现在是什么情况？"马区的鬃毛是整齐的波浪形或编成辫子，刻画的形象是很准确的，弓形的颈和放松的腰表明它们训练有素，竖起的耳朵表明它们很警觉，显然这位艺术家熟知马，特别是马的习性。

但艺术家是如何与骑士相熟的呢？她又不穿盔甲，只穿长的皮外套。他们携带的具有叶片形刃部的矛和坐骑一样长。有些人握矛过肩，有些人握矛不过肩（看起来相当笨拙）。他们短粗的剑系在腰间，交叉在肩上的皮带悬挂着风筝形状的盾牌，上面装饰十字架和其他几何图形图案。头盔有锥形、帽子形、壶形和桶形的。

---

① Chasse with the Adoration of the Magi, Musée national du Moyen Âge, Thermes de Cluny, Paris (Cl. 23822); Barbara Drake Boehm, "Horsing Around," *Metropolitan Museum of Art, Game of Kings Exhibition Blog*, December 29, 2011, http://www.metmuseum.org/exhibitions/listings/2011/the-game-of-kings-medieval-ivory-chessmen-from-the-isle-of-lewis/exhibition-blog/game-of-kings/blog/horsing-around.

② Kunstindustrimuseet, Oslo; see Per Hofman Hansen, "The Norwegian Baldishol Tapestry," http://www.aldus.dk/baldishol/default-eng.html.

③ Glasgow University Library Special Collections, Glasgow [MS Hunter U.3.2. (229), folio 3r], http://special.lib.gla.ac.uk/exhibns/month/may2007.html.

如果我们认为他们不是骑士，只是骑着马的战士[①]，那么就与大约 1200 年的冰岛文本中记载的骑士比较一致了。修道院院长卡尔在《国王斯韦雷萨迦》中这样描述国王所骑的黑马，身穿"一件上乘的铠甲，外面罩着一件特大号的皮外套"，外套遮住锁子甲的衬衣。国王斯韦雷戴着"一顶宽钢帽，就像撒克逊人的那样"，"身上佩剑，手持长矛"，没有提到盾牌。但是大约 1230 年，斯诺里·斯蒂德吕松在《挪威王列传》中描写一位国王仓促上阵时"匆匆穿上锁子甲衬衣，用带子将名为'咬剑库恩'的剑绑在身上，头戴镀金头盔，手持长矛，身侧携一面盾牌"。早在 1202 年斯诺里就在《埃吉尔萨迦》中提到，英雄的兄弟索洛夫"有一面又宽又厚的盾牌，头戴结实的头盔，腰悬一把名为'朗'（Long）的长剑，这是一件尺寸相当可观的趁手兵器。他手持一柄矛，矛刃有 2 厄尔长"，约合 36 英寸。斯诺里补充道，埃吉尔"拥有与索洛夫一样的装备。……不过兄弟俩都没有锁子甲衬衣"。

1832 年，弗雷德里克·马登用这些例子证明刘易斯棋是在冰岛制造的[②]。苏格兰国家博物馆的大卫·考德威尔表示怀疑。除了咬着盾牌的巴萨卡，他说："关于刘易斯棋，很少有人能确定它就是斯堪的纳维亚的产物，制造刘易斯棋用的是同时代的工具。"[③]

就算无法确知棋子是在"哪里"制造的，至少"同时代"暗示着骑士的装备似乎可以告诉我们它们是"何时"制造的。在某种程度

---

① *Saga Sverris konúngs*, ed. Carl Christian Rafn and Finnur Magnússon (Copenhagen: H. Popp, 1834), 403–404; "Hákonar saga Góða," in *Íslenzk fornrit 26*, ed. Bjarni Aðalbjarnarson (Reykjavík: Hið íslenzka fornritafélag, 1941), 185; "Egils saga Skalla-Grímssonar," *Íslenzk fornrit 2*, ed. Sigurður Nordal (Reykjavík: Hið íslenzka fornritafélag, 1933), 136.

② Frederic Madden, "Historical Remarks on the Introduction of the Game of Chess into Europe," *Archaeologia* 24 (1832): 257.

③ David Caldwell, interviewed in Edinburgh, November 16, 2013.

上，这是可信的。骑士（车）的盾牌排除了它属于维京时代的猜测，因为维京盾牌是圆形的，你可以想象它们沿着龙船的船舷上沿儿一字排开、颜色鲜艳夺目的场景[①]。19 世纪 80 年代在挪威发掘高克斯塔德号的时候有一个罕见的发现，着色的皮罩已经无存，但木盾本身却并未腐烂。该盾牌圆似满月，直径 0.9 米。其年代可追溯到 9 世纪。

刘易斯骑士棋子的盾牌不是圆形的。之所以得到"风筝形"这一称谓，是因为它们大致上都是三角形的——上部宽阔，下部逐渐收成一个点。有些还有弧形的顶部，贝叶挂毯上诺曼征服者们就手持这种盾牌，但是它在 13 世纪就过时了。另一些盾牌的顶部是平的，在冰岛瓦尔肖夫斯塔泽教堂的门上，战龙的骑士手持的盾牌就类似这种（虽然比较小）。这种盾牌在 13 世纪开始流行，但很快也过时了。1216 年，斯诺里·斯蒂德吕松在冰岛的家族中有一个日耳曼人，给旁人上了一堂剑术课，最新流行的小圆盾只能保护持剑的手，不能保护整个身体，所以剑士不得不闪转腾挪，而不能站在固定的地方实施重击[②]。

学者对盾牌上的图案进行了解读。由于缺少"明显的纹章"[③]，尚无人认为棋子的年代晚于 12 世纪。大部分盾牌上都装饰着简单的十字形纹样，就像贝叶挂毯上和瓦尔肖夫斯塔泽教堂门上的一样。这类标记是纹章的前身，在 12 世纪中期流行起来，用来区分武装起来外形酷似的骑士们。最早的可确定年代的盾形纹章属于安茹公爵若弗鲁瓦五世（Geoffroy V of Anjou，死于 1151 年）。他那"蓝底色

---

① Madden (1832), 269; David Caldwell, Mark Hall, and Caroline Wilkinson, "The Lewis Hoard of Gaming Pieces," *Medieval Archaeology* 53 (2009): 195; Williams, et al. (2013), 89.
② Óskar Guðmundsson, *Snorri: Ævisaga Snorra Sturlusonar 1179–1241* (Reykjavík: JP útgáfa, 2009), 243.
③ Caldwell et al. (2010), 38; James Robinson, *The Lewis Chessmen* (London: British Museum Press, 2004), 26.

上狂奔的幼狮"① 主题的盾形纹章出现在他于勒芒大教堂墓地的一块珐琅牌上，1160年的一份文本对其进行了描述。龙形象确实出现在贝叶挂毯中的一些盾牌上，至于真正意义上的、每一位骑士以此宣告自己名字和血统的盾形纹章，在13世纪以前还不是那么普遍。

根据盾牌可以将刘易斯棋子的年代追溯到大约1150年到13世纪早期。头盔的潮流也在改变，大多数骑士佩戴钢的（或皮的）锥形头盔，因为简单易制作，它们在整个14世纪非常时尚。有些头盔还有护鼻（保护鼻子的条形装置）。考德威尔和马克·豪尔在2009年的研究中仔细检查了每一枚棋子，但是没有发现护鼻。然而，马登在发现棋子的那一年就研究了护鼻。在贝叶挂毯中，诺曼人戴着巨大的、毫无置疑的护鼻，你甚至会奇怪他们是怎么越过这东西看到前面的。瓦尔肖夫斯塔泽的"骑士"戴着更讲究的护鼻，只护住鼻子的一半。如果刘易斯"骑士"的帽子上有护鼻，那应该是从鼻梁到鼻尖都与鼻子贴合。然而11枚戴着锥形帽的骑士中，有7枚似乎缺失了2—3毫米长的横跨鼻梁的凹槽，此现象唯一的解释恐怕就是雕工少刻了一道纹。这7名骑士可能戴着有护鼻的头盔，另外8个骑士和11个戴头盔的车棋则没有护鼻。

相比之下，骑士的锥形头盔上在耳朵和后颈处垂下的部分是很明显的。这两处不像护鼻，是标准头盔的设计②。考德威尔和豪尔只找到一个对比样本，在一间木板教堂大门的入口处，时代可追溯到1170—1200年，地处挪威南部偏远的许勒斯塔（Hylestad）。"它表明'屠龙者'西格德戴着的锥形头盔不但在前后左右都有保护装

---

① Neil Stratford, *The Lewis Chessmen and the Enigma of the Hoard* (London: British Museum Press, 1997), 38.
② Caldwell et al. (2009), 194; Madden (1832), 299, 261.

置，而且还有护鼻。①"

"保护装置"这种形容对于这些小片片来说多少有点儿夸张，西格德的耳朵其实完全是裸露在外的。相比之下，刘易斯"骑士"的头盔上有一双扇动的大护耳，看起来就像秘鲁人带耳扇的毛绒帽。此外，只在三分之一的场景中西格德的头盔上出现了护耳，它们有可能只是卷曲的头发。当护鼻不出现的时候，护颈才会出现，似乎西格德为了取得龙心，将他的锥形帽旋转了一圈佩戴。

除了锥形帽（无论带不带护耳和护鼻），有些刘易斯"骑士"戴的头盔看起来像圆顶高帽②。大约1100年的一份法语手稿《圣奥宾的生平》(Life of Saint Aubin)中有一幅插图，80多个维京人挤在一艘船上，头戴这样的头盔，持长矛和圆顶盾牌。

有一枚保存得不太好的刘易斯棋子很不寻常，它戴着"有棱纹的、平顶的、风筝样的帽子"③。一枚保存良好的车棋子也戴着这种风格的帽子。"棱纹"指的是水平的、像龙骨的脊状纹，看起来就像个灯罩。考德威尔和豪尔在一幅插图中发现了一个头盔与这些头盔非常接近，这幅插图来自手绘本《十字军圣经》(Crusader Bible)中的《扫罗王之书》(Book of Saul)，1245—1255年绘制于巴黎，现存纽约摩根图书馆。

考德威尔和豪尔认为，刘易斯棋肯定是在像特隆赫姆这样的小

---

① Hylestad portal, Universitetets Oldsaksamling, Oslo; Caldwell, et al. (2009), 195; Erla Bergendahl Hohler, *Norwegian Stave Church Sculpture* (Oslo: Scandinavian University Press, 1999), II: 102.

② *Life of Saint Aubin*, Bilbliothèque nationale Pparis (NAL 1390, folio 7); *Vikings: The North Atlantic Saga*, ed. William Fitzhugh and Elizabeth I. Ward (Washington, D. C.: Smithsonian Institution Press, 2000), 117.

③ The Crusader Bible, The Morgan Library and Museum, New York (MS M.638, fol. 23v.), www.themorgan.og/exhibitions/Crusader-Bible; Caldwell et al. (2009), 194.

镇上制作的，因为雕工"充分了解"[①]骑士的服饰和武器，他们肯定见过国王的随从。但是果真如此吗？这些骑士并没有穿标准的制服，而是穿着他们最好的衣服来到这个战场。准确地说，他们都有最基本的装备，但是有些人戴着古董钢帽，手持祖辈的盾牌，有的人则戴着最流行的壶形帽子。这样一个大杂烩风格可能在冰岛是个典型，几百年来，年轻人都要例行公事般地在挪威宫廷服役几年，然后带着赢来的武器和盔甲返回冰岛。

根据盾牌和帽子估算，有些刘易斯骑士棋子的制造时间可早到1075年，与贝叶挂毯的年代差不多；另一些棋子则晚至1255年，和《十字军圣经》差不多。它们可能制作于冰岛、挪威、英格兰、法兰西、苏格兰，可能是这范围内的任何地点。它们可能是骑马武士的庄严塑像，也可能是对骑士形象的恶作剧。它们可能是一个雕工或多个雕工的作品，经年累月凑齐。关于刘易斯骑士棋子，问题比答案要多得多。

黑衣女人之家

今天，在斯托诺韦的机场，在乌伊格历史协会，在卡奈斯（Carnais）的威士忌酒厂，巨大的刘易斯棋复制品都在向你致意。在通往阿卓伊（Ardroil）野营地的路上，在乌伊格海湾的最前沿，当年这些棋子就被发现"埋在此地沙滩下15英尺处"。

还有人声称，棋子发现于6英里外的"黑衣女人之家"，在"一间拱形房间里"。据说是个古老的女修道院。

那里曾发生过海难，还有谋杀。

[①] Caldwell et al. (2010), 66.

棋子可能是被一头奶牛刨出来的，或者一头奶牛掉进了洞中，或者一场肆虐的暴风雨冲刷了沙丘，被一群小精灵监视着的一只古怪的、看起来像个烤箱的箱子，暴露了出来。

在大英博物馆 1997 年出版的一本关于棋子的小册子中，馆长尼尔·斯蒂特福德（Neil Steatford）列出了 9 份研究报告。他注意到，这些报告互相矛盾，"引发了读者越来越浓厚的对历史真相感兴趣的传奇力量"①。

刘易斯岛确实是个传奇之岛。

口头上的粉饰很早就有了。1831 年 4 月 11 日在爱丁堡，苏格兰古物协会"经斯托诺韦的罗德里克·皮列（Roderick Pirie）先生的许可"，检查了"若干用海象牙雕刻的人像，它们显然是棋子，带有中世纪斯堪的纳维亚的工艺特征，被发现时埋于刘易斯岛沙滩 15 英尺深处"，会议纪要补充道，"一封信件的摘录说，这些有趣的古玩已被解读"②。两年后，当古物研究者大卫·莱恩（David Laing）去找寻这封信的时候，发现早已佚失了。"很显然，"他抱怨道，"为了某些目的，关于真实的发现地点，发现者或后来拥有棋子的人在传播互相矛盾的说法。"③

此外还有窖藏中器物的数量问题。

弗雷德里克·马登负责大英博物馆手抄本的管理，从 1831 年 10 月见到棋子的那一刻起，就对其爱如珍宝。他在日记中写道："如果我们的受托人没有买到这套棋子，我担心它们会被拆散单独出售，那将是

---

① Stratford (1997), 8, 50.
② Stratford (1997), 8, 50.
③ David Laing, "A Brief Notice of the Small Figure Cut in Ivory ... Discovered in Dunstaffnage Castle: Paper Read to the Society of Antiquaries of Scotland, 11 March 1833," *Archaeologia Scotia* 4 (1857): 369.

一个多么大的遗憾。"① 受托人确实从爱丁堡一位名叫 T.A. 福勒斯特（T. A. Forrest）的钟表珠宝商那里花了 80 英镑购入了整个窖藏——共计 48 枚人形棋子、19 枚兵棋子、14 枚跳棋棋子，还有袋子上的带扣。

马登沉浸其中，他撰写了长篇论著来论述这些窖藏及其在国际象棋史上的地位。在描述他们的发现时，他引用了一份苏格兰报纸 1831 年 6 月刊登的一篇报道：

> 几个月前，在刘易斯岛的乌伊格教区有项令人们好奇的发现，显示出人们对苏格兰文物的高度兴趣。该地区一个乡民在沙滩上挖掘时发现了 70 多枚骨制棋子，大部分是国王、主教和骑士棋子，骑马的和不骑马的骑士都有。雕刻得十分精致，从服饰判断，肯定是年代久远的古物。它们最初被雕刻出来用于对弈，这似乎是最有可能的猜测，此后肯定用来缓解与世隔绝的隐居之人的孤独。它们的发现地点非常接近一间女修道院的废墟，现在那里仍被称为"Taignir collechin dugh an Uig"，即乌伊格的黑衣女人之家。②

马登有所不知，这套棋子已经被拆散了。尽管苏格兰古物协会在爱丁堡展出棋子的时候已经谈到了购买事宜，但是，莱恩在 1833 年记录说，"因一些监管或延迟，这项筹划遭到了阻挠"③。只有一位叫作查尔斯·科克帕特里克·夏普（Charles Kirkpatrick Sharpe）的"有着超凡鉴赏力"的古文物研究者，他是个"生活在

---

① Frederic Madden, cited by Stratford (1997), 4–5.
② Madden (1832), 211–212.
③ David Laing, "A Brief Notice of the Small Figure Cut in Ivory ... Discovered in Dunstaffnage Castle: Paper Read to the Society of Antiquaries of Scotland, 11 March 1833," *Archaeologia Scotia* 4 (1857): 369.

过去,为历史而活"①的人,没有让机会溜走。根据《英国人名词典》(Dictionary of National Biography),作为一名肖像画家、漫画家、诗歌和喜剧的业余爱好者,以及"苏格兰巫术正史"的编辑,夏普显然对自己购入的物件秘而不宣。然而,马登的论文发表之后,夏普就向莱恩展示了他的藏品:2枚国王棋子、3枚王后棋子、2枚主教棋子、1枚骑马的骑士棋子和2枚站立的骑士棋子,"其中1枚咬着盾牌"。他还拿出一张收据,该收据表明罗德里克·里列(Roderick Ririe,不是协会的会议记录所拼写的"皮列")在爱丁堡的钟表商那里存放了93枚象牙棋子,夏普从中购得10枚。还有一枚主教棋子,不久也离奇地成为了夏普的第11件藏品。

1851年夏普去世后,棋子被拍卖给了隆兹博勒勋爵(Lord Londesborough)阿尔伯特·丹尼森(Albert Denison)②,他以105英镑的高价击败苏格兰古物协会和大英博物馆。1888年,隆兹博勒的不动产变卖时,大英博物馆很有风度地弃权了,于是苏格兰古物协会终于得偿所愿,以100英镑的价格购入11枚棋子("比预期价格的一半还要少")。这就是现在展出于爱丁堡苏格兰国家博物馆中的那11枚刘易斯棋子。

夏普还曾将"黑衣女人之家"和棋子联系起来,但是他将报纸上的"沙滩"改为某种地下储藏室,即现在考古学家所说的地下室。"在一间拱形房间里发现了棋子(他们向我这样描述的),"夏普写道,"房间大约6英尺长,盖着很薄的沙子,地板上积了不少

---

① Patrick Cadell, "Sharpe, Charles Kirkpatrick (1781–1851)," in *Oxford Dictionary of National Biography*, Vol. 50, ed. H. C. G. Matthew and Brian Harrison (Oxford: Oxford University Press, 2004): 45–46; Laing (1857), 367, 369; Caldwell et al. (2009), 168; Daniel Wilson, *The Archaeology and Prehistoric Annals of Scotland* (Edinburgh: Sutherland and Knox, 1851), 567n.

② Stratford (1997), 9.

灰。我不确定是否有类似烟囱的装置存在。这里在以前靠近一间女修道院,该地名在盖尔语里意为'黑衣女之人家'。"

乌伊格教区的神父休·门罗(Hugh Monro)1795年在地图上标记了"Teagh na n cailichan dou"①,即穿着黑衣服的年老女性的住处。有人说,文雅随和的传道人门罗"与该教区居民的道德和日常生活保持着正派的距离",有的人又说他"对福音和何为真正的虔诚本性一无所知"。他在乌伊格湾最前沿一个名为"贝勒-纳-塞利"(Baile-na-Cille)的地方(盖尔语意为"教会之地")建立了神父住宅,并且在乌伊格教区布道46年。他鼓励周日下午进行"推石头"比赛,也就是推铅球。有一次他说从讲道坛处看见了一群鲸:"大家都去吧,所有人都去。鲸游入海湾了,快去看吧!布道什么时候都可以,鲸却是不常见的。"

和所有苏格兰神父一样,门罗被要求给这个教区做一份"统计报告"。自1797年,他就显示出自己对古董的爱好。他说"乌伊格",意为"一个孤立的地区,从公众视野中隐退,这个名字似乎特别适用于这个教区在当地的情况"。确实,乌伊格离斯托诺韦镇足有30英里,还要穿过一片沼泽才能看到来自苏格兰岛本土的渡轮。但这名字并不意味着冷漠。门罗未能看出"乌伊格"这个词源自诺斯语"海湾"一词,不过他注意到这个地区一些农场的名字"源自挪威或冰岛方言,比如Kenvick、Kirkibost等",狭长的海湾直指乌伊格教区的中心,"那里有大量安全地带可以下锚,足够整个不列颠的海军停泊,不,我甚至敢说是整个欧洲的海军"。

---

① Reverend Murdo Macaulay, *Aspects of the Religious History of Lewis up to the Disruption of 1843* (Inverness: John G. Eccles, 1980), 102, 108, 186, 103; Reverend Hugh Monro, "Parish of Uig, County of Ross and Cromarty," in *Statistical Account of Scotland, 1791–1799*, Vol. 19, 280, 283, 286, http://stat-acc-scot.edina.ac.uk/link/1791-99/Ross%20and%20Cromarty/Uig/.

在自己的教区，门罗被这片过去"信奉督伊德教的地区"深深打动，他在报告里，附了一张卡拉尼什（Callanish）石圈的图解。他描述了位于卡洛韦（Carloway）的史前圆形石塔（4 世纪废弃），以"干燥的石头"建造了"双层墙"，准确地说，"它也许是苏格兰这类建筑中最完整的一个。底部十分宽阔，越接近顶部越收缩，呈金字塔形；墙高 30 英尺；该建筑是完美的圆形"。他认为此处是维京人的堡垒。他没有描述位于迈利斯塔的"黑衣女人之家"[①]，而仅称之为"女修道院遗址"。没有教会记录提到过这里。盖尔语词组"黑衣女人"经常被用来形容寡妇（或女巫），因为她们穿黑色衣服，有时甚至指有黑发女性的家族。一张 19 世纪 50 年代的地形测量图将迈利斯塔标记为"70 年前刘易斯棋的发现地"。但是如果刘易斯棋确实发现于 18 世纪 80 年代，而神父门罗却不知道，这肯定是一则历史趣闻，他本应将其纳入他的"统计报告"的。

"黑衣女人之家"，这个神秘的名字仍然留在地图标着迈利斯塔的地点上。它标记着乌伊格教区最遥远的西部边界，是紧贴着海边悬崖峭壁蜿蜒的单行道的终点。但在 13 世纪，当贸易经由海路通行起来，这里就不再与世隔绝了。活跃的海流将船舶带入迈利斯塔的小小海湾，即便是现在，也常听说有椰子（和溺亡的水手）被冲上海岬处的岸边。沿岸肥沃的沙质低地上曾生长大麦，现已休耕（2011 年的一份考古简报介绍了一则关于大麦的碳元素测年研究，测定年代为 12 世纪）。羊群还在山坡上吃草，附近一处无人岛距离

[①] Caldwell et al. (2010), 17; Dave Roberts, interviewed in Uig, Lewis, June 14, 2014; David Caldwell, interviewed in Edinburgh, November 16, 2013; Mary Macleod Rivett, interviewed in Uig, Lewis, June 13, 2014; Caldwell et al. (2009), 172; James Graham-Campbell and Colleen Batey, *Vikings in Scotland* (Edinburgh: Edinburgh University Press, 1988, rpt. 2001), 72, 74; Helgi Guðmundsson, *Um Haf Innan* (Reykjavík: Háskólaútgáfan, 1997), 56.

很近，可以带牛群游过去放牧。几个世纪以来，遗迹里最好的石头已经被拿去建造民居和羊圈。后来，外赫布里底群岛以前很少见的兔子突然开始在岛上泛滥，到处挖洞。遗留下来的还有长长的山冈、水渠和令人回味的石头墙组成的迷宫。悬在陆地尽头的是一片小小的墓园，旁边似乎是一间教堂的地基。沙丘下的遗骸已出露。随意选一天，路经此地，都可在兔窝的洞口处捡到一两枚头骨或臂骨。2003年，一个徒步旅行者发现了一枚刻有十字架的铜环，现藏于斯托诺韦的博物馆，根据艺术风格判断其年代为12—13世纪。

和刘易斯岛上80%的农场名字一样，"迈利斯塔"（Melstaðr）这个名字也源自诺斯语："Mel"意为覆盖着常绿草的沙丘，"staðr"意为家园。附近是艾斯拉维格（Islavig），意为"冰岛人的海湾"（Íslendingavík），曼格斯塔（Mangersta）意为"商人的家园"（Mangarastaðr）①。在曼格斯塔的悬崖外部发现了已被侵蚀的、带有维京风格的椭圆形胸针残件和挪威陶器碎片，但在该地区尚未进行过系统的考古发掘。

在迈利斯塔也没有进行过系统的考古工作。苏格兰国家博物馆委托别人快速调查已发现的大麦谷物，大卫·考德威尔认为迈利斯塔是刘易斯棋最初的发现地。回顾女修道院的故事，一次较早的调查发现了证据证明迈利斯塔有地下室，虽然其方位已不可查。秘藏棋子的石棺并非在女修道院之下，考德威尔认为，石棺在一个首领的府邸下面，可能甚至在群岛之王的皇家宅邸之下。总结最近的考

---

① Caldwell et al. (2010), 17; Dave Roberts, interviewed in Uig, Lewis, June 14, 2014; David Caldwell, interviewed in Edinburgh, November 15, 2013; Mary Macleod Rivett, interviewed in Uig, Lewis, June 13, 2014; Caldwell et al. (2009), 172; James Graham-Campbell and Colleen Batey, *Vikings in Scotland* (Edinburgh: Edinburgh University Press, 1988, rpt. 2001), 72, 74; Helgi Guðmundsson, *Um Haf Innan* (Reykjavík: Háskólaútgáfan, 1997), 56.

古发现,他说:"迈利斯塔在中世纪是个相当重要的地方。这里显然有个聚落,时间可追溯到12世纪。我们不知道刘易斯岛的中心区在哪儿,这里也许就是类似中心区的地方。"

然而根据外赫布里底岛考古学家玛丽·麦克劳德·李维特(Mary Macleod Rivett)的报告,这类地下石棺在整个刘易斯岛随处可见。虽然早于维京时代,但在以古挪威语命名的地点或中世纪考古遗存附近通常能发现石棺。玛丽说她"能指出另外20处包含相同因素的遗址",并同意迈利斯塔曾经占据着重要地位。"我们有从新石器时代到9世纪的地层证据。"但是,在12世纪这里还是权力的中心吗?在乌伊格是主要地区之一吗?她总结道:"我不认为迈利斯塔能够提供足够的证据支持大卫·考德威尔的'此处是棋子发现地'的观点。"

奶牛和精灵

在缺乏科学证据的前提下,玛丽倾向于支持她在小时候拜访家住乌伊格湾海岸上的姨妈家时所听过的故事。故事关于一个名叫马尔科姆·麦克劳德(Malcolm Macleod)的农夫(与玛丽本人没有任何关系)和他的奶牛、他的泥炭色的捕虾笼、他机灵又坚定的妻子、他的迷信,以及冬季的风暴将沙子分层叠放在刘易斯岛的西海岸上,生成肥沃的沙质低地土壤,也掩埋了整个古老村落;或者在其他季节,风将维京时代墓地的表层草皮剥离,于是在20世纪90年代早期,两个少年度假时,在这条路的尽头处碰巧发现了遗骸[①]。

---

① A. J. Dunwell et al., "A Viking Age Cemetery at Cnip, Uig, Isle of Lewis," *Proceedings of the Society of Antiquaries of Scotland* 125 (1995): 719–752.

乌伊格湾两端距离三英里。落潮后的海湾闪烁着金银色的光芒，阳光晒干潮湿的沙滩，再给它镀上一层金色；涨潮时，靠近海岸的水会先被染成蓝绿色，而后海湾全变为深蓝色。在内陆，越过曾经因挖沙子而产生的一排沙丘，就是阿卓伊的地界。少数房子被丘陵牧场环绕，发现棋子之后阿卓伊建设了起来，期间清退了五个乡镇的租户。"Eadar dha Fhadhail"这个名字在盖尔语里意为"两个浅滩之间"。放眼望去，那里没有一棵大树。在19世纪中期地主建立的狩猎小屋的后面，是海拔1400英尺的苏艾纳瓦尔（Suainaval）山和大片凌乱的灰色土堆，看上去像大团的脏羊毛。

如果刘易斯棋就藏在国王或首领府邸的地下石棺里，那么位于乌伊格湾边缘的阿卓伊就应该与迈利斯塔一样，也是权力中心[①]。这片空旷开阔的景观是九千年来燃烧和放牧的结果。在刘易斯岛，最早的聚落迹象是木炭的微小粒子，证明该岛最初被矮小的树木所覆盖，后来为了给马鹿建草原而焚烧了树林。第一批住民似乎放牧鹿群，就像拉普兰的萨米人放牧驯鹿群那样。

站在传说中刘易斯棋发现地点附近的沙丘上，乌伊格湾的历史仿佛历历在目[②]。从东到西、从内陆到海洋环视，小岛最高处有一座史前圆形石塔（broch），是垒砌的铁器时代的塔。虽然该建筑的时间早于维京时代，但"broch"一词取自古挪威语的"borg"（堡垒）。一排石头铺成的堤道将堡垒与海岬连接起来，下面有一处青铜时代的石冢。海岸线上坐落着校舍和苏格兰教会位于贝勒－纳－塞利的神父住宅，年代都可追溯到18世纪。神父住宅的花园墙外是小礼拜堂和圆形墓地，年代极为遥远，有一块石头已被认定为是

[①] Bill Lawson. *Lewis: The West Coast in History and Legend* (Edinburgh: Birlinn Ltd., 2008), 220, 222.

[②] Mary Macleod Rivett, interviewed in Uig, Lewis, June 13, 2014.

一只圣水钵。1000 年前后，被圆形墓地环绕的小礼拜堂经常出现于冰岛和格陵兰，风格与凯尔特人所建的差不多。越过墓地有另外一个圆形隆起的青铜时代的石冢。在下一个海岬处，除了一条重要的鲑鱼河，考古学家还发现了一间维京时代的船坞（naust）。在盐沼中间是一处铁器时代的祭祀遗址，考古学家发掘后，发现"其中有一堆被火烧过的骨头"。

虽然没有文献记录谁在 12 世纪曾居住在这里，但麦克劳德家族第 14 任首领就住在海滩另一边的海岬上。16 世纪，麦克劳德家族将总部设立在近海的一个岛上。玛丽说，对于一个权力中心，"这是个合情合理的环境，这里是地位显赫之人的定居之处，还有早期的教会。如果必须用大头针在地图上标出刘易斯棋的所有者，我会选择这里"。

当地也流传着这样的故事，通过对比它们，我们便能了解传奇是如何演变的。

最早的版本来自唐纳德·莫里森（Donald Morrison，死于 1834 年）留下的一份手稿，他被称为"An Sgoilear Bán"（白色学者）。故事里提到"红吉利"（The Red Ghillie）①；还涉及一个叫大乔治·麦肯齐（Big George Mackenzie）的人，在 17 世纪早期，他是贝勒-纳-塞利几个佃农的辅助者，或称监督人。皇家海军 F. W. L. 托马斯（F. W. L. Thomas）船长称"他是个富人，又是个勇士、强大的剑客，还是一名敏捷的射手"。托马斯在 1863 年写给苏格兰古物协会的一封信中介绍了莫里森讲的这个故事。麦肯齐"在教区南端一个偏远的牧场养牛，那里被叫作埃尔德海格（Aird Bheag），

---

① F. W. L. Thomas, "Notes on the Lewis Chessmen," *Proceedings of the Society of Antiquaries of Scotland* 4 (1863): 411–413; Caldwell et al. (2010), 15, 16; Mary Macleod Rivett, interviewed in Uig, Lewis, June 13, 2014.

在洛赫村（Loch）入口附近。麦肯齐雇用了一个被称为'红吉利'的年轻人。在一个暴风雨之夜，一艘船被冲上埃尔德海格的海岸"。"红吉利"让人杀死海难的幸存者，偷了他的包裹，包内不知为什么装满了小小的象牙雕像。"红吉利"埋藏了战利品，跑回家通知他的雇主有沉船一事。麦肯齐并没有如"红吉利"所预料的那样去掠夺沉船，而是救治了水手，并赶走了"红吉利"。后来"红吉利""愈发猖狂，直到因奸淫妇女被判处绞刑，吊死在斯托诺韦的绞架山上。他被带去行刑的时候，供出了自己曾犯下的许多恶行，例如坦白了自己是如何让人杀害那个水手并埋藏了小雕像"。200年过去了，没人打扰这些雕像。莫里森继续写道："在1831年，彭妮·唐纳德（Penny Donald）的佃农马尔科姆·麦克劳德在乌伊格发现了这80多枚雕刻的遗物，这些小雕像后来被莱利船长（Captain Ryrie）卖往爱丁堡，标价30磅，以上为马尔科姆·麦克劳德所述。"

"毋庸置疑，"考德威尔写道，"1831年之前根本没有关于这个故事流传的记录。"

玛丽认为沉船和谋杀也许跟刘易斯棋并没什么关系，虽然这可能是事实。"这是将两个故事混为一谈了。第一个故事讲的是男孩带着财宝逃出沉船"，不料竟被残忍谋害；"第二个故事讲的是寻找棋子，这个故事我是从我的亲戚那里听来的"。她相信确有其事，虽然在民间口耳流传，也许略带夸张成分，但仍是有事实根据的，因为"有与之相关的确切名字和具体个人"。

"很少有人了解窖藏的发现者马尔科姆·麦克劳德其人，"考德威尔反驳道，"他的名字首次出现在文献里是在1863年，而且19世纪写过关于窖藏的专家中似乎没有一个人有机会和他见个面，谈谈他的发现什么的。"

这个遗漏很可能是由于"清退"①造成的。随着苏格兰全国流行的潮流，刘易斯岛的地主认为，比起彭妮·唐纳德这类多种经营的综合农场（根据1824年的记录，彭妮·唐纳德拥有68头牛、97只羊和11匹马，由若干个家庭照管），大片的牧羊场更有利可图。1840年，彭妮·唐纳德卖掉了牲口，解雇了佃农，在阿卓伊置了房产。马尔科姆的家族和他的邻居们都搬到刘易斯岛以北很远的地方——内斯（Ness）去了。11年之后，他们从这里乘船被运往加拿大，无论想不想移民，地主都给他们预订了通行许可证。1838年被"清退"的麦利斯塔居民也被用船运到了加拿大，共计400多人从乌伊格被发派了出去。

　　天知道，四套刘易斯棋子中佚失的棋子（1枚国王、4枚车、44枚兵）会不会被作为纪念品带到加拿大。也许它们经过重新处理后变成了小刀或者开信刀的刀柄②，就像1996年考古学家发掘一处丹麦修道院遗址时发现的那枚海象牙主教棋子一样。兵卒棋子特别适合改造成实用器具，因为它有着细长的八角形外观，并装饰着漂亮的编结花纹。

　　1851年，乌伊格几乎所有人都知道棋子已经不见了，爱丁堡的丹尼尔·威尔逊（Daniel Wilson）公开了一份新的发现报告③。在

---

① Lawson (2008), 221–222; Anon., *Discovering Uig* (Uig, Lewis: Uig Community Centre Association, 1996; revised Uig Community Council, 2011), 20.

② Helle Reinholdt, "En pragtkniv og andre ting fra dagligdagen på Øm," in *Øm Kloster: Kapitler af et middelalderligt cistercienserabbedis historie*, ed. Bo Gregersen and Carten Selch Jensen (Ry, Denmark: Syddanks Universitetsforlag, 2003), 135–143; Morten Lilleøren, "The Most Dangerous Chess Piece," *Chess News*, March 23, 2014, http://en.chessbase.com/post/the-most-dangerous-chess-piece.

③ Wilson (1851), 566; *The Royal Commission on Ancient and Historical Monuments and Constructions of Scotland, Ninth Report* (Edinburgh: His Majesty's Stationery Office, 1928), 23–24; Donald MacDonald, *Tales and Traditions of the Lews* (Edinburgh: Birlinn, 2009), 114.

《苏格兰考古与史前年鉴》(*The Archaeology and Prehistoric Annals of Scotland*) 中，他提出了为什么没人了解马尔科姆·麦克劳德的另一个原因。受过高等教育的古物学家威尔逊屈尊访问贪婪、愚笨（操着盖尔语）的农夫时，农夫是这样说的：

> 1831年的春天，受海洋侵蚀的影响，刘易斯岛乌伊格的沙滩有相当一部分消失了，露出了一处小型的地下石头建筑，看起来像一处炉灶，距地表有一定深度。它出露的部分引发了一个碰巧在附近工作的农夫极大的好奇心，甚至是贪心。他进入了建筑，并惊讶于所见，他断定自己无意中闯入了属于一群精灵和矮人的秘境。这位迷信的苏格兰高地人扔掉铁锹，惊慌失措地逃回家；但是他被极为大胆好奇的妻子怂恿，最终又返回这里，还带走了奇异的小象牙雕，对他来说，这好似凯尔特民间传奇中矮小的精灵的东西似乎并没有什么超乎寻常之处。

1914年，故事中出现了贪婪愚蠢农夫的牛，情节更丰满了。根据19世纪苏格兰古代历史古迹和古建皇家专门委员会第9号报告（1914年之后出版），棋子藏匿的地下洞穴"由于牛在沙丘上摩擦身体而暴露了出来"。从此，牛成为了故事的中心。

唐纳德·麦克唐纳（Donald MacDonald）是一位退休医生，在他1961年去世之前都在收集民间故事，这些故事在1967年被编成《刘易斯的故事和传统》(*Tales and Traditions of the Lews*) 出版了。关于棋子，他写道：

> 1831年的一天，彭妮·唐纳德家的（农夫）马尔科姆·麦克劳德，后被称为卡鲁姆·纳·斯普劳特（Calum nan Sprot），沿着

沙丘放牧的时候，看到一只动物在沙滩上摩擦身体，动作很诡异。他走过去，看到它用角拨出了一些白色物件。他捡起几个仔细查看，觉得是人偶或某种自己不知道的雕刻神像。斯托诺韦的一位绅士闻讯赶来，挖出了所有棋子，卡鲁姆·纳·斯普劳特不再插手此事。共计有80枚棋子，都放进一个篮子后是很沉的，这种重量对一个人来说是个相当大的负担。

在这个故事中，农夫表现得略好一点，相对于迷信而言他倒是更虔诚，也不那么贪婪，而他大胆的妻子这个角色被从斯托诺韦来的绅士取代了。也可能是船长皮列（或者拼写成里列、来列），好多故事中都提到过这个名字，他把棋子带到了爱丁堡。但是要注意，对于"相当大的负担"以现代的度量衡计算，也就是3磅多一点[①]。

最近的一个版本是一个在"乌伊格游径"旅游网站上公开的音频文件[②]，在3分钟内将全部来龙去脉串联起来。说故事的人，芬利·麦克劳德（Finlay Macleod）"生于刘易斯，长于刘易斯，并花了一生时间去思考"。他写道："我已经花了很长时间收集关于刘易斯的口述传奇，并将其用于乌伊格的故事。我没有编造它们，我只是用两种语言记录了这个故事的真实场景。""两种语言"指的是盖尔语和英语。

就在阿卓伊野营地的边缘，芬利站在刘易斯国王的木制雕像前，记录下了这个故事。故事的开头写道："在这个地点发现了与乌伊格有关的、很可能是最著名的要素，那就是乌伊格棋子，或者有时也被称为刘易斯棋子。"他介绍了马尔科姆·麦克劳德和他的

---

① Caldwell et al. (2010), 22.

② Finlay Macleod, personal correspondence, July 21, 2014, and http://www.uigtrail.com/the-stories; Mary Macleod Rivett, interviewed in Uig, Lewis, June 13, 2014; Caldwell et al. (2009), 171.

牛："1831 年，本地牛倌马尔科姆·麦克劳德在这里牧牛，牛一直跑到了海岸边。"在麦克唐纳的版本中，牛的举动很反常，"他的牛好像用犄角从沙丘中掘着什么"，然后一个地下室就被打开了。马尔科姆·麦克劳德"看见一堆黄色小人像（不是白色的）在小型的围起来的石头圈中"。然后，说故事的人略过大胆的妻子和绅士，讲到马尔科姆·麦克劳德本人"应该是回了趟家，取了捕虾笼又折返回来"，他"将 93 枚象牙棋子放入捕虾笼"，现在我们从窖藏中得到的棋子数量未必就是他发现时的数量。接下来是对精灵主题的认可："他认为这些是精灵，有点害怕。"然而，与以前说故事的人不同的是，芬利描述了它们在邻里之间造成的轰动，甚至有瘸腿的女邻人被抬着也要到沙滩上看马尔科姆发现的棋子。棋子被卖了 30 英镑，"马尔科姆·麦克劳德应该拿到了这笔钱"，他还有了"卡鲁姆·纳·斯普劳特"这个新名字，"他们戏称他为'长钉'卡鲁姆，因为他发现的这些东西很像长钉"。"长钉"可能指的是海象牙。至于为什么没人听过马尔科姆·麦克劳德自己说的故事，据芬利（与马尔科姆·麦克劳德没有关系）所说，马尔科姆·麦克劳德"1831 年后没过多久就去世了"，而且"他的家族与周边村镇的家族在 1840 年被清退了"。

　　玛丽·麦克劳德·李维特在 2014 年的某个午后讲述棋子的故事时，正站在阿卓伊的沙丘上。乌伊格北部田地里，南边两座岛屿上，拖拉机和干草打捆机刚工作完不久。她添加了一个插曲：牛不仅打开了地下室，还掉了进去。玛丽没有忘记描写马尔科姆的妻子："马尔科姆天黑后出去营救他的牛。他放下灯，看到这些小小的脸孔，就吓得赶紧跑回家了。他的妻子很勇敢，过去把它们收集了起来。"

　　说故事的人只是说故事，他们不会详细述说事实。修饰和夸张是乐趣的一部分，不会使听故事的人感到无聊。1851 年，爱丁堡精英嘲笑胆小的乌伊格牛倌从精灵面前逃走；而现在，乌伊格当地人都赞赏他那勇敢、务实的妻子。

故事绝不会允许我们在阿卓伊和迈利斯塔之间选择一处地点作为刘易斯棋真正的发现地。正如考德威尔和豪尔强调的那样，自19世纪起"公开发表报告的作者中没有一个人拜访过发现地点或者非常了解刘易斯棋"。当今，本地说故事的人都不会忽略这些已经发表的报告。

贝勒－纳－塞利

所有的文献记录都将棋子与乌伊格联系在了一起。在19世纪30年代，"乌伊格"这个名字指的是教区，它不仅是海湾，还是一片面积超过200平方英里的地区。那些最远也就到过卡拉尼什（以及著名的"卡拉尼什石圈"）的探险者声称他们曾到过乌伊格。他们确实进入过教区，但要想去乌伊格湾，需搭乘渡轮沿罗格峡湾下行15英里，再步行穿越沃尔托斯河谷（Valtos Glen）上游4英里的泥炭沼泽，才能来到位于贝勒－纳－塞利的神父住宅。退潮时，穿越闪光的沙滩，阿卓伊的发现点就在距此地1英里处。"黑衣女人之家"还要再向南行6英里。不过，对于从爱丁堡来的一些人来说，迈利斯塔的"黑衣女人之家"接近阿卓伊的发现点，那里是一处古物学家认为最有可能发现棋子的遗迹。弗雷德里克·马登1832年得出了这一结论，他写道："一封来自爱丁堡的私人信函陈述了女修道院的故事纯属虚构，但是，在一些笔记中存在的这处废墟与发现棋子的地点相距不远。"[①]

---

① Madden (1832), 212.

文献记录还将棋子与贝勒－纳－塞利的神父亚历山大·麦克劳德（Alexander Macleod）联系在一起[1]。神父麦克劳德曾于1833年在就乌伊格教区所做的《苏格兰统计报告》中说："1831年，乌伊格湾前沿的沙滩中，曾发现很多看起来像棋子的小件象牙雕像，年代似乎非常久远，后来这些东西辗转到了位于爱丁堡的古物协会。"

1824—1843年，在亚历山大·麦克劳德任神父期间，乌伊格教区内所有珍贵发现，都要上缴神父。因为神父麦克劳德"实施独裁者般的统治"（一位教会史学家用了这样的措辞）。作为苏格兰自由教会的创始人之一，亚历山大·麦克劳德是个福音传道者。他不赞成球类运动和花哨的衣服，也不赞成"努力上进"。在他的"统计报告"中，他骄傲地提起乌伊格，说"人们几乎不举行任何公开的竞技或任何形式的娱乐活动。近年来，他们在宗教知识上的进步已经显而易见，他们被教导要满足于自己的生活环境和局势"。

对于自己教区内大约2000名居民来说，舒适意味着"一间房屋，大量泥炭块，一些谷物，1—5头奶牛和一些羊"（1841年一位参观者这样总结）。对于（拥有20头牛的）神父麦克劳德来说，舒适是一种幻觉。到达乌伊格几个月之后，他对民众说，"他们看起来似乎非常害怕和惊讶于我传递给他们的真理，又似乎无法理解所听到一切……他们对救赎的希望建立在行为端正、做最好的自己上……这表明罗马天主教的余孽仍是他们对基督教的唯一概念"。一年半之后，他仍旧渴望改造他们。1825年的圣诞节，他从马太福音28：5开始布道。他在日记中写道："我的布道进行到了实际

---

[1] Reverend Alexander Macleod, "Parish of Uig," in *Statistical Account of Scotland of 1834–1845*, Vol. 14, 151–156, http://stat-acc-scot.edina.ac.uk/link/1834-45/Ross%20and%20Cromarty/Uig/; MacDonald (2009), 116; Macaulay (1980), 173, 175, 177, 186, 195; Anon., "A Revival of Religion in the Isle of Lewis," *The Scottish Christian Herald* July 16 1836, 310–312.

应用环节,我向所有质疑我的人展示'无所畏惧'这个词将在他们身上起反作用,他们将感到害怕和恐惧,那难以言喻的恐惧将在永恒的年轮中永不终结,如果拒绝我给予的救赎,那么每一颗心灵都将被刺穿,不幸和痛苦将遍布整个圣会。下场就是这样。"

麦克劳德神父将圣餐台围了起来,按字面意思理解就是在周围放置了围栏,就像严格的加尔文主义者做的那样。只有被认为是知名人士的人才可以将圣餐带走。他的前任,"捕鲸者"神父门罗,每年两次与800—1000人进行恳谈,而麦克劳德只与6个人恳谈过。1827年6月,他记录道:"所有无价值的领受圣餐者都被拒绝,一整天,圣会都备受触动。"每个星期一人们都来问神父"谁在暗中监视我们,心中的秘密就像在讲道坛上被揭开"。麦克劳德声称,启示并非来自凡人,而是来自全能的上帝耶和华。1828年,在一个有圣餐仪式的星期日,9000人聚集于此来听神父麦克劳德布道。教堂太小,容纳不了这么多人,麦克劳德就站在教堂前的小山丘上。没有记录显示那天麦克劳德邀请了多少人来到上帝的桌旁,但是有一位神父听说麦克劳德把自己"围"了起来;在另一个场合有人用另一种说法形容他的这种行为:"他在圣会上排挤所有人;他排挤我,在我看来,他把自己都排挤了。"

想象一下,在这种充满持续恐惧的反天主教气氛中,挖到刘易斯棋的那个倒霉透顶的牛倌的精神状态吧,那里面可是有16个"主教"!难怪他"扔掉铁锹,惊慌失措地逃回家","不再提及此事"。如果他大胆的妻子回去用泥炭色的捕虾笼装回小雕像,用不了多久,她就会羞愧地把这些送到专横的神父麦克劳德家门口。1831年,在乌伊格教区没有一丁点儿像罗马天主教的东西存在,更别提罪恶的"竞技或娱乐"了,比如刘易斯棋。麦克劳德说,它们很快就被"传递到古物协会",接着就被卖掉了。

能从书房窗口看到阿卓伊发现地点的神父并未提及过用棋子换来的那 30 英镑。在乌伊格，30 英镑比一名学校老师一年的收入还多。在日记中，神父麦克劳德曾吹嘘一年为学校筹得 16 英镑学费："考虑到人们的生活环境，我保证他们在这件事上的慷慨热诚已经引发并驱使了更多类似的善行。最令人愉快的是看到白发苍苍的老年学者和刚从事教学七八年的青年学者都愿意为此做出贡献。"如果 30 英镑落入卡鲁姆·纳·斯普劳特的口袋，这些钱恐怕是不会在他这里保管太久的。

两个骑士

在爱丁堡的古物协会展出棋子的 6 个月之后，除了 11 枚棋子，其余全部出现在伦敦。它们的价签从原来的 30 英镑有了大幅度的变化。1831 年 10 月 17 日，沃尔特·斯科特爵士（Sir Walter Scott）去世前一年在日记中写道："这个清晨天气晴好，我去整理（大英）博物馆的手抄本，并留了一张卡片在一套棋子上，这套被冲上苏格兰海滩的棋子售价 100 英镑。"①

沃尔特·斯科特爵士秉承着 19 世纪中期传遍欧洲的"考古调查热情"。1840 年托马斯·卡莱尔（Thomas Carlyle）宣称，正是斯科特教会了"所有人这个真理"，"昔日的这个世界确实充满了对考古充满热情的人群"。

斯科特这么有影响力，他应该会在 1831 年买下刘易斯棋，然而令人惊讶的是，他竟然破产了。他的那本苏格兰人传奇《韦弗

---

① W. E. K. Anderson, ed. *The Journal of Sir Walter Scott* (Oxford: Clarendon Press, 1972), xxiii, xxix, xlv, 621, 667; Carlyle, quoted by Wilson (1851), xi.

利》(*Waverly*)大获成功,第一年就获利 2000 英镑。《罗布·罗伊》(*Rob Roy*)和《艾凡赫》(*Ivanhoe*)一经发行马上成为畅销书,首印 1 万册,每本售价不到 0.5 英镑,两周内即售罄。1825 年的经济危机,使得斯科特的出版商破产,斯科特作为合作伙伴负债 12 万英镑。他卖掉了爱丁堡的房子,也卖掉了自己小说的版权。他甚至卖掉原始手稿,《韦弗利》《艾凡赫》《罗布·罗伊》三部打包在一起,仅售 80 英镑,这个价钱是买不起刘易斯棋的。

斯科特的健康状况也不佳,60 岁的他饱受中风和胆结石的困扰,一条腿还需要靠支架来支撑行走。正如他在 1831 年的日记中写的那样:"我不能说这个世界在新年之际愉快地对我张开怀抱。我要力求平静,对许多事,我都心存感激。"然而几天后,他感到"自己仿佛冷烟囱背面似的阴郁,没有一点儿火光。每走一步,每说一句都极困难"。他从爱丁堡动身去马耳他(Malta)岛疗养,当他在大英博物馆停留时,就注定了这将是一次有去无回的旅行。

疾病和财务状况的窘迫导致他在爱丁堡时完全没见过棋子,甚至没有参与检验那 11 枚由他的一生挚友查尔斯·科克帕特里克·夏普偷偷交易来的棋子。但是在伦敦,斯科特接到一个特殊的邀请——来自大英博物馆手抄本部助理管理员弗雷德里克·马登,他在说服博物馆购入刘易斯窖藏的过程中起到了关键作用。

斯科特和 30 岁的马登都是狂热的古物学家,都对冰岛文学感兴趣。斯科特的小说中大量出现女武神瓦尔基里、巴萨卡、龙、狼人、精灵、矮人、幽灵、先知、神秘的如尼文和魔剑。他拥有能找到的几乎全部的冰岛文学作品,并拒绝出售自己的藏书来解决债务问题。1813 年,他翻译出版了《艾比基亚萨迦》(*Eyrbyggja Saga*),被称为所有萨迦的首部英文翻译作品(亦被认为"歪曲失真",充斥着"愚蠢的错误",而且行文"沉闷"①)。一些学者认为,这本书激励了斯科特完成《韦弗利》,该作品动笔于1804年,却被锁在抽屉里10年。萨迦显然激发了1821年小说《海盗》(The Pirate)的创作灵感。故事背景设定在18世纪前后的设得兰群岛,塑造了一个先知,他的预言直接照搬《红发埃里克萨迦》。有个评论家说,斯科特笔下的先知"被后来的小说家广为模仿,用以处理古老的北方主题——玻璃珠子、小牛皮鞋子、山羊奶粥,或是那些常常与其同时代出现的东西",并促成了19世纪"认为古老的北方是朦胧、神秘、庄严的浪漫理念"②。

马登第一次见到刘易斯棋,冰岛的传奇立刻浮现在他的脑海中。1831年2月,他在剑桥花了两个星期,为科多(Cawdor)伯爵抄录一份古怪的手稿。这是唯一已知的中古英文版传奇"威廉和狼人"③的副本。这个喧闹的故事最初的版本是法语的,讲述了还是个婴儿的威廉王子被一头狼掳走,狼因一则邪恶的咒语摇身一变成了王子,并偷听到有人要阴谋杀害年轻的威廉;历经了很多磨难,咒语解除了,王子夺回了王位。狼人主题将马登带向苏格兰和冰岛的传奇故事。他写道,该主题蔓延至南欧,"经由北方人的传播,在不同的地区都表现得十分普遍。罗尔夫·克拉克(Rolf Kraka)萨迦中关于熊人的离奇故事被沃尔特·斯科特爵士引用,该故事在些许特征上与我们的狼人有着相似之处,最为诡异的是,这个人物的变形要通过戴上一副狼皮手套的刺激来完成。在《沃尔

---

① Julian D'Arcy and Kirsten Wolf, "Sir Walter Scott and Eyrbyggja Saga," in *Studies in Scottish Literature* 22 (1987): 30–34.
② Andrew Wawn, in *Approaches to Vínland*, ed. Wawn and Þórunn Sigurðardóttir (Reykjavík: Sigurðar Nordal Institute, 2001), 195.
③ Walter W. Skeat, *The Romance of William of Palerne* (London: Early English Text Society, 1867; rpt. 1890), ii, ix.

松格萨迦》(*Volsunga Saga*) 的第 12 章，也有西格蒙德 (Sigmund) 和西乌弗洛斯 (Siufroth) 变形为狼的类似情节"。

马登版本的"威廉与狼人"由私人印刷，1867 年再版发行，"为我们所知的早期英国文学做出了卓越贡献。公平地讲，马登爵士（1832 年封爵士）作为首批编辑之一，坚持文字的严谨和准确性，无论直接还是间接，都无法估量有多少功劳归于他"。他学术精湛的声誉不减当年①。

马登能读懂拉丁语、希腊语、希伯来语、叙利亚语、诺曼法语、盎格鲁 - 撒克逊语和古冰岛语，以及大多数现代欧洲语言。作为助理管理员（1828 年任命）和大英博物馆手抄本部管理员（1837—1866 年在职），他"结束了这个部门 18 世纪亲切懒散的传统"②，《国家传记辞典》说他"使该部门从此屹立于学术界"。他修复了被大火毁灭的克顿 (Cotton) 收藏的中世纪手稿，现在是大英博物馆的主要藏品。当他第一次看到正在缩水的手稿时，他的自传里说它们像"凝结的牛皮纸块"③。他寻找经销商和代理商做了许多新的收购，"充分利用了拿破仑战争后手稿方面的买方市场"④。

马登像个爱炫耀的时髦绅士，是出了名的"衣着奢侈、用品昂贵"⑤，他还是个优秀的舞者和国际象棋大师。一个认识他的人在给

---

① Robert W. and Gretchen P. Ackerman, *Sir Frederic Madden: A Biographical Sketch and Bibliography* (New York: Garland Publishing, 1979), ix, 4–5, 15, 41.

② Michael Borrie, "Madden, Sir Frederic (1801–1873)," in *Oxford Dictionary of National Biography*, Vol. 36 (2004), 67–68.

③ Robert W. and Gretchen P. Ackerman, *Sir Frederic Madden: A Biographical Sketch and Bibliography* (New York: Garland Publishing, 1979), ix, 4–5, 15, 41.

④ Michael Borrie, "Madden, Sir Frederic (1801–1873)," in *Oxford Dictionary of National Biography*, Vol. 36 (2004), 67–68.

⑤ Michael Borrie, "Madden, Sir Frederic (1801–1873)," in *Oxford Dictionary of National Biography*, Vol. 36 (2004), 67–68.

友人的信中形容他是"一个留着大络腮胡、手持潇洒的手杖、身着背心的年轻人，看起来绝非你想象中的那种有藏书癖的人，尽管他的外表透露着不同寻常的狡黠。除了安吉洛·梅（Angelo Mai，后来的梵蒂冈图书馆员），他是我遇到过的最见多识广的人"①。马登有敏锐的自尊心，对任何怠慢都会感到恼怒，常常与同事起争执，他曾在日记中说他的一名同事"总是像头蠢驴，总是欺凌弱小，总是趋炎附势，像个阿谀奉承的呆瓜，榆木脑袋"②。

马登从18岁开始写日记，到他停止写作时，也就是1873年他去世的前几个月，已写了差不多400万字。作为他的自传，这本日记以印刷品的形式向我们阐述了在1831年，马登不是（或者说不仅是）"愤怒""抱怨""愤愤"和"难以安抚"的③，而是深深绝望的。他在经过了十年的努力后，才终于赢得岳父的许可，同他心爱的妻子结婚，妻子后来却死于难产。大约在妻子死后的一年，他正在剑桥编写"威廉和狼人"，有一次他去参加礼拜，回来后写道："今天下午我听到的布道，尽管充斥着常见的杜撰，却使我极端难受，对死者床前的描述让我不禁流下辛酸泪。这眼泪不是为我自己。我不害怕死亡。我为什么哭呢？我从未伤害过一个人，如果我亵渎了造物主，我将承受因那可怜无辜女孩的死而带来的极大痛苦的折磨。哦，上帝，上帝，我是多么的可怜！"④比起刘易斯乌伊

---

① Robert W. and Gretchen P. Ackerman, *Sir Frederic Madden: A Biographical Sketch and Bibliography* (New York: Garland Publishing, 1979), ix, 4–5, 15, 41.
② Michael Borrie, "Madden, Sir Frederic (1801–1873)," in *Oxford Dictionary of National Biography*, Vol. 36 (2004), 67–68.
③ Robert W. and Gretchen P. Ackerman, *Sir Frederic Madden: A Biographical Sketch and Bibliography* (New York: Garland Publishing, 1979), ix, 4–5, 15, 41.
④ T. D. Rogers, ed., *Sir Frederic Madden at Cambridge* (Cambridge: Cambridge Bibliographical Society, 1980), x, xi, 2.

格的神父亚历山大·麦克劳德，他是一个完全不同的基督徒。

他在日记中说，这是一种"无意识的感受"，他将埋头于工作中。然而，当看到刘易斯棋时，他兴奋了。1831年10月17日，马登写道："下午两点，沃尔特·斯科特爵士光临，与我待了大概一个小时。"① 马登注意到，这位老绅士并不是很有风度：

> 他的外貌和举止令我印象深刻。我看过他的肖像画，本应立刻认出他的，但仅用铅笔根本无法表现他外貌和形象上的粗野。他的头发几乎全白了，大而空洞的灰色眼珠，红砂土般的脸色，稀疏的胡须，说话缓慢又厚重，带着典型的苏格兰口音。他的举止也很粗鲁笨拙，身材平直，跛得厉害，右肩高左肩低，手持一根巨大的粗木棍做拐杖，身穿黑白格的裤子和深色的直边外套。

他们花了一些时间来闲聊，悲恸和胆结石在刘易斯棋面前黯然失色了。马登描述了他们在一起的几个小时：

> 我有幸和他一起赏玩了一套非常有趣又古老的棋子，一个名叫福勒斯特的来自爱丁堡的经销商在今早带着这套棋子到博物馆来售卖。棋子发现于苏格兰西海岸的一处沙滩，是我见过的最令人好奇的艺术标本。上次在伦敦，哈里斯（Harris）先生向我提到过这些棋子，但我从未奢望有一天能亲手捧着它们。这82枚造型不同的棋子（明显）都用海马（应是海象）的牙齿制成的，其中48枚是制作精良的棋子，应属于四到五副，从中可以凑齐两副完整棋子，但是没有一枚是完美的。除此之外，还有些简单

---

① Anderson (1972), 667 note; Stratford (1997), 4–5, 8.

的兵棋子和一套跳棋或桌棋棋子。一起发现的还有一枚带扣。这些东西显然是 12 世纪的产品，做工上乘。至于棋子（国王、王后、主教、骑士，以及以守卫或武装的形象出现的棋子）的服饰、盔甲，尤其是主教的服装，都需要研究，这些古物都将在《考古》(Archaeologia) 上发表，我现在也就不多说什么了。

他注意到了标价——100 英镑，暂且不论他觉得是高是低，他只说如果博物馆没有买下棋子，将会是个"多么大的遗憾"。

他的观点占了上风。1831 年 11 月至 1832 年 1 月的某一天，大英博物馆确实买下了刘易斯窖藏，经过一番讨价还价，最终以 80 英镑成交。古物管理人爱德华·霍金斯（Edward Hawkins）主持了谈判。"对本土古物学家来说，在这个博物馆内，再没有什么东西能像现在提供给各位受托人的这些棋子这么有趣了。"他说。他认为的"本土古物学家"很可能就是指马登。

在三个月中，棋子一定很少离开马登的视线，1832 年 1 月，他完成了研究。2 月，伦敦古物协会在连续两次会议上阅读了他近百页的论文《刘易斯岛发现的古老棋子》，并在当年的《考古：与古物相关的杂项手册》(Archaeologia: Or, Miscellaneous Tracts Relating to Antiquity) 上发表了此文，随文发表的还有上百张插图。1997 年，大英博物馆的古物管理员称此文"于当今仍属研究力作"[①]。

马登在文中自信地总结道："所有证据让我们毫不犹豫地同意，我们面前的棋子制作于 12 世纪中期的冰岛。"他最激烈的论点放在巴萨卡上（他称它为"守卫"，而不是"车"）。他说："这些守卫的人物特征（第 6、7、8 号）使我在很大程度上确定并坚信它们是挪

---

① Stratford (1997), 5; Madden (1832), 271.

威或冰岛的手工艺品,这个特性就是它们表现出的异常的习惯——咬盾牌。这是斯堪的纳维亚狂战士巴萨卡的特征。"但是正如他在"威廉和狼人"中的推理,如果狼人能向南迁移,穿过法兰西,可以出现在英格兰的传奇故事中,那巴萨卡难道就不能像枚苏格兰棋子一样通过相同的路线浮出水面?

刘易斯棋

艺术历史学家通常认为,在没有其他证据的情况下,一件物品的制作地应该离发现地不远。但是,当1831年发现的这些棋子被称为"刘易斯棋"而广为人知时(只有在乌伊格被称为"乌伊格棋"),很少有专家认为刘易斯岛是具有如此复杂背景的象牙雕工的故乡。毕竟,乌伊格是"一个与世隔绝的地方,远离公众视线"。考古学家最近在南尤伊斯特附近的赫布里底群岛发现了象牙废料(作为存在"工坊"的证据)[1],但这并未改变人们的想法。

早在1851年,苏格兰古物协会的秘书丹尼尔·威尔逊就认为刘易斯棋无疑是在苏格兰制造的[2]。至于棋子是斯堪的纳维亚制品的理论,"这就像个雪球,越滚越大,在不稳定的过程中不加选择地利用任何机会制造谎言",他在自己撰写的关于苏格兰考古的书首版时这样加以嘲讽。为反击马登来自冰岛文学的参考资料,威尔逊转向视觉艺术,将棋子宝座上的设计图案同达拉谟和邓弗姆林(Dunfermline)大教堂上的设计图案做对比。他说,骑士棋子类似多尔切斯特(Dorchester)的弗丁顿(Fordington)教堂门楣上的骑

---

[1] Else Roesdahl, in *Viking and Norse in the North Atlantic,* ed. Adras Mortensen and Simun V. Arge (Tórshavn, Faroe Islands: Annales Societatis Scientiarum Faeroensis Supplementum 44, (2005), 188.
[2] Wilson (1851), xiv; Thomas (1863), 413.

士，以及苏格兰一些贵族纹章上的骑士形象，而骑士的马的头部，又与林利思戈郡（Linlithgowshire）的达尔蒙尼（Dalmeny）教堂半圆形后殿挑檐上的马头很像。

1863 年，托马斯船长记录了"红吉利"的故事，感谢威尔逊，"多亏他们，才将这些古物从斯堪的纳维亚出身拯救了出来"。这话，他说得有点儿为时过早。

2012 年 8 月，麦克尼尔（MacNeil）吵着要再次"拯救"棋子。他后来成为西部群岛的民族主义议会成员，群岛中包括刘易斯岛。激怒他的是英国广播公司（BBC）第 4 频道的系列剧《100 件文物中的世界史》，刘易斯棋子是其中第 61 号，排名在基尔瓦（Kilwa）陶瓷碎片和希伯来星盘之间。张贴在伦敦地铁站里的海报展示了刘易斯王后棋子，手抚着脸颊，图注为"1150—1200 年，挪威"。伦敦《泰晤士报》称："麦克尼尔先生在好几个地铁站都看到了海报，在舆论发声'下议院将谴责大英博物馆在海报宣传活动中对刘易斯棋的历史实施的粉饰'之前，他就提出了一个早期动议。"① "哪儿都不提真正的发现地——刘易斯或赫布里底，这应受到谴责。"而且他声称"关于棋子唯一能肯定的是……它们是用海象牙或鲸牙制成的，并发现于刘易斯岛"。麦克尼尔坚持大英博物馆应重印海报，用"刘易斯"或"苏格兰"替换"挪威"。

博物馆的官方发言人掩饰道："人们已普遍接受棋子是挪威制造的了。"又补充道，"在这一时期，发现棋子的西部群岛是挪威王国的一部分，而非苏格兰的一部分"。这意味着即便它们是在刘易斯岛雕刻完成的，我们仍需给它们贴上"来自挪威"的标签。

---

① 早期动议（Early Day Motion）是国会议员对于无固定日期的辩论所提出的动议通知，用于公开每个议员的意见，并允许议员们将他们所提意见的特殊原因和观点记录下来。

海报的混乱应被理解成一个大型的召唤刘易斯棋子"遣返"行动的一部分①。2007 年，苏格兰第一位地方政府首席部长，也是苏格兰独立运动的领袖——亚历克斯·萨尔蒙德（Alex Salmond）一再声称，他早在 1996 年就说过应该将棋子还给苏格兰。"任凭刘易斯棋子散落在不列颠，这是完全不能接受的，"他评论道，"我将继续为独立的苏格兰争取一套完整的棋子。"苏格兰政府的发言人解释说："苏格兰博物馆里只留下 11 枚棋子，这是荒谬且无法接受的。"

由萨尔蒙德的言论引发的评论在某些方面同样荒谬。《苏格兰先驱报》（Herald Scotland）指出："历史学家认为 93 枚小雕像制作于挪威。"《独立报》（The Independent）说："尽管棋子的发源地是挪威，但萨尔蒙德先生坚持应将它们还给苏格兰。"《卫报》（The Guardian）评论道："棋子背后的争论代表什么？……某种程度上它们体现了'地方精神'？考虑到它们源自挪威，这是场疑虑重重的争论。"② 2011 年，一位法律学者在《宾夕法尼亚州立大学法律评论》（Penn State Law Review）上发表文章，旨在区分财产和遗产这两个概念。对这位法律学者来说，萨尔蒙德的活动"是体现多少有点儿不负责任的一个好例

---

① Charlene Sweeney, "MPs angered by 'Norwegian' Chessmen," *The Times*, February 24, 2010; James Morgan, "Museum Repels Salmond's Opening Move to Repatriate Lewis Chessmen," *Herald Scotland,* December 24, 2007; Arifa Akbar, "Salmond Makes First Move in Battle to Win Back Lewis Chessmen," *The Independent*, December 26, 2007; Ian Jack, "Our Chessmen were Taken, but Scotland Is Heaving with Stolen Art," *The Guardian*, January 11, 2008; Derek Fincham, "The Distinctiveness of Property and Heritage," *Penn State Law Review* (2011): 641, 679; Scottish Democratic Alliance, "The Future Governance of Scotland", January 18, 2012, http://scottishdemocraticalliance.org; Tim Cornwell, "Lewis chessmen reunited with mates," *The Scotsman,* May 21, 2010; Taylor Edgar, "Politicians Welcome Start of Lewis Chessmen Tour," *Stornoway Gazette,* May 20, 2010; "Permanent Exhibition for Lewis Chessmen," *Hebrides News,* June 13, 2012.

② Judith Jesch writing as "Viqueen," "Valkyries Revisited," *Norse and Viking Ramblings*, July 29, 2013, http://norseandviking.blogspot.com/2013/07/valkyries-revisited.html.

子,而且基层民族主义声称,使遣返的要求合法化是一种伤害"。

2014年苏格兰独立公投临近之时,苏格兰民主联盟将刘易斯棋包含在"苏格兰未来政府"的政策文件中。一份"英国需同意的退出策略"文件含有五点要求,其中第三点是:"需协商从英国分割的资产(石油、金融、军事、刘易斯棋等)。"但即便是认为棋子价值连城的联盟,也仍想提出问题:它们是否真的是在挪威雕刻的?我们是怎么知道的?

大英博物馆在"遣返运动"中多少有点儿底气不足,于是在2010—2011年,将25枚棋子送上了苏格兰之旅。2012年,大英博物馆表现出另一种姿态:与刘易斯最大的城镇斯托诺韦签订了一项协议,将6枚棋子借给修复后的卢斯堡博物馆做基本陈列。"这些迷人的小东西无疑将吸引新的参观者来到岛上,"刘易斯岛发展部门首席负责人告诉《赫布里底报》(*Hebrides News*),并补充说,"文化遗产是我们最重要的财富。"然而,该报纸接着说,刘易斯棋子仍"被认为是在挪威制造"。

冰岛理论

1874年,挪威的象棋历史学家安东尼厄斯·范德林德(Antonius Van der Linde)对弗雷德里克·马登的观点,即冰岛可以生产出任何像刘易斯棋子这样复杂的手工艺品,表示不屑一顾。他奚落道,冰岛人太落后了,甚至不会下象棋。

范德林德的论调惹怒了威拉德·菲斯克[①]。他是《美国象棋月

---

① Patrick Stevens et al., "The Passionate Collector: Willard Fiske and his Libraries," Cornell University Library Web site, http://rmc.library.cornell.edu/collector/index.html; Willard Fiske, *Chess in Iceland* (Florence, Italy: The Florentine Typographical Society, 1905), 33, 36, 42.

刊》(The American Chess Monthly) 的创办人，是康奈尔大学的第一位图书管理员，能讲流利的冰岛语、丹麦语和德语，还能阅读拉丁语、法语和波斯语文献，私人收藏的冰岛文献可与哥本哈根皇家图书馆匹敌。1879年他旅行至冰岛，骑在马背上横跨整个岛屿。他与冰岛人愉快地分享了对书籍和象棋的热情，并为几个城镇捐赠了图书，还捐献了成套的象棋。

菲斯克的《冰岛棋子》在他死后于1905年出版，在序中他承诺第二卷将写"注意，雕刻的棋子和在斯堪的纳维亚、英格兰博物馆发现的其他棋子普遍被认为是冰岛工坊的制品"。遗憾的是，他没有完成这一卷。《冰岛棋子》对于刘易斯棋没有直接参考作用。菲斯克没有提到马登的名字，但是他很享受反驳范德林德的过程，说"他对于冰岛和冰岛的知识太有限了，这使得他在对其他领域的调查中，以异常的准确性和逻辑判断来探讨冰岛象棋"。

菲斯克从中世纪文献，以及冰岛象棋爱好者最近的来信中提取了大量例子。1627年，一位冰岛神父说，他曾将"一副冰岛棋子"送给丹麦文物收藏家奥洛斯·沃尔姆（Olaus Worm）。另一位神父在1648年送给沃尔姆"一个用鲸牙雕成的鼻烟盒"，并评论说"制作这个的年轻手艺人也用相同材料做出了漂亮的棋子，而且价格公道"。菲斯克说："通过这两个同时代的冰岛教区神父，我们就能够把两个半世纪以前成套的棋子制品归于本地制造，而且，看起来冰岛人并不像范德林德博士想让我们相信的那样，对下棋这事那么没兴趣。"

下一位钻研"冰岛理论"的是穆雷[①]。穆雷的父亲詹姆斯·穆

[①] David Shenk, *The Immortal Game* (New York: Doubleday, 2006), 46–47; H. J. R. Murray, *A History of Chess* (Oxford: Clarendon Press, 1913), 759.

雷编写了《牛津英语词典》,穆雷是该词典高产的贡献者,负责27000个条目。穆雷能流利地说 12 种语言,包括冰岛语,他决定通过写一段清晰的象棋历史来打响自己的名声,为此他花了 16 年时间。1913 年,900 页的《棋子的历史》出版,成为穆雷的代表作。一枚刘易斯骑士棋子恰如其分地浮雕在书的封面上。

穆雷赞成马登,他这样写刘易斯棋:"很像行进中的战士的车棋子,其雕刻手法无疑指向冰岛工艺。"但他质疑棋子的年代是否像大家所说的那么古老。"如果船长托马斯发现的传说中有真实的东西现存于刘易斯岛,它们可能是冰岛雕工在 17 世纪初的作品。"他说的"传说"指的是"红吉利"在 17 世纪初因一次海难和谋杀将棋子带到了刘易斯岛的故事,大约在同时代,冰岛神父送给哥本哈根的奥洛斯·沃尔姆一套海象牙棋子。

罗马式艺术在冰岛流行了几百年,在 13 世纪时基本过时了。但在研究过一组 15—17 世纪制造于冰岛的角杯后,丹麦艺术历史学家艾伦·玛丽·玛吉罗伊(Ellen Marie Mageroy)注意到它的"装饰主要是罗马式的"。她说:"角杯的雕工是保守派,将中世纪的风格保留到了现代。这就令人很难推定角杯是早于还是晚于新教有重大发展的 1550 年,这个日期标志着中世纪的结束。"[①] 象棋棋子的雕工可能同样保守。

穆雷的问询没有得到回复。艺术历史学家没有理由去阅读《棋子的历史》或菲斯克的《冰岛棋子》。他们对下棋没兴趣,只对艺术有兴趣。奥尔曼德·M. 道尔顿(Ormande M. Dalton)1909 年出版了《大不列颠基督纪元象牙雕刻品目录》(*Catalogue of the Ivory Carvings of the Christian Era in the British Museum*),他只对马登的

---

① Ellen Marie Mageröy, *Islandsk Hornskurd* (Copenhagen: C. A. Reitzels Forlag, 2000), 4, 34.

原创意见做了回应，即"冰岛商人遇到海难"，棋子被带到刘易斯岛。他写道："这些棋子是与斯堪的纳维亚的船只一起失事的这一理论，只因它们被发现在室内而受到质疑。"他在这里参考了1833年报道的查尔斯·科克帕特里克·夏普对发现地点的描述。随后他总结说："似乎没有更强有力的理由将它们的发源地指向北欧而不是不列颠。"[①]但他表示，毫无疑问，它们制造于中世纪。

德国艺术历史学家阿道夫·戈尔德施密特（Adolf Goldschmidt）也相信刘易斯棋子产生于12世纪，而非7世纪。他将棋子纳入自己对罗马式象牙雕刻品的研究中，1923—1926年出版了多卷成果。他断言棋子"明显是挪威出品，特征与英格兰不符"[②]。通过与其他中世纪象牙雕刻品相比较（包括τ形牧杖头和剑格、剑首），在一个可确定年代的考古学环境中并未发现我们在第四章讨论过的到底是哪位国王送出了刘易斯棋子。

通过挪威艺术历史学家马丁·布林德海姆和埃拉·伯根达·霍勒对罗马式雕塑的一系列研究，以及特隆赫姆考古学家克里斯托弗·麦克利斯和欧伊斯坦·易克罗1990年出版的简报——里面记录了19世纪80年代在圣奥拉夫教堂遗址中发现的残损的王后棋子，"挪威理论"（现在也称特隆赫姆理论）在1965—1999年发扬壮大。但是挪威理论主要靠的还是重复，即1851年丹尼尔·威尔逊警告过的"雪球效应"。

两家拥有棋子的博物馆最具影响力，正是它们使人们转而寻求

[①] O. M. Dalton, *Catalogue of the Ivory Carvings of the Christian Era in the British Museum* (London: British Museum, 1909), 63–64.

[②] A. Goldschmidt, *Die Elfenbeinskulpturen aus der Romansichen Zeit* (Berlin: Deutscher Verlag für Kunstwissenschaft, 1923–1926), III: 50–51, IV: 4–8 and plates 69–72; Goldschmidt, quoted in Christopher McLees and Øystein Ekroll, "A Drawing of a mMedieval Ivory Chess Piece from the 12th-Century Church of St. Olav, Trondheim, Norway," *Medieval Archaeology* 34 (1990): 153.

真相①。

多年来，大英博物馆已成为挪威理论的强有力支持者，甚至它自己都没意识到这一点。博物馆的出版物在1978年将棋子描述成"斯堪的纳维亚制造"，1997年描述的是"斯堪的纳维亚制造，特别是在挪威"，2008年又描述为"很可能是挪威制造"。博物馆的"重点展品"小册子在2004年出现了例外，馆长詹姆斯·罗宾逊公正地声明："关于原产地这一问题，可能永远得不到圆满的解决。为此已经产生了一大堆不同的观点，认为它们产自英格兰、苏格兰、爱尔兰、冰岛、丹麦、挪威。偶尔还会有人说它们产自刘易斯岛，但是由于缺乏考古学证据，这一可能性非常不着边际。"我们看到的海报省去了所有疑问，在刘易斯王后棋子的下方写着："1150—1200年，挪威。"

苏格兰国家博物馆也遵循了相同的原则。该馆2010年巡展附带的书《刘易斯棋：真相》的作者大卫·考德威尔、马克·豪尔和卡罗琳·威尔金森详细地列出了挪威理论。该书总结道："没有任何一条证据能够确定特隆赫姆就是大部分或者全部刘易斯棋子的产地，但是这里的可能性最大。"博物馆网站上的介绍文字有细微差别："它们很可能是在特隆赫姆制造的。"

第二个有可能的地点是冰岛。

---

① Taylor (1978), 12; Stratford (1997), 41; British Museum Press Office, "The Lewis Chessmen" (January 2008), http://www.britishmuseum.org/about_us/news_and_press/statements/the_lewis_chessmen.aspx; James Robinson, *Objects in Focus: The Lewis Chessmen* (London: British Museum Press, 2004), 14; James Robinson, "#61 Lewis Chessmen," *A History of the World in 100 Objects,* http://www.bbc.co.uk/ahistoryoftheworld/objects/LcdERPxmQ_a2npYstOwVkA; Caldwell et al. (2010), 67; National Museum of Scotland, "Scottish History and Archaeology Collection: Lewis Chessmen Fact File," http://www.nms.ac.uk/explore/collections-stories/scottish-history-and-archaeology/lewis-chessmen/.

2010年，冰岛象棋爱好者、土木工程师格维兹门迪尔·索拉林松将注意力集中在巧手玛格丽特的故事上，她可能就是为斯科尔霍尔特主教帕尔雕刻了刘易斯棋的人。索拉林松委托艺术家斯瓦拉·索利格（Svala Soleyg）想象玛格丽特的长相并画出她的肖像。他在他的朋友（也是索利格的丈夫）艾纳·S. 艾纳尔松（Einar S. Einarsson）创建的国际象棋网站上贴出了他的冰岛理论[1]。艾纳尔松是一位退休银行家，也是冰岛信用卡中心（VISA Iceland）的前负责人，更是个完美的沟通者。友好的索拉林松是安静的，在效率方面却是个完美主义者，艾纳尔松只好给他施压，逼他出版"冰岛理论"。但是"冰岛理论"第一版是个杂乱无章的、博闻多识的传奇故事，以一个业余者所能获悉的广博度为特征，对他来说，历史是种激情，而不是个专业。索拉林松无惧跨越学科的界限。有时，与其说他是个历史学家，倒不如说他的表现更像个记者，引用他曾采访的专家的话来说，他读的不是书，是论文。

他的读者却不是那么能接受。国际象棋软件集成网站与索拉林松的论文链接之后，他的理论就找到了途径，出现在精美的供咖啡茶几上摆设的《象棋名作》（*Chess Masterpiece*）上，然后挪威国际象棋大师莫滕·利利欧仁（Morten Lilleoren）就爆发了："不夸张地说，内容充满了错误和疏漏。……整个论点似乎都牵强附会。"

---

[1] Morten Lilleøren, "The Lewis Chessmen Were Never Anywhere Near Iceland!" *ChessCafe.com* (February 2011), http://en.chessbase.com/post/nrwegian-icelanic-war-over-the-lewis-chemen-; Bera Nordal, "Af tanntafli útskurður í röstungstönn," *Árbók Listasafns Íslands* (1990–1992): 31–49; Kristján Eldjárn, Håkon Christie, and Jón Steffensen, *Skálholt Fornleifarannsóknir 1954–1958* (Reykjavík: Lögberg, 1988), 21–45; H. Guðmundsson (1997), 36–84; Helgi Þorláksson, in Orri Vésteinsson et al., *Reykjavík 871±2* (Reykjavík: Reykjavík City Museum, 2006), 58–59; Guðmundur G. Þórarinsson and Einar S. Einarsson, interviewed in Reykjavík, May 23, 2013.

从某些方面来说，我也觉得是牵强附会的。索拉林松过分重视"冰岛语是第一种使用象棋术语'主教'的语言"这一想法了；正如本书在第二章所写的，拉丁语"episcopi"可能在年代上要早于冰岛萨迦中的"biskup"。

索拉林松也过分强调骑士棋子的坐骑与冰岛马匹的相似之处，而其他专家则认为12世纪的欧洲马匹绝大部分都是小型的。

那么"错误和疏漏"呢？当我跟随他的思路，从雷克雅未克到斯科尔霍尔特，从爱丁堡到特隆赫姆、伦德和刘易斯，穿过那里的图书馆、教堂和博物馆，没有什么发现。说实话，比我在探索挪威理论时发现的还要少，而他好像主要基于"权威"的宏大的中世纪概念。

利利欧仁坚持认为，索拉林松的论点"错误连篇，也就是说，没有参照已确立的史实"。我倒觉得这没准是件非常不错的事。这总好过盲目接受伟大的艺术历史学家的观点，比如戈尔德施密特（"无疑产自挪威"）或布林德海姆（"受训成为木雕工的人经常从事石雕工作"），索拉林松则重新审视了这一问题。冰岛人有句话，"Glöggt er gests augað"，即旁观者清。

在马登和穆雷理论的基础上，索拉林松吸收了冰岛学者的见解，在刘易斯棋发源地这一问题上后者的声音还没有进入国际辩论中。比如，艺术史学家贝拉·诺达尔将中世纪冰岛木雕与主教帕尔的牧杖归为一类器物，它们可与刘易斯棋子宝座背后的设计花纹相比较。在斯科尔霍尔特发掘的考古学家克里斯蒂安·埃尔德雅恩和他的同事还原了12世纪一个格外富有的大主教，他拥有全挪威最大的木制教堂，通过发掘他的石棺，验证了《主教帕尔萨迦》中的基本史实。历史学家海尔吉·格维兹门松追溯了格陵兰、冰岛和更广阔的北方世界之间的联系，包括冰岛是海象贸易的中心，象牙的收益为萨迦的写作提供了资金支持。同样,历史学家海尔吉·索尔莱夫松(Helgi Thorlaksson)发现并准确绘制出从刘易斯岛到冰岛之间的一系列地名,显示了两个群岛间的紧密交往。索拉林松写作论文前,在伦敦、爱丁堡、特隆赫姆和刘易斯没有一个学者了解这些消息,也没有人在书或文章中引用过刘易斯棋。

但是索拉林松最大的贡献是认真对待萨迦。他知道这些萨迦很大程度上就是历史(其实大部分并不是史实),而很少提到刘易斯棋。他应该读过不少萨迦。即便学过古丹麦语,也会觉得《主教帕尔萨迦》晦涩难懂,而且目前还没有翻译成英语的版本。如果没有索拉林松,巧手玛格丽特的故事,"雕刻海象牙的技艺如此精湛,全冰岛从来没人见过这样的艺术品",这些将不为人知。

当然,也没人听外来的人说过。为配合《刘易斯棋:真相》展览,2010年9月计划召开一个研讨会。艾纳尔松写信给苏格兰国家博物馆,推荐索拉林松发言,却没有收到回复。他又将索拉林松的论文发给大英博物馆,仍没有回信。犹豫中,艾纳尔松只好采取另一种策略,找到他的朋友《纽约时报》国际象棋专栏作家迪伦·勒布·麦克莱恩商量此事,麦克莱恩给驻伦敦的冰岛大使馆打了电话。

在会议前一周,此事在《纽约时报》上爆了出来,然后又出现在《苏格兰人》(*The Scotsman*)的头版头条上,以及研讨会当天的伦敦《每日电讯报》(*Daily Telegraph*)上。"大英博物馆的人告诉我们,"艾纳尔松回忆道,"之后每天他们都收到无数封来自老顽固们的信!他们认为我们很难缠!"大使馆为索拉林松、艾纳尔松和大英博物馆馆长安排了一次会面,之后两人去了爱丁堡参加研讨会。虽然没有安排索拉林松演讲,但他被允许非正式地提出他的理论。他讲述了巧手玛格丽特的故事。

由此引发的轰动没有让艾纳尔松就此作罢。2011 年 8 月，为纪念主教帕尔逝世 800 周年，他和索拉林松在斯科尔霍尔特组织了一个全天的研讨会，进一步探讨冰岛理论。以前奚落过他们的专家也在受邀之列，包括代表苏格兰国家博物馆的大卫·考德威尔和马克·豪尔，以及代表大英博物馆的詹姆斯·罗宾逊。苏格兰中古史学家亚历克斯·伍尔夫在《纽约时报》上将冰岛形容为"遍地农夫的杂乱区"，对此次研讨会特别感兴趣。"考虑再三，"后来他在给索拉林松的信中写道，"我开始意识到在斯图伦斯时期，也就是棋子诞生的时期，冰岛自由邦的社会和经济结构有了显著发展……12 世纪晚期到 13 世纪的首领和主教们，可不像 10 世纪到 11 世纪的首领和主教们，完全有能力将高水平的工匠留在自己家中"。①

索拉林松和艾纳尔松在征得伍尔夫的同意后，将伍尔夫的陈述纳入 2014 年出版的《刘易斯棋子之谜：冰岛理论》（第三版）中。索拉林松告诉我，他们的目标是改变冰岛的历史。"中世纪的冰岛人以写作萨迦著称，那是世界级的文学作品。但是如果冰岛理论是正确的，那么冰岛也是一个象牙雕工的国度"，换言之，也是世界级的视觉艺术国度。如果巧手玛格丽特确实雕刻了刘易斯棋，冰岛就可以声称，那些"杰出的罗马式艺术的范例体现了人类社会真正不朽的价值"。

玛格丽特的工坊

爱丁堡会议产生的一系列学术论文，后来由苏格兰国家博物

---

① Alex Woolf, quoted in Guðmundur G. Þórarinsson, *The Enigma of The Lewis Chessmen: The Icelandic Theory,* 3rd ed. (Reykjavík: Gallery Chess, 2014), 52.

馆和古物协会于2014年辑成《刘易斯棋子：新视角》(*The Lewis Chessmen: New Perspectives*) 出版。这本书中的一章由索拉林松负责。编辑目录的考德威尔告诉我："非常明确的是，我们应该能够在本书中展示冰岛理论。如果事实证明刘易斯棋子制作于斯科尔霍尔特，我将高兴至极。"[1]

然而，要想最终得到证实，就必须重新开放斯科尔霍尔特的考古发掘现场，并在玛格丽特的象牙作坊里寻找证据[2]。有一些残损的刘易斯棋子，如王后的头部、马的前腿，可能是些边角料。冰岛考古研究所的姆约尔·斯奈斯多蒂尔（Mjoll Snaesdottir）给我解释了这一切是多么的偶然。她说："第一个问题是，在斯科尔霍尔特，我们有保存完好的17世纪早期的遗址。是继续保护它们，还是决定牺牲它们来看一看下一阶段的发现是否值得？"玛格丽特那个时代的遗迹尚未处于腐蚀的险境中，或身处现代建筑中。它们目前很安全，但是要看一看它们就得破坏四百年的历史。"这是个难题，"斯奈斯多蒂尔说，"也许根本没有答案。"

第二个问题涉及整个遗址的巨大规模。斯科尔霍尔特是主教的所在地，800年来一直担任冰岛首都的角色。斯奈斯多蒂尔说："住宅太多了，即便它们不是宫殿，是泥炭建筑，也使用了很长时间，这里有很多保护建筑。"2002—2007年考古研究所发掘出土了5万件遗物。

如果玛格丽特的象牙工坊不在已发掘出的12世纪的学校和生活区的正下方，那么它就可能在其他房地产下面。"在贝冢（或废弃堆）上打洞并不难，"斯奈斯多蒂尔承认，"要挖个探沟，寻找一

---

[1] David Caldwell, interviewed in Edinburgh, November 16, 2013.

[2] Mjöll Snæsdóttir, interviewed in Reykjavík, May 24, 2013; Guðmundur G. Þórarinsson interviewed in Reykjavík, May 23, 2013.

个含大量处理过的遗骨的区域,这也不是不可能的。"但考古学家也会挖错地方或错过整个遗迹。

提到索拉林松,斯奈斯多蒂尔说:"我试着解释发掘区域的面积,他是个工程师,所以对容量和面积是有概念的。我们花了6个夏天进行发掘,一次2个月,每次10个人。"17世纪的生活区占地面积约半英亩(约合2023平方米)。

"你不能用挖掘机去寻找小骨片,"她解释道,"尝试定位12世纪的工坊是非常耗时且昂贵的,充满了质疑,可能根本不会成功。"

然而,一次发现给索拉林松带来了希望。2011年,在冰岛北部的锡格吕内斯钓鱼营地的堆积中发现了12世纪的棋子。虽然只有最小的刘易斯棋子的一半大,而且是用鱼骨而不是海象牙制成的,但这枚锡格吕内斯棋子与刘易斯车棋子惊人地相似[①]。"瞧瞧这盾牌、头盔,还有持剑的方式、长至脚的外衣,"索拉林松一边看照片一边说,"据我们所知,还有别的国家会用巴萨卡的形象来做车棋子吗?没有!但是这次冰岛的发掘发现了这枚巴萨卡。"

在冰岛考古研究所的图书馆,我用放大镜研究了锡格吕内斯棋子。他的风筝形盾牌很像刘易斯车棋子或骑士棋子的盾牌,拥有早于纹章学的几何纹样装饰。他头戴锥形帽(没有护鼻,不然就是被磨掉了),发型与刘易斯车棋子的完全一样。在我看来,他手持一支矛(索拉林松觉得是把剑)垂直倚在身边,握柄的手指雕刻得很清晰。他身着一件长袍或软铠甲。我想我捕捉到了一点儿盾牌下伸出一把剑的端倪(即便放得很大,也很难说,可能只是袍子上的一

---

① Fornleifastofnun Íslands, Reykjavík; Birna Larusdóttir, interviewed in Reykjavík, May 24, 2013 and May 23, 2014; Colleen E. Batey, in *Upp á Yfirborðið,* ed. Orri Vésteinsson et al. (Reykjavík: Fornleifastofnun Íslands, 2011), 65; Orri Vésteinsson et al., *Archaeological Investigations at Sveigakot 2003* (Reykjavík: Fornleifastofnun Íslands, 2004), 39.

道褶皱罢了），腰部隐约有佩剑腰带的痕迹。他没有咬盾牌，真的，也没有摆出大部分刘易斯车棋子的动作。

考古学家伯尔纳·拉鲁斯多提尔（Birna Larusdottir）于2011年带队在锡格吕内斯发掘，将棋子的年代定在1104—1300年，在这一时间，一次火山爆发在地面上留下了一条易于辨认的、清晰的火山灰线。没有科学方法可以用来进一步缩小年代范围，要想 ^{14}C 年代测定更奏效，就需要从遗址中获得更多的样本。由于该地点受到海洋的侵袭，这一级地层除了棋子外一无所出。

"谁来写一写冰岛的棋子，这只是个时间问题，"拉鲁斯多提尔指出，"总之写点什么。近年来我们已经进行了许多发掘，出土了不少游戏棋子，其中也有与锡格吕内斯那枚棋子同时代的棋子。"她向我展示了冰岛其他遗址的照片。这些棋子都不具有人的形象，有些看起来非常古老，有些比较现代。其中一枚棋子有着复杂的锥形头饰，参与发掘的文物专家称之为国王棋子，出土的地层经 ^{14}C 测定为1150—1250年。其他棋子虽然没有精确的年代，但是所有棋子都发现于14世纪的火山灰地层之下。

很多棋子都是用鱼骨制成的。这种特殊的骨骼是一种大型黑线鳕（*Melanogrammus aeglfinnus*）的匙骨，现在经常用它来做玩具鸟。新制成的鱼骨玩具是奶白色的，质地光滑，纹理特别像肥皂。但是鱼骨不像海象牙那么耐久和漂亮。在潮湿的土壤中埋藏了800多年，经冰岛国家博物馆专业清理人员清理后，锡格吕内斯车棋子呈奶茶色，骨质多孔呈颗粒状，面部几乎磨损殆尽（鼻子完全磨没了，眼睛和嘴巴损毁得只剩下破洞），背部是迷宫般的裂纹。整体感觉又轻又脆，质感上不像刘易斯棋子。搁在桌面上时，不能发出令人满意的咔哒声。然而，论及盾牌、头盔、持武器的方式、穿着，索拉林松是对的，锡格吕内斯棋子可能是廉价的仿制品，却是雕工过目了的一种复制品。锡格吕内斯艺术家知道车棋子应该是什么样子的，应该像巴萨卡那样。

当问及锡格吕内斯的发现在科学层面上是否能证明巧手玛格丽特制作了刘易斯棋，拉鲁斯多提尔笑了。她从遗物箱里拿出那枚小小的车棋子，搁在手掌上。"就在刘易斯棋被制造出的同时，他们在冰岛也制作出了棋子，"她回答道，"我们可以确定。"

致 谢

兵

在下这盘棋（写作本书）的过程中，我得到了很多人的帮助。苏格兰国家博物馆的杰奎琳·莫兰（Jacqueline Moran）、乔治·达格利什（George Dalgleish）、詹姆斯·罗宾逊让我非常荣幸可以将陈列柜中的四枚刘易斯棋子拿出来进行观察。方雷法斯托弗纳岛（Fornleifastofnun Íslands）的伯尔纳·拉鲁斯多提尔允许我近距离观察锡格吕内斯车棋子。许多学者和专家都慷慨付出了时间来回答我的问题并为我提供研究资料，他们是冰岛的格维兹门迪尔·索拉林松和艾纳·艾纳尔松、姆约尔·斯奈斯多提尔、奥利·维斯坦松（Orri Vésteinsson）、海尔吉·索尔莱夫松、古德尼·佐加（Guðný Zoëga）、克里斯汀·沃鲁尔·因高尔夫松（Kristján Valur Ingólfsson）、珊朵拉·西弗·埃纳尔斯多提尔（Sandra Sif Einarsdóttir），苏格兰的大卫·考德威尔、玛丽·麦克劳德·李维特、凯文·墨菲（Kevin Murphy）、戴夫·罗伯特和罗斯·罗伯特（Dave and Rosie Roberts）、斯蒂芬妮·卡特（Stephanie Carter）、芬利·麦克劳德，丹麦的耶特·阿尼博格（Jette Arneborg）、凯特·德里斯科尔（Kate Driscoll），挪威的欧伊斯坦·易克罗、克里斯托弗·麦克利斯、玛格丽特·西斯塔德·安达斯（Margrete Systad Åndas）。本书中的错误均由我本人负责。

在图书馆、历史收藏和图片方面,我要感谢乌伊格历史学会的约翰·麦基弗(John Maciver),哥本哈根阿纳麦格奈安研究所(Arnamagnaean Institute)的马修·J. 德里斯科尔(Matthew J. Driscol)和瑞格黑德尔·莫塞斯多提尔(Ragnheiður Mósesdóttir),雷克雅未克斯托夫那·阿尼·马格努森(Stofnun Árna Magnússonar)的奥洛夫·本尼迪克特茨多提尔(Ólöf Benediktsdóttir)和基斯利·西格德松(Gísli Sigurðsson),苏格兰国家博物馆影像服务的玛格丽特·威尔逊(Margaret Wilson),康奈尔大学图书馆的帕特里克·J. 斯蒂文斯(Patrick J. Stevens),圣约翰斯伯里学院(Saint Johnsbury Academy)的琳达·伍斯特(Linda Wooster)。我还要特别感谢达特茅斯学院开放馆藏并允许访客借出的政策。希拉·波斯特(Sheila Post)帮我翻译了挪威语,伊丽莎白·艾士曼·罗威(Elizabeth Ashman Rowe)在她对冰岛编年史的翻译过程中为我提供了一些资料。

朋友和熟人为我提供了旅行和后勤方面的帮助,他们提出的好问题点燃了我的思维火花,他们是索德尔·格里塔松(Þórður Grétarsson)、古德尼·索达托提尔(Guðný Þórðardóttir)、古德伯格·席格达多提尔(Guðbjörg Sigurðardóttir)、西格里德尔·席格达多提尔(Sigríður Sigurðardóttir)、西尔维娅·哈弗埃吉尔(Silvia Hufnagel)、索伦·迪赛嘎德和博尔济特·迪赛嘎德(Soren and Birgit Dyssegaard)、基斯利·帕尔松(Gísli Palsson)、乔纳斯·安德烈松(Jonas Andreasson)、艾米丽·雷斯布里奇(Emily Lethbridge)、安妮·斯瓦普(Annie Swap)、霍尔莫弗里德尔·因高尔夫斯托提尔(Hólmfríður Ingólfsdóttir)、理查德·高林(Richard Gollin)、卡特里奥娜·麦克劳德(Catriona Macleod)、南希·赛瑞尔(Nancy Serrell)、卡罗尔·安德鲁（Carol Andrew）、彼特·特拉维斯（Peter Travis）、马丁·福斯（Martin Fors）、玛丽·斯特蒂文特（Mary Sturtevant）、苏珊·泰勒（Susan Taylor）、克莱尔·范·弗列特（Claire Van Vliet）、弗里德里克·埃林松（Friðrík Erlingsson），埃林松还回答了我不经意的疑问（"王后在想什么？"），此外还有桑迪·塔宾（Sandy Tabin）、迪尼斯·希克斯（Denice Hicks）、保罗·阿克（Paul Acker）、金杰·麦克莱斯基（Ginger McCleskey）、马克·布雷多伊（David Johnson）、大卫·约翰逊（David Johnson）、乔恩·安德斯·奥夫约德（Jon Anders Ofjord）、皮特·安德森（Pete Anderson）、玛吉·迪恩（Marge Dean）、丽萨·斯特普（Lisa Stepp）、古德兰·比亚尼托提尔（Guðrún Bjarnadóttir）、桑迪·格林（Sandy Greene）、乔·拉撒基（Joe LaSarge）、哈斯廷斯·拉格纳松（Hastings Ragnarsson）、格里·布莱尔（Gerry Blair）、克里斯汀娜·罗曼诺（Christina Romano）、丹·尼尔森（Dan Nelson）、詹姆斯·芬恩（James Finn），还有其他许多不具名的朋友。

杰弗里·马蒂松（Jeffery Mathison）用他图文并茂的地图丰富了本书。我的经纪人米歇尔·泰斯勒（Michelle Tessler）施展她的神奇，鼓励我将可见的框架赋予一个模糊的想法之上，随即得到了帕尔格雷夫·麦克米伦（Palgrave Macmillan，即现在的圣马丁出版社）工作人员的支持。感谢我的编辑伊丽莎白·迪赛噶德（Elisabeth Dyssegaard）的热情和慧眼，默默地为我指明方向；感谢劳拉·阿伯森（Laura Apperson）和唐娜·切利（Donna Cherry）使一切步入正轨并再三确认；感谢加布里埃尔·甘茨（Gabrielle Gantz）为我开车。

象棋需要两人对弈。感谢我的先生查尔斯·费格斯（Charles Fergus）陪我下棋。

附录一　刘易斯窖藏一览

伦敦，大英博物馆（82 枚）

　　棋子 67 枚，包括：
　　　　国王 6 枚
　　　　王后 5 枚
　　　　主教 13 枚
　　　　骑士 14 枚
　　　　车 10 枚（含巴萨卡 3 枚）
　　　　兵 19 枚
　　跳棋 14 枚
　　带扣 1 枚

爱丁堡，苏格兰国家博物馆（11 枚）

　　棋子 11 枚，包括：
　　　　国王 2 枚
　　　　王后 3 枚
　　　　主教 3 枚
　　　　骑士 1 枚
　　　　车 2 枚（含巴萨卡 1 枚）

附录二 冰岛主教帕尔和挪威列王世系表

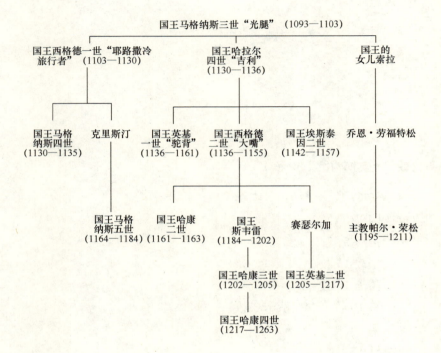

附录三　大事记

770 年　　纳多德发现冰岛
782 年　　查理大帝屠杀 4500 名撒克逊人
787/789 年　维京人谋杀波特兰地区长官
793 年　　维京人袭击林迪斯法恩修道院
795 年　　维京人建立都柏林
808 年　　海泽比建立
834 年　　维京人洗劫多雷斯塔德
839 年　　拉丁语中第一次提到鲁斯商人
845 年　　维京人突袭巴黎
850 年　　第一部阿拉伯语国际象棋手册问世
865 年　　维京人攻取约克，洗劫伦敦
872 年　　"金发王"哈拉尔统一挪威
874 年　　因格尔弗·阿尔纳尔松在冰岛定居
890 年　　奥塔访问国王阿尔弗雷德大帝
911 年　　冈古-赫罗尔夫（罗洛）让出诺曼底
958 年　　丹麦改国教为基督教

960—975 年　甘赫尔德统治时期

982 年　"红发"埃里克发现格陵兰

990 年　维京人攻打英格兰，征收"丹麦金"

997 年　关于象棋的艾因西德伦诗文写成

1000 年　列夫·埃里克松发现美洲冰岛和格陵兰改国教为基督教

1016—1035 年　克努特大帝任英格兰、丹麦和挪威的国王

1053 年　设立冰岛主教教区

1066 年　诺曼人战胜

1075 年　格里高利宗教改革

1093—1103 年　挪威国王"光腿"马格纳斯三世统治苏格兰群岛

1096 年　冰岛成为第一个设立什一税的斯堪的纳维亚国家

1096—1099 年　第一次十字军东征

1129 年　特鲁瓦主教会议禁止圣殿骑士团使用象棋

1130—1240 年　挪威王座之争

1145—1149 年　第二次十字军东征

1152 年　斯科尔霍尔特大教堂投入使用

1152—1153 年　特隆赫姆大主教辖区确立

1164 年　马格纳斯五世埃林松（8 岁）登上挪威王座

1170 年　托马斯·贝克特在坎特伯雷大教堂遇刺

1171 年　"末代维京人"斯韦恩·阿斯雷法森去世

1174 年　斯韦雷·西格德松从法罗群岛到达挪威

1180—1183 年　大主教埃斯泰因流亡英格兰

1184—1202 年　斯韦雷成为挪威国王

1190—1202 年　大主教埃里克流亡伦德

1194 年　国王斯韦雷被教皇塞莱斯廷三世（Pope Celestine III）逐出教会

1195—1211 年　帕尔·荣松任冰岛斯科尔霍尔特的主教
1196—1202 年　奥斯陆的主教尼古拉斯率领"巴勾斯"反抗国王斯韦雷
1198 年　冰岛的主教多莱克宣称自己是圣徒
1202—1237 年　"好人"古德蒙德任冰岛霍拉尔的主教
1220—1241 年　斯诺里·斯蒂德吕松写作《挪威王列传》
1262—1264 年　冰岛独立结束
1266 年　珀斯条约：苏格兰群岛回归苏格兰
1831 年　刘易斯棋被发现

本书注释说明

本书总结利用了很多学者和专家的工作成果。格维兹门迪尔·索拉林松激发了我的灵感,将刘易斯棋与巧手玛格丽特联系起来[1]。

考德威尔和他的同事马克·豪尔、卡罗琳·威尔金森于 2009 年发表的综述论文,在很多方面影响着我的思考[2]。这些出版物含有每一枚刘易斯棋子的图片,通过搜索大英博物馆和苏格兰国家博物馆的收藏品网站也可在线找到大量照片[3]。

大英博物馆早期出版的一些书丰富了我对棋子的了解[4]。芭芭

---

[1] 见 *Enigma of the Lewis Chessmen: The Icelandic Theory,* Third Edition (Reykjavík: Gallery Chess, 2014),以及在下面这本书中的一些章节:*The Lewis Chessmen: New Perspectives*, edited by David Caldwell (Edinburgh: National Museums of Scotland, 2014)。

[2] 见 "The Lewis Hoard of Gaming Pieces: A Re-examination of their Context, Meanings, Discovery and Manufacture," *Medieval Archaeology* 53 (2009): 155-203;以及根据此书所做的展览手册《刘易斯棋:真相》[*The Lewis Chessmen Unmasked* (Edinburgh: NMS Enterprises, 2010)]。

[3] http://www.britishmuseum.org/research/collection_online/search.aspx, http://www.nms.ac.uk/explore/search-our-collections。

[4] 特别是 *The Lewis Chessmen* by James Robinson (2004), *The Lewis Chessmen and the Enigma of the Hoard* by Neil Stratford (1997), and *The Lewis Chessmen* by Michael Taylor (1978)。

拉·布恩（Barbara Boehm）以及她的同事为 2011—2012 年的展览所写的博客为本书提供了绝好资料①。最后，每一次对刘易斯棋子的探索都源于弗雷德里克·马登的《刘易斯岛发现的古老棋子》②。

关于行文我再补充一点：为减少混淆，我已将通篇所有（甚至是在引用中的）名字的拼写标准化和英语化，弃掉了所有重音和变音符。至于冰岛人的名字，我已将"ð"("eth")转为"d"，"þ"("thorn")转为"th"，"æ"("ash")转为"ae"。我还在每个页下注附上了作者名字的原始拼写。虽然现代冰岛人更喜欢称呼彼此的名字而不是姓，但为了一致，在二级引用上我遵照英语习惯仍用了他们的姓。

本书中对冰岛语的翻译系我本人所为，注释中标有"tr."的除外。

---

① 在纽约大都会艺术博物馆的修道院艺术分馆举办的"国王的棋局：来自刘易斯岛的中世纪象牙棋子"展览 (http://www.metmuseum.org/exhibitions/listings/2011/the-game-of-kings-medieval-ivory-chessmen-from-the-isle-of-lewis/exhibition-blog)。

② Frederic Madden's "Historical remarks on the introduction of the game of chess into Europe, and on the ancient chessmen discovered in the Isle of Lewis," *Archaeologia* 24 (1832): 203–291.

参考资料和延伸阅读

刘易斯棋子

Boehm, Barbara Drake, et al. "The Game of Kings: Medieval Ivory Chessmen from the Isle of Lewis." Exhibition Blog, online at http://www.metmuseum.org/exhibitions/listings/2011/the-game-of-kings-medieval-ivory-chessmen-from-the-isle-of-lewis/exhibition-blog.

Caldwell, David H. *The Lewis Chessmen: New Perspectives*. Edinburgh: National Museums of Scotland, 2014.

Caldwell, David H., Mark A. Hall, and Caroline M. Wilkinson. "The Lewis Hoard of Gaming Pieces: A Re-examination of Their Context, Meanings, Discovery and Manufacture." *Medieval Archaeology* 53 (2009): 155–203.

Caldwell, David H., Mark A. Hall, and Caroline M. Wilkinson. *The Lewis Chessmen Unmasked*. Edinburgh: NMS Enterprises, 2010.

Madden, Frederic. "Historical Remarks on the Introduction of the Game of Chess into Europe, and on the Ancient Chessmen Discovered in the Isle of Lewis." *Archaeologia* 24 (1832): 203–291.

McLees, Christopher, and Øystein Ekroll. "A Drawing of a Medieval Ivory Chess Piece from the 12th-Century Church of St. Olav, Trondheim, Norway." *Medieval Archaeology* 34 (1990): 151–154.

Nordal, Bera. "Af tanntafli: útskurður í rostunstönn." *Árbók Listasafns Íslands* (1990–1992): 31–49.

Robinson, James. *The Lewis Chessmen*. London: British Museum Press, 2004.

Stratford, Neil. *The Lewis Chessmen and the enigma of the hoard*. London: British Museum Press, 1997.

Taylor, Michael. *The Lewis Chessmen*. London: British Museum Press, 1978.

Þórarinsson, Guðmundur G. *The Enigma of the Lewis Chessmen: The Icelandic Theory,* 3rd edition, rev. Reykjavik: Gallery Chess, 2014.

棋子的历史

Eales, Richard. *Chess: The History of a Game*. New York: Facts on File, 1985.

Fiske, Willard. *Chess in Iceland*. Florence: The Florentine Typographical Society, 1905.

Gamer, Helena M. "The Earliest Evidence of Chess in Western Literature: The Einsiedeln Verses." *Speculum* 29 (October 1954): 734–750.

McLees, Christopher. *Games People Played: Gaming Pieces, Boards, and Dice from Excavations in the Medieval Town of Trondheim, Norway*. Trondheim: Riksantikvaren Utgravningskontoret for Trondheim, 1990.

Murray, H. J. R. *A History of Chess*. Oxford: Clarendon Press, 1913.

Spjuth, Oskar. *In Quest for the Lost Gamers: An Investigation of Board Gaming in Scania, during the Iron and Middle Ages*. Master's Thesis in historical archaeology. Lund, Sweden: Lund University, 2012.

Yalom, Marilyn. *Birth of the Chess Queen*. New York: HarperCollins, 2004.

维京时代

Brink, Stefan and Neil Price, eds. *The Viking World*. London and New York: Routledge, 2008.

Clarke, Howard B., Máire Ní Mhaonaigh, and Raghnall Ó Floinn, eds. *Ireland and Scandinavia in the Early Viking Age*. Dublin: Four Courts Press, 1998.

Fitzhugh, William W. and Elisabeth I. Ward, eds. *Vikings: The North Atlantic Saga*. Washington, D. C.: Smithsonian Institution Press, 2000.

Graham-Campbell, James, ed., with Colleen Batey, Helen Clarke, R.I. Page, and Neil S. Price. *Cultural Atlas of the Viking World*. New York: Facts on File, 1994.

Roesdahl, Else. "Walrus Ivory—Demand, Supply, Workshops, and Greenland." In *Viking and Norse in the North Atlantic: Select Papers from the Proceedings of the Fourteenth Viking Congress, Tórshavn, 19–30 July 2001,* pp. 182–191.

Ed. Adras Mortensen and Simun V. Arge. Tórshavn, Faroe Islands: Annales Societatis Scientiarum Faeroensis, Supplementum 44, 2005.

Roesdahl, Else and David M. Wilson, eds. *Viking to Crusader: The Scandinavians and Europe 800–1200*. New York: Rizzoli, 1992.

Williams, Gareth, Peter Pentz, and Mattias Wemhoff, eds. *Viking*. Copenhagen: National Museum of Denmark, 2013.

Winroth, Anders. *The Conversion of Scandinavia*. New Haven, CT: Yale University Press, 2012.

冰岛的历史

Eldjárn, Kristján, Håkon Christie, and Jón Steffensen. *Skálholt: Fornleifarannsóknir 1954—1958*. Reykjavík: Lögberg, 1988.

Eldjárn, Kristján and Hörður Ágústsson. *Skálholt: Skrúði og áhöld*. Reykjavík: Hið íslenska bókmenntafélag, 1992.

Guðmundsson, Helgi. *Um Haf Innan*. Reykjavík: Háskólaútgáfan, 1997.

Hermannsson, Halldór. *Saemund Sigfússon and the Oddaverjar*. Ithaca, New York: Cornell University Press, 1932.

Magnússon, Thór. *A Showcase of Icelandic National Treasures*. Reykjavík: Iceland Review, 1987.

Nordal, Guðrún. *Tools of Literacy: The Role of Skaldic Verse in Icelandic Textual Culture of the Twelfth and Thirteenth Centuries*. Toronto: University of Toronto Press, 2001.

Pierce, Elizabeth. "Walrus Hunting and the Ivory Trade in Early Iceland." *Archaeologia Islandica* 7 (2009): 55–63.

Rafnsson, Sveinbjörn. *Páll Jónsson Skálholtsbiskup*. Reykjavík: Sagnfræðistofnun Háskóla Íslands, 1993.

Snæsdóttir, Mjöll, Gavin Lucas, and Orri Vésteinsson. *Saga Biskupsstólanna: Fornleifar og rannsóknir í Skálholti*. Reykjavík: Bókaútgáfan Hólar, 2006.

Vésteinsson, Orri, Helgi Þorláksson, and Árni Einarsson. *Reykjavík 871±2: The Settlement Exhibition*. Reykjavík: Reykjavík City Museum, 2006.

挪威帝国

Andås, Margrete Syrstad, Øystein Ekroll, Andreas Haug, and Nils Holger Petersen, eds. *The Medieval Cathedral of Trondheim*. Turnhout, Belgium: Brepols, 2007.

Bjørlykke, Kristin, Øystein Ekroll, Birgitta Syrstad Gran, and Marianne Herman, eds. *Eystein Erlendsson: Erkebiskop, politiker, og kirkebygger.* Trondheim, Norway: Nidaros Domkirkes Restaureringsarbeiders forlag, 2012.

Blindheim, Martin. *Norwegian Medieval Art Abroad.* Oslo, Norway: Universitet Oldsakssamling, 1972.

Blindheim, Martin. *Norwegian Romanesque Decorative Sculpture 1090–1210.* London: A. Tiranti, 1965.

Crawford, Barbara. *Scandinavian Scotland.* Leicester, UK: Leicester University Press, 1987.

Ekroll, Øysteinn, Jill I. Løhre Krokstad, and Tove Søreide, eds. *Nidaros Cathedral and the Archbishop's Palace.* Trondheim, Norway: Nidaros Cathedral Restoration Workshop, 1995.

Friis-Jensen, Karsten and Inge Skovgård-Petersen. *Archbishop Absalon of Lund and His World.* Roskilde, Denmark: Roskilde museums forlag, 2000.

Hohler, Erla Bergendahl. *Norwegian Stave Church Sculpture,* Vol. 1&2. Oslo, Norway: Scandinavian University Press, 1999.

Imsen, Steinar, ed. *Ecclesia Nidrosiensis 1153—1537.* Trondheim, Norway: Tapir Academic Press, 2003.

Imsen, Steinar, ed. *Taxes, Tributes and Tributary Lands in the Making of Scandinavian Kingdoms in the Middle Ages.* Trondheim, Norway: Tapir Academic Press, 2011.

Iversen, Tore, ed. *Archbishop Eystein as Legislator.* Trondheim, Norway: Tapir Academic Press, 2011.

新知
文库

01 《证据：历史上最具争议的法医学案例》［美］科林·埃文斯 著　毕小青 译
02 《香料传奇：一部由诱惑衍生的历史》［澳］杰克·特纳 著　周子平 译
03 《查理曼大帝的桌布：一部开胃的宴会史》［英］尼科拉·弗莱彻 著　李响 译
04 《改变西方世界的 26 个字母》［英］约翰·曼 著　江正文 译
05 《破解古埃及：一场激烈的智力竞争》［英］莱斯利·罗伊·亚京斯 著　黄中宪 译
06 《狗智慧：它们在想什么》［加］斯坦利·科伦 著　江天帆、马云霏 译
07 《狗故事：人类历史上狗的爪印》［加］斯坦利·科伦 著　江天帆 译
08 《血液的故事》［美］比尔·海斯 著　郎可华 译　张铁梅 校
09 《君主制的历史》［美］布伦达·拉尔夫·刘易斯 著　荣予、方力维 译
10 《人类基因的历史地图》［美］史蒂夫·奥尔森 著　霍达文 译
11 《隐疾：名人与人格障碍》［德］博尔温·班德洛 著　麦湛雄 译
12 《逼近的瘟疫》［美］劳里·加勒特 著　杨岐鸣、杨宁 译
13 《颜色的故事》［英］维多利亚·芬利 著　姚芸竹 译
14 《我不是杀人犯》［法］弗雷德里克·肖索依 著　孟晖 译
15 《说谎：揭穿商业、政治与婚姻中的骗局》［美］保罗·埃克曼 著　邓伯宸 译　徐国强 校
16 《蛛丝马迹：犯罪现场专家讲述的故事》［美］康妮·弗莱彻 著　毕小青 译
17 《战争的果实：军事冲突如何加速科技创新》［美］迈克尔·怀特 著　卢欣渝 译
18 《口述：最早发现北美洲的中国移民》［加］保罗·夏亚松 著　暴永宁 译
19 《私密的神话：梦之解析》［英］安东尼·史蒂文斯 著　薛绚 译
20 《生物武器：从国家赞助的研制计划到当代生物恐怖活动》［美］珍妮·吉耶曼 著　周子平 译
21 《疯狂实验史》［瑞士］雷托·U. 施奈德 著　许阳 译
22 《智商测试：一段闪光的历史，一个失色的点子》［美］斯蒂芬·默多克 著　卢欣渝 译
23 《第三帝国的艺术博物馆：希特勒与"林茨特别任务"》［德］哈恩斯－克里斯蒂安·罗尔 著　
　　孙书柱、刘英兰 译
24 《茶：嗜好、开拓与帝国》［英］罗伊·莫克塞姆 著　毕小青 译
25 《路西法效应：好人是如何变成恶魔的》［美］菲利普·津巴多 著　孙佩妏、陈雅馨 译
26 《阿司匹林传奇》［英］迪尔米德·杰弗里斯 著　暴永宁、王惠 译
27 《美味欺诈：食品造假与打假的历史》［英］比·威尔逊 著　周继岚 译
28 《英国人的言行潜规则》［英］凯特·福克斯 著　姚芸竹 译
29 《战争的文化》［以］马丁·范克勒韦尔德 著　李阳 译
30 《大背叛：科学中的欺诈》［美］霍勒斯·弗里兰·贾德森 著　张铁梅、徐国强 译

31	《多重宇宙：一个世界太少了？》[德]托比阿斯·胡阿特、马克斯·劳讷 著	车云 译
32	《现代医学的偶然发现》[美]默顿·迈耶斯 著	周子平 译
33	《咖啡机中的间谍：个人隐私的终结》[英]吉隆·奥哈拉、奈杰尔·沙德博尔特 著	毕小青 译
34	《洞穴奇案》[美]彼得·萨伯 著	陈福勇、张世泰 译
35	《权力的餐桌：从古希腊宴会到爱丽舍宫》[法]让-马克·阿尔贝 著	刘可有、刘惠杰 译
36	《致命元素：毒药的历史》[英]约翰·埃姆斯利 著	毕小青 译
37	《神祇、陵墓与学者：考古学传奇》[德]C. W. 策拉姆 著	张芸、孟薇 译
38	《谋杀手段：用刑侦科学破解致命罪案》[德]马克·贝内克 著	李响 译
39	《为什么不杀光？种族大屠杀的反思》[美]丹尼尔·希罗、克拉克·麦考利 著	薛绚 译
40	《伊索尔德的魔汤：春药的文化史》[德]克劳迪娅·米勒-埃贝林、克里斯蒂安·拉奇 著 王泰智、沈惠珠 译	
41	《错引耶稣：〈圣经〉传抄、更改的内幕》[美]巴特·埃尔曼 著	黄恩邻 译
42	《百变小红帽：一则童话中的性、道德及演变》[美]凯瑟琳·奥兰丝汀 著	杨淑智 译
43	《穆斯林发现欧洲：天下大国的视野转换》[英]伯纳德·刘易斯 著	李中文 译
44	《烟火撩人：香烟的历史》[法]迪迪埃·努里松 著	陈睿、李欣 译
45	《菜单中的秘密：爱丽舍宫的飨宴》[日]西川惠 著	尤可欣 译
46	《气候创造历史》[瑞士]许靖华 著	甘锡安 译
47	《特权：哈佛与统治阶层的教育》[美]罗斯·格雷戈里·多塞特 著	珍栎 译
48	《死亡晚餐派对：真实医学探案故事集》[美]乔纳森·埃德罗 著	江孟蓉 译
49	《重返人类演化现场》[美]奇普·沃尔特 著	蔡承志 译
50	《破窗效应：失序世界的关键影响力》[美]乔治·凯林、凯瑟琳·科尔斯 著	陈智文 译
51	《违童之愿：冷战时期美国儿童医学实验秘史》[美]艾伦·M. 霍恩布鲁姆、朱迪斯·L. 纽曼、格雷戈里·J. 多贝尔 著 丁立松 译	
52	《活着有多久：关于死亡的科学和哲学》[加]理查德·贝利沃、丹尼斯·金格拉斯 著	白紫阳 译
53	《疯狂实验史II》[瑞士]雷托·U. 施奈德 著	郭鑫、姚敏多 译
54	《猿形毕露：从猩猩看人类的权力、暴力、爱与性》[美]弗朗斯·德瓦尔 著	陈信宏 译
55	《正常的另一面：美貌、信任与养育的生物学》[美]乔丹·斯莫勒 著	郑嬿 译
56	《奇妙的尘埃》[美]汉娜·霍姆斯 著	陈芝仪 译
57	《卡路里与束身衣：跨越两千年的节食史》[英]路易丝·福克斯克罗夫特 著	王以勤 译
58	《哈希的故事：世界上最具暴利的毒品业内幕》[英]温斯利·克拉克森 著	珍栎 译
59	《黑色盛宴：嗜血动物的奇异生活》[美]比尔·舒特 著 帕特里曼·J. 温 绘图	赵越 译
60	《城市的故事》[美]约翰·里德 著	郝笑丛 译
61	《树荫的温柔：亘古人类激情之源》[法]阿兰·科尔班 著	苣蓓 译
62	《水果猎人：关于自然、冒险、商业与痴迷的故事》[加]亚当·李斯·格尔纳 著	于是 译

63	《囚徒、情人与间谍：古今隐形墨水的故事》[美]克里斯蒂·马克拉奇斯 著 张哲、师小涵 译	
64	《欧洲王室另类史》[美]迈克尔·法夸尔 著 康怡 译	
65	《致命药瘾：让人沉迷的食品和药物》[美]辛西娅·库恩等 著 林慧珍、关莹 译	
66	《拉丁文帝国》[法]弗朗索瓦·瓦克 著 陈绮文 译	
67	《欲望之石：权力、谎言与爱情交织的钻石梦》[美]汤姆·佐尔纳 著 麦慧芬 译	
68	《女人的起源》[英]伊莲·摩根 著 刘筠 译	
69	《蒙娜丽莎传奇：新发现破解终极谜团》[美]让－皮埃尔·伊斯鲍茨、克里斯托弗·希斯·布朗 著 陈薇薇 译	
70	《无人读过的书：哥白尼〈天体运行论〉追寻记》[美]欧文·金格里奇 著 王今、徐国强 译	
71	《人类时代：被我们改变的世界》[美]黛安娜·阿克曼 著 伍秋玉、澄影、王丹 译	
72	《大气：万物的起源》[英]加布里埃尔·沃克 著 蔡承志 译	
73	《碳时代：文明与毁灭》[美]埃里克·罗斯顿 著 吴妍仪 译	
74	《一念之差：关于风险的故事与数字》[英]迈克尔·布拉斯兰德、戴维·施皮格哈尔特 著 威治 译	
75	《脂肪：文化与物质性》[美]克里斯托弗·E.福思、艾莉森·利奇 编著 李黎、丁立松 译	
76	《笑的科学：解开笑与幽默感背后的大脑谜团》[美]斯科特·威姆斯 著 刘书维 译	
77	《黑丝路：从里海到伦敦的石油溯源之旅》[英]詹姆斯·马里奥特、米卡·米尼奥－帕卢埃洛 著 黄煜文 译	
78	《通向世界尽头：跨西伯利亚大铁路的故事》[英]克里斯蒂安·沃尔玛 著 李阳 译	
79	《生命的关键决定：从医生做主到患者赋权》[美]彼得·于贝尔 著 张琼懿 译	
80	《艺术侦探：找寻失踪艺术瑰宝的故事》[英]菲利普·莫尔德 著 李欣 译	
81	《共病时代：动物疾病与人类健康的惊人联系》[美]芭芭拉·纳特森－霍洛威茨、凯瑟琳·鲍尔斯 著 陈筱婉 译	
82	《巴黎浪漫吗？——关于法国人的传闻与真相》[英]皮乌·玛丽·伊特韦尔 著 李阳 译	
83	《时尚与恋物主义：紧身褡、束腰术及其他体形塑造法》[美]戴维·孔兹 著 珍栎 译	
84	《上穷碧落：热气球的故事》[英]理查德·霍姆斯 著 暴永宁 译	
85	《贵族：历史与传承》[法]埃里克·芒雄－里高 著 彭禄娴 译	
86	《纸影寻踪：旷世发明的传奇之旅》[英]亚历山大·门罗 著 史先涛 译	
87	《吃的大冒险：烹饪猎人笔记》[美]罗布·沃乐什 著 薛绚 译	
88	《南极洲：一片神秘的大陆》[英]加布里埃尔·沃克 著 蒋功艳、岳玉庆 译	
89	《民间传说与日本人的心灵》[日]河合隼雄 著 范作申 译	
90	《象牙维京人：刘易斯棋中的北欧历史与神话》[美]南希·玛丽·布朗 著 赵越 译	

新知文库近期预告（顺序容或微调）

- 《小心坏科学：医药广告没有告诉你的事》[英] 本·戈尔达克 著　刘建周 译
- 《牛顿与伪币制造者：科学巨人不为人知的侦探工作》[美] 托马斯·利文森 著　周子平 译
- 《谁是德古拉？布莱姆·斯托克的血色踪迹》[美] 吉姆·斯坦梅尔 著　刘芳 译
- 《竞技与欺诈：运动药物背后的科学》[美] 克里斯·库珀 著　孙翔、李阳 译